ROBERTO RODRIGUES
O SEMEADOR

ROBERTO RODRIGUES, O SEMEADOR.
Quem planta, colhe!
Copyright © 2023 Ricardo Viveiros

Entrevistas e pesquisas: Laura de Araújo, Ricardo Viveiros
Compilação de pesquisas: Laura de Araújo
Coordenação editorial: Ada Caperuto
Revisão: Vero Verbo Serviços Editoriais
Edição de arte e projeto gráfico: Cesar Oliveira
Tratamento de imagens: Ada Caperuto
Imagens: Acervo da família (exceto quando indicado)
Pré-impressão, impressão e acabamento: Expressão e Arte Gráfica

---

DADOS INTERNACIONAIS DE CATALOGAÇÃO NA PUBLICAÇÃO (CIP)
CÂMARA BRASILEIRA DO LIVRO, SP, BRASIL

Viveiros, Ricardo
  Roberto Rodrigues, o semeador : quem planta, colhe! / Ricardo Viveiros. --
São Paulo : Editora Reflexão, 2023.

  Bibliografia.
  ISBN 978-65-5619-148-5

  1. Agronomia 2. Cooperativas - Brasil - História 3. Empresários - Brasil - Biografia I. Título.

23-177637   CDD: 926.6

Índices para catálogo sistemático:

1. Empresários : Biografia e obra 926.6

Eliane de Freitas Leite - Bibliotecária - CRB 8/8415

Projeto e realização

Ricardo Viveiros & Associados – Oficina de Comunicação
Rua Capote Valente, nº 176 – Pinheiros – CEP 05409-000
São Paulo – SP – Brasil
Tel.: (55-11) 3675.5444 – www.viveiros.com.br

DISRUP
T A L K S

RICARDO VIVEIROS

ROBERTO RODRIGUES
O SEMEADOR

Quem planta, colhe!

REGISTRO

A ideia de eternizar em livro a trajetória de Roberto Rodrigues nasceu de uma iniciativa da Organização das Cooperativas Brasileiras (OCB), que ele havia presidido de 1985 a 1991. Mais tarde, Rodrigues foi o primeiro presidente não-europeu da centenária Aliança Cooperativa Internacional (ACI), no período de 1997 a 2001.

Liderado por Márcio Lopes de Freitas, amigo desde sempre de Rodrigues, o Conselho da OCB entendeu que a história recente do cooperativismo brasileiro está, de modo incontestável, ligada ao trabalho realizado pelo biografado.

A tarefa de pesquisa iniciada pela jornalista Valéria Ribeiro foi aprofundada e ampliada pelo autor desta obra, reconhecendo os relevantes serviços prestados por Roberto Rodrigues à agropecuária brasileira e do mundo tropical.

Este livro registra, por justiça, uma história de lutas e conquistas de um semeador de ideias democráticas que sabe plantar e, portanto, gera a produtiva colheita do seu incondicional amor pelo campo.

Roberto Rodrigues e Marcio Lopes de Freitas, no período em que Marcio presidiu a OCESP (1997 a 2001)

*"Quem poderá fazer
Aquele amor morrer
Se o amor é como um grão
Morre, nasce trigo
Vive, morre pão"*

MILTON NASCIMENTO

SUMÁRIO

Apresentação 9

Prólogo 13

Capítulo 1 | Sertão, café e laranjais 15

Capítulo 2 | Aventuras de nascimentos e criações 35

Capítulo 3 | Cultos em Campinas 55

Capítulo 4 | As aventuras de Fifi 79

Capítulo 5 | Rompimentos, retomadas e invenções 97

Capítulo 6 | Contos do interior 125

Capítulo 7 | Apuros e deleites na nova democracia 153

Capítulo 8 | Dez meses e algumas tempestades 189

Capítulo 9 | Rodando o mundo (de corpo e alma) 217

Capítulo 10 | Salto de fé 245

Capítulo 11 | Mercados, vacas magras e uma demissão 281

Capítulo 12 | Um agrônomo na cidade e a economia da vida 327

Refereências 363

Fotos 367

APRESENTAÇÃO

DOCE MAESTRO DO AMOR

O ano era 2021 e Roberto Rodrigues tinha uma missão: fazer de seu amigo Alysson Paolinelli o Prêmio Nobel da Paz. A pandemia da Covid-19 havia despertado alguns históricos inimigos das sociedades humanas, entre eles a fome. O octogenário Paolinelli fora ministro da Agricultura na década de 1970 e um dos fundadores da Embrapa. Ao longo de décadas, usou ciência, tecnologia e visão social para construir uma revolução no campo, que tornou o Brasil autossuficiente em produção de alimentos. Paolinelli era referência global da segurança alimentar e do desenvolvimento sustentável. Por tudo isso, Roberto acreditava que o amigo era a pessoa a ser laureada naquele momento sensível. E, de sua casa em São Paulo, tratou pessoalmente da candidatura de Paolinelli, cuidando da campanha e da submissão da candidatura do brasileiro ao Comitê do Nobel. Conseguiu nada menos do que 183 cartas de apoio, de organizações de 78 países. Mais de metade de instituições ligadas à ciência, pesquisa e desenvolvimento, educação e cooperação internacional. O dossiê de fundamentação da candidatura, composto também por documentos técnicos, tinha 463 páginas. Abro esta apresentação com uma história que é capaz de condensar a vida, o caráter e a missão de nosso biografado. Um homem voltado para o próximo, apaixonado pela terra e pelo Brasil – mas, sem xenofobia, com liberdade e responsabilidade.

Roberto nasceu e cresceu no interior de São Paulo. Seu pai, agrônomo brilhante, pesquisador de citricultura e idealizador de uma das maiores e mais modernas usinas de açúcar e álcool do Brasil, a

São Martinho. Sua mãe, mulher refinada, amante das artes e apreciadora da beleza. E assim ele cresceu: habitando com equilíbrio dois universos: o da técnica e o da imaginação. Desenvolveu interesse por projetos e sonhos; harmonizou objetividade e sensibilidade; e fez de sua vida produtiva uma ponte ligando racionalização e coração. Formado agrônomo na histórica Esalq, inovou a Fazenda Santa Izabel, de propriedade da família. Foi pioneiro do cultivo de soja na região e da sua rotação com a cana-de-açúcar. O desejo de dividir experiências, gerar factíveis avanços e uma legítima preocupação social o levaram ao Cooperativismo. Começou sua carreira em Guariba (SP), tornou-se liderança e ajudou a construir uma rede cooperativista que alcança diversos setores produtivos, de norte a sul do Brasil. As cooperativas de crédito rural, por exemplo, têm sua impressão digital. Como articulador da relevante causa, foi ao coração da Assembleia Nacional Constituinte de 1987. Mobilizou atores, estruturou propostas e colocou o Cooperativismo na Carta Magna. Chegou à presidência da Aliança Cooperativa Internacional (ACI), o mais importante órgão da atividade em nível mundial.

Rodrigues rodara os cinco continentes quando, no final de 2002, recebeu um convite: integrar o governo de Luís Inácio Lula da Silva. O presidente queria um ministro da Agricultura competente, respeitado e com grandes ambições para o Brasil. Aconselhado por gente de todos os cantos e de todo o espectro ideológico, a sugestão foi unânime. Roberto era avesso à política, e já driblara convites do tipo. Mas aceitou a missão, impulsionado pela oportunidade de transformar e de criar políticas públicas longevas e, sobretudo, pelo apoio de seus pares e da família. Seu trabalho como Ministro da Agricultura e Pecuária, entre 2003 e 2006, deixou um legado inestimável ao País, que duas décadas depois ainda floresce. Contamos neste livro, os bastidores e as lutas desses anos. E de todas as batalhas que Roberto Rodrigues ajudou a travar em prol da Agricultura e do Cooperativismo brasileiros – e do Brasil em si. Pelo campo e pela cidade, do produtor ao consumidor. Contra oportunismo, pela segurança alimentar.

Este não é um livro sobre política ou economia. O apóstolo Paulo escreveu em sua primeira carta aos Coríntios que, "se não tenho amor, sou um metal estridente e um címbalo que tine (...) se não tenho amor, não sou nada". Roberto trilhou a vida com base neste princípio. Seus feitos são muitos, tantos que cabe a pergunta: Por que ele fez tanto? E a resposta também está nesta sua biografia que tive a feliz oportunidade de escrever por obra e graça de seus muitos amigos, contra sua vontade porque modesto na alma. O amor à terra e ao legado familiar o levou a se dedicar intensamente ao trabalho de agrônomo. O amor pela Agricultura abriu seu caminho para o Ministério, e o sustentou frente aos desafios. O amor pela coletividade e pelo crescimento socialmente sustentável o moveu como líder cooperativista. O amor ao conhecimento e à liberdade de pensar o levou às salas de aula da Unesp de Jaboticabal, onde lecionou por anos.

Por tudo isso, esta é uma história que só faz sentido quando sabemos onde o amor nasceu, foi e é nutrido. No caso de Roberto, desde sua casa. No seu casamento com Eloísa e nos quatro filhos do casal, Paulo, Cândida, Marta e Rodrigo. Amante da alegria e da vida bem vivida, Roberto tem paixão pela boêmia e a música, mas também pelas pescarias no silêncio do Pantanal. Ama os amigos, como a campanha por Paolinelli demonstrou com tanta força. Ama os companheiros de trabalho e a causa que o move em sua vocação. Carla Freitas, sua companheira por 15 anos, o definiu como um eterno menino. Parece inacreditável, mas é o que é: respeitado no Brasil e no mundo como um grande brasileiro, traz em si vivo o menino de Guariba que subia em árvores inventando histórias, e que na semana que antecedia a Páscoa ia todos os dias à estação de trem, esperar o ovo de chocolate que o tio enviava a ele e sua irmã mais nova, Anita. E que, até hoje, guarda em uma gaveta do escritório uma caixa de bombons "Sonho de Valsa", para dar aos visitantes e saborear a infância. Cresceu, viveu e segue realizando. Tem consciência da realidade, luta pelas causas de interesse coletivo, defende a educação como saída segura para o futuro – mas, sem nunca perder a ternura.

A vida, para ser boa, precisa ser doce, e exige uma boa trilha sonora. Coisas das quais Roberto entende muito bem. E para ter sentido, precisa de amor. Um amor disciplinado e traduzido em ação, o que está aqui contado para que a História faça justiça a esse ser tão especial. Conheça Roberto Rodrigues, descubra que ser feliz é fazer ser feliz.

RICARDO VIVEIROS

PRÓLOGO

São Paulo, fevereiro de 2020

A cidade nunca tinha visto um verão como aquele. O mês de fevereiro, conquanto tenha se arrastado por quatro semanas, ofereceu aos habitantes de São Paulo muito pouco dos habituais prazeres da estação. Os termômetros raramente ultrapassavam a linha dos 25 graus Celsius, e a chuva teimava em cair nos horários mais estapafúrdios e aleatórios do dia – e não apenas no final da tarde, como era costumeiro para a época. Nas calçadas e parques da cidade, os passeios familiares e reuniões de amigos eram menos visíveis do que deveriam ser, ainda mais às vésperas do Carnaval. Roberto, um amante da vida, observava o movimento ditado por aquele verão atípico com uma ponta de melancolia.

Não que ele passasse os dias de olhos postos na rua. Antes o contrário: sua agenda apertada começava cedo e terminava tarde, deixando pouco tempo livre entre muitos compromissos. Porém, ele sempre sabia o que se passava ao redor, e ficava em especial contrariado quando lhe era negado o direito de dar uma breve caminhada pela Bela Vista, bairro onde vivia e trabalhava. Foi o que aconteceu naquela noite, fria e chuvosa como tantas outras daquele verão incomum. Ele e Carla tinham um compromisso marcado, um jantar na casa de alguns amigos, do outro lado da Avenida Paulista. Em outros dias, poderiam arriscar uma caminhada, respirar o ar fresco da noite, observar os jovens e famílias lotando bares e restaurantes. A chuva acionou a prudência, e decidiram pedir um táxi para fazer o percurso.

Estavam acomodados no carro há poucos minutos, e o motorista não parava de olhar de modo furtivo para o espelho retrovisor interno. Insistia em esquadrinhar o banco de trás, onde estava o casal. O homem não aguentou segurar a curiosidade.

– Com licença – pediu, antes de dirigir o olhar a Roberto – O senhor foi ministro, não é? Rodrigues...

– Roberto – acudiu o ex-Ministro da Agricultura.

O taxista ficou satisfeito.

– Isso! Roberto Rodrigues. Meu pai é um grande admirador seu. Ele tem um sítio no interior do Rio Grande do Sul, e até hoje conta sobre o seu trabalho pelo pessoal do campo.

Roberto sorriu. Agradeceu a lembrança e pediu ao motorista que mandasse um abraço ao pai. Sentia o ânimo renovado sempre que era lembrado da missão que havia cumprido, e que ainda estava cumprindo. O agrônomo tinha orgulho e carinho por sua trajetória. E sabia que, se aos 77 anos de idade tinha entusiasmo de sobra para dedicar-se à agricultura brasileira, não era de maneira fortuita. O preparo, a tenacidade e um pouco de sorte sempre haviam sido seus companheiros. O princípio das suas realizações morava no fato de ser filho de Antônio Rodrigues e de dona Sofia. Para os lados de Guariba e Jaboticabal, onde nasceu, cresceu e iniciou a carreira, ainda hoje essa informação já diz tudo.

Tudo que dá na terra tem origem nas boas raízes e se deve a um cultivo cuidadoso, caprichado. As plantas cresciam com tempo, paciência e amor. O mesmo princípio valia para as pessoas, e Roberto sabia bem disso. Sempre cultivou a terra como cultivou o amor ao próximo, com respeito pela vida.

CAPÍTULO 1

SERTÃO, CAFÉ E LARANJAIS

A vida na Europa dos primeiros anos do século XX estava longe de ser fácil. Boa parte da população vivia na penúria, castigada por problemas econômicos e temerosa de revezes políticos, tão comuns em um continente com séculos de vida e longa história de conflitos territoriais. Os problemas estavam por todos os lados. Parte dos trabalhadores das cidades tinha um ofício na indústria, mas eles sofriam com a combinação de baixos salários e altas cargas de trabalho. No campo, a concentração de terras e a persistência de antigas estruturas que ecoavam aos tempos de servidão medieval faziam com que o mundo avançasse e aquele universo parecesse ficar para trás. No velho continente, existia pouca ou nenhuma chance de um indivíduo qualquer mudar de vida – e essa era a mais nova aspiração da sociedade moderna. De modo geral, ainda valia a regra de que "quem nascia lavrador morria lavrador", deixando uma descendência de lavradores. Acontece que, ao contrário dos séculos anteriores, o povo estava inquieto. Ninguém queria ficar para trás e perder o trem da modernidade.

A Itália, unificada na segunda metade do século anterior, era, de certa forma, um país jovem. Mesmo assim, a pobreza e a apreensão com a irrupção de uma guerra estavam presentes em diferentes camadas sociais – não era para menos, uma vez que os conflitos armados entre as distintas vertentes políticas nos anos de unificação perduraram até 1870. O clima de incerteza era percebido até mesmo em lugares privilegiados, e entre pessoas que, de outra maneira, poderiam se considerar sortudas. Que o diga Tomazo Giovanni

Rossetti. O rapaz tinha muito a seu favor: nasceu e foi criado em uma cidade rica, Turim, e conquistou um diploma de curso superior em Agronomia. No entanto, nada disso lhe garantiria muito futuro na Itália do alvorecer dos anos 1900. Quais eram as perspectivas de um agrônomo, em um país diminuto e empobrecido? E, sem garantias à vista, qual era o rapaz de sua idade, agrônomo ou não, que poderia se casar? E, desde que Tomazo se enamorara de Lina, esse era um assunto dos mais urgentes.

Adelina Pozzo fazia parte da fina flor de Turim e entendia muito de um dos melhores produtos italianos: a arte. A jovem vinha de uma linhagem na qual o talento musical e a sensibilidade literária eram cultivados desde cedo. Por isso, não era de espantar que Lina, como era chamada, fosse uma concertista talentosa. Até mesmo Tomazo, homem mais rústico e que pouco frequentava os salões de saraus e as óperas, sensibilizava-se quando Lina sentava ao piano para executar uma peça. E ela, por sinal, também havia caído de amores pelo jovem agrônomo. Tinham de se casar. Mas de que forma, em meio a tantas incertezas? Tomazo não era pobre, mas também não era rico. Não possuía terras, e podia se valer apenas do seu conhecimento. O que ele mais temia era não conseguir oferecer à futura esposa as condições materiais às quais ela estava acostumada, na confortável casa paterna. Lina não merecia viver em um casebre, e muito menos passar os dias a contar vinténs.

A sorte logo acenaria para Tomazo e Lina, e isso aconteceu na cidade de Minerbio, província de Bolonha, onde o rapaz conheceu um agrônomo brasileiro em viagem pela Itália. Formado pela Universidade do Porto, Edmundo Navarro de Andrade já era um profissional de fama razoável em seu país natal. Foi o responsável pela introdução do eucalipto no Brasil e, como funcionário do governo estadual, gozava de boas relações profissionais e políticas. Basta saber, por exemplo, que tinha trânsito livre no alto escalão do governo e que integrava a *entourage* do poderoso Conselheiro Antônio Prado. O primogênito de Veridiana e Martinho da Silva Prado era um dos políticos mais proeminentes de São Paulo, desde os anos de Império – assim como todos de sua família. Em pouco mais de cem anos, os membros da família Silva Prado haviam passado de tropeiros, que ganhavam a vida abastecendo a região das minas de ouro e diamante com mulas de sua criação, a poderosos fazendeiros. De Dom Pedro II ganharam títulos nobiliárquicos, e na República foram eleitos senadores, deputados e outras distintas posições. Ao Conselheiro Antônio Prado, neto do barão de Iguape, coube a posição de primeiro prefeito da cidade de São Paulo. Era esse o cargo que ele ocupava em meados da década de 1900, quando Tomazo e Edmundo se conheceram em Bolonha, durante um curso de Agronomia.

Não demorou para que Navarro de Andrade ficasse a par das preocupações do jovem colega de profissão. E não foi difícil para ele encontrar o remédio óbvio para todos que andavam pelas ruas de São Paulo, coloridas por uma algazarra em língua italiana: a emigração. Será que Tomazo nunca pensara nisso? Se vários patrícios seus chegavam todos os dias ao porto de Santos, com destino às vastas fazendas de café do interior paulista, para um jovem agrônomo também não faltaria serviço no mundo cafeeiro – um universo novo, pujante e em franca expansão, de onde o dinheiro jorrava. Ele não se interessaria por um posto de trabalho em uma das fazendas do Conselheiro Antônio Prado? Foi isso o que ofereceu Navarro de Andrade. A proposta soou como a voz de um anjo aos ouvidos de Tomazo. Acertou o casamento com Lina, uniram-se oficialmente e, logo, embarcaram para o Brasil.

* * * * * *

Ainda demoraria um par de décadas para que os italianos de São Paulo começassem a escalar os degraus da austera elite local. Antes dos anos de 1910, tanto a proeminente indústria quanto a rica agricultura estavam concentradas nas mãos de antigas famílias de sobrenome luso. Algumas delas reclamavam para si linhagens de 400 anos de história, remontando aos primeiros colonizadores da vila de São Paulo de Piratininga e aos bandeirantes que haviam desbravado os sertões nas margens do rio Tietê. Alguns membros dessas famílias, em viagem à Europa, recorriam aos velhíssimos registros das igrejas de Portugal e Espanha para encontrar suas origens familiares – com sorte, esbarravam em um antepassado nobre da corte dos Braganças. Entretanto, a ocupação do território paulista teve seus caprichos e peculiaridades. Por isso, não era incomum que um filho de fazendeiro, mesmo no final do século XIX, nascesse com olhos rasgados e cabelos muito negros, denunciando uma ascendência indígena próxima. E quanto mais distante da capital estivesse a família, mais provável que o contato (e o casamento) com os indígenas fosse recente, e, portanto, mais visível na pele das novas gerações.

Era esse o caso de Cândida Alves Corrêa de Toledo. O fato de a moça ter três sobrenomes não deixava dúvida: ela tinha berço. E também olhos um tanto puxados, boca de lábios grossos e a pele morena. Tinha algum sanguinho "de bugre", como se dizia na região, e cresceu ouvindo que seus longínquos antepassados indígenas eram de uma tribo de gente brava, guerreira – a mesma tenacidade que Cândida demonstraria desde a infância. Seu pai era fazendeiro na região entre as cidades de Tietê e Piracicaba, área já famosa e importante em razão das culturas de café e cana-de-açúcar. Na década de 1880, quando Cândida nasceu, o café avançava rápido pelo oeste paulista, vindo do Vale do Paraíba. A maioria dos donos de grandes extensões de terra, como a família Corrêa de Toledo, ainda não ia todos os anos a Paris, e as moças não se vestiam com delicadas sedas chinesas. Os traços de sofisticação das pessoas e das casas seriam intensificados com o tempo, no rastro de transformações políticas e sociais como a abolição da escravatura, em 1888, e a Proclamação da República, um ano depois.

Na época, a região ainda vivia segundo o espírito sertanejo. Pudera: até alguns anos antes, quem viesse de São Paulo precisava passar um par de dias em lombo de mula para chegar a Tietê ou Piracicaba. A cafeicultura foi responsável por levar o transporte ferroviário para o interior paulista, mudando para sempre sua geografia urbana, sua economia e a vida local. O que antes era muito longe ficou perto. A primeira estrada de ferro a atender a região onde Cândida nasceu foi a Companhia Ytuana, que desde 1873 ligava Jundiaí a Itu, e que, a partir daí, estendeu-se pelo sertão. Piracicaba ganhou sua estação em 1877. Em 1883, foi inaugurado o ponto de parada em Tietê, pela Companhia Sorocabana. Em 1892, a Ytuana e a Sorocabana fundiram-se para criar a Companhia União Sorocabana e Ituana. A região se arejava como nunca.

Foi nesse clima de progresso que Cândida se casou. O noivo foi Antônio José Rodrigues, que também era filho de fazendeiros da região e por isso não teve dificuldades em chegar até Cândida. Os pais deles frequentavam os mesmos círculos na cidade, e naquela época o casamento entre dois jovens podia ser um acordo firmado entre as famílias. Quando muito, bastava que os pretendentes também se conhecessem de vista, de salões de baile, missas e procissões, e que simpatizassem um com o outro. Teria sido esse o caso entre Antônio e Cândida, porque os dois combinavam. O casamento aconteceu, e o jovem casal foi morar em uma das fazendas da família Rodrigues, da qual Antônio era o herdeiro.

Os filhos não demoraram a chegar. Primeiro, vieram três meninas: Isolina, Alexandrina e Lígia. Depois, uma trinca masculina: João José, Antonio José e Joaquim Bento. Entre um e outro filho, passavam-se alguns anos, de modo que, quando os dois meninos caçulas nasceram, as meninas mais velhas já eram mocinhas. Naquela época e lugar, as famílias eram extensas. Entre os pais, padrinhos, pajens, agregados da família, empregados da fazenda e bichos, as seis crianças cresceram saudáveis e felizes. Todos – pais, padrinhos, pajens, agregados e empregados – as chamavam por diminutivos e apelidos carinhosos. Alexandrina, por exemplo, era Xandica, o caçula Joaquim tornou-se Dide, e Antonio, por ser Antonio José Rodrigues Filho, virou Toninho.

Toninho era muito ligado à mãe. Talvez porque fosse um dos filhos mais novos, ou porque sempre tenha sido uma criança sossegada, ou ainda porque se parecesse muito com ela – Toninho também era moreno, dos olhos miúdos. E sabia entrever na dureza de dona Cândida uma doçura insuspeita para muitos. Por isso, quando ela ficou doente, nos anos 1920, foi ele quem ficou ao pé de sua cama. Era o seu companheiro. Suas irmãs mais velhas já estavam casadas e moravam na cidade, o pai passava os dias às voltas com as tarefas da fazenda, e o pequeno Dide só pensava em brincar. O amor do filho não pôde remediar o câncer de Cândida, e a matriarca faleceu na metade daquela década.

A casa da família Rodrigues nunca mais seria a mesma. Não só pela falta da mãe, mas também porque, em 1929, Antonio Rodrigues se viu pobre. Quando a bolha da Bolsa de Valores de Nova York, naquela Quinta-Feira Negra, sofreu o *crash*, fazendo despencar o preço do café e toda a economia do interior paulista, não foram poucos os fazendeiros que faliram da noite para o dia. Antonio estava entre eles, e sabia que não conseguiria suportar aquela vergonha. Um dia, fazendeiro. No outro, pouco mais que um sitiante. Amargando o prejuízo gigantesco daquela safra perdida, vendeu suas terras, deixou uns trocados de herança para os filhos, enviou os dois caçulas para morar com a irmã Isolina e foi embora com a cozinheira. Romance? Não, a mais pura realidade.

* * * * * *

Filhos também não faltariam a Lina e Tomazo Rossetti. O casal de italianos seria abençoado com quatro crianças, dois meninos e duas meninas: Sérgio, Paulo, Sofia e Veridiana Vitória. Todos nasceram na fazenda Santa Veridiana, em Santa Cruz das Palmeiras. A propriedade pertencia ao Conselheiro Antônio Prado, e fora batizada em homenagem à sua mãe, a fazendeira, filantropa e mecenas dona Veridiana, cujo salão foi, por muitos anos, o mais sofisticado de São Paulo. A caçula da família Rossetti foi uma das muitas crianças da fazenda batizadas em sua lembrança – dona Veridiana faleceu em 1910, sete anos antes do nascimento da menina.

A fazenda era muito grande, e o café nela colhido e ensacado partia rumo ao porto de Santos por um ramal particular da Companhia Paulista de Estradas de Ferro. Desde 1883, boa parte dos empregados era de origem italiana, por isso a família Silva Prado achou conveniente ter Tomazo entre os administradores – alguém que conhecia o idioma, a cultura e as expectativas dos demais imigrantes. E o agrônomo, por sua vez, estava feliz com aquela mudança de ares. O Brasil diferia em tudo da sua terra natal, o severo norte italiano. O inverno não era rigoroso, a natureza era vibrante, com bichos e frutas de cores vistosas, e a Santa Veridiana era o paraíso para os amantes e estudiosos da agricultura. Com 600 alqueires de extensão, sua eficiência era resultado do empenho do próprio Antônio Prado, que desde o século XIX tinha interesse no café e estudava as melhores técnicas de cultivo e armazenagem. Havia pelo menos 20 anos que a Santa Veridiana estava entre as fazendas de café mais lucrativas de São Paulo. Aqueles eram os anos de ouro da cultura, e Tomazo conquistou seu quinhão naquela bonança. A jovem família morava em uma das casas da fazenda destinadas aos funcionários, sem grandes luxos, mas com conforto. Lina se dedicava aos serviços de casa e à educação dos filhos, a quem instruía na língua italiana e na música.

Contudo, ela nunca se acostumou. Os brasileiros diriam que a moça sofria de banzo, uma disposição melancólica causada pela saudade da família que ficara na Itália. Além disso, o clima no Brasil era diferente o bastante para afetar um organismo mais sensível. Foi assim que Lina desenvolveu tuberculose. O marido ficou atônito. Faria tudo para ver Lina saudável e bem-disposta, até mesmo abdicar de suas conquistas e colocar em suspenso o futuro promissor no novo país. Não teve dúvidas: apresentou sua demissão, empacotou os pertences pessoais do casal e dos filhos, agora já mais crescidos, e comprou as passagens de navio de volta para a pátria. Viveriam na Itália durante alguns anos, mas, a despeito do reencontro com os pais e os irmãos, Lina nunca recuperou a antiga vitalidade. Morreu em 1929. Sofia, que havia herdado da mãe o jeito delicado e o talento para a música e para os idiomas, além do amor pela arte, tinha 13 anos. Tomazo, viúvo e com quatro filhos adolescentes, viu-se em uma situação difícil: ficar na Itália ou retornar ao Brasil? Escolheu a segunda opção. A Europa não estava em situação mais tranquila do que aquela em que se encontrava quando ele partira, anos antes. Ao contrário: a Grande Guerra, entre 1914 e 1917, tinha marcado profundamente o povo italiano, que estava cada vez mais agitado e dividido. É verdade que, com o *crash* da Bolsa de Valores nova-iorquina, a era de ouro do café paulista havia terminado. Agora ele precisava escolher o melhor para outras quatro pessoas, e sabia que o futuro estava na terra natal dos filhos. Para os garotos, o caminho tinha até nome e endereço: Escola Agrícola Prática, em Piracicaba.

* * * * * *

Luiz Vicente de Souza Queiroz era um visionário. Quarto filho de Vicente de Souza Queiroz e Francisca de Paula Souza, barão e baronesa de Piracicaba, Luiz nasceu em 1849 e teve a melhor formação disponível para os meninos de sua casta – a dos "paulistas de 400 anos". Aos oito anos, foi enviado à Europa para estudar. É verdade que São Paulo tinha boas escolas e que seu pai podia pagar os melhores preceptores alemães, franceses ou ingleses. A cidade contava até com a Faculdade de Direito, frequentada por muitos outros filhos de fazendeiros. O barão de Piracicaba tinha planos mais ambiciosos para Luiz, e por isso o encaminhou para a França e a Suíça. O rapaz estudou agricultura em Grignon e em Zurique, adquiriu conhecimentos técnicos e científicos que o tornariam um sucessor à altura da fortuna do pai. Retornou ao Brasil em 1873, com 24 anos, logo após a morte do patriarca.

Luiz herdou diversos títulos e propriedades, entre eles as fazendas Santa Genebra e Engenho d'Água. A experiência europeia o transformara a tal ponto que não poderia mais ser apenas fazendeiro. Tinha visto de perto o vigor das fábricas europeias, namorado horizontes urbanos apinhados de galpões e chaminés, testemunhado todo o progresso que a indústria trazia a reboque. Decidiu levar o mesmo progresso a Piracicaba e, em 1875, instalou a Fábrica de Tecidos Santa Francisca, primeira indústria da cidade. O algodão utilizado no fabrico de tecidos vinha das próprias fazendas, o que permitiu que a Santa Francisca operasse com margem considerável e Luiz multiplicasse sua fortuna. Em 1882, instalou a primeira linha telefônica em Piracicaba, ligando a tecelagem à sede da Fazenda Santa Genebra. Em 1893, inspirado por uma viagem aos Estados Unidos, concluiu as obras de uma usina hidrelétrica no Rio Piracicaba, que passou a fornecer luz para toda a cidade. O feito foi notícia em todo o Estado, e até pelo País. Para efeito de comparação, a cidade de São Paulo veria a troca de seus antiquados lampiões a gás por lâmpadas elétricas apenas em 1899, seis anos depois da "moderna provinciana" Piracicaba.

Ainda assim, o legado mais persistente de Luiz de Queiroz não estava na cidade, e sim no campo. Em 1892, ele doou ao estado de

São Paulo uma de suas propriedades piracicabanas, a Fazenda São João da Montanha. A única condição era de que o local abrigasse uma escola de Agronomia, feita à imagem e semelhança dos centros de excelência que ele frequentara na Europa. Afinal, era uma triste ironia que o riquíssimo interior paulista, onde se fazia a agricultura mais moderna e rentável do Brasil, não tivesse uma escola para formar seus futuros especialistas. Se era consenso que a lavoura de café precisava de braços, era igualmente verdadeira sua necessidade por cérebros. Luiz faleceu em 1898, e a Escola Agrícola Prática abriria suas portas em 1901.

Os estudantes logo ocuparam os largos corredores do espaçoso casarão da fazenda. E foi por esses corredores que circularam Toninho Rodrigues e os três irmãos Rossetti, nos idos de 1930. Como três irmãos Rossetti, se Tomazo tinha apenas dois filhos que eram homens? Pois Veridiana Vitória, atenta aos afazeres do pai no engenho de cana que ele havia comprado após o retorno ao Brasil, decidiu seguir os passos da família e matriculou-se no curso superior de Agronomia. Em 1934, foi criada a Universidade de São Paulo, que absorveu diversas instituições de ensino superior paulistas, entre elas, a Escola Agrícola Prática, rebatizada Escola Superior de Agricultura "Luiz de Queiroz", mais conhecida pelo acrônimo "Esalq". O patrono da escola faleceu sem deixar filhos. No entanto, a partir da década de 1930, inúmeras gerações de agrônomos seriam, de certa forma, seus filhos e discípulos espirituais. Vinham consolidar sua visão para a agricultura brasileira – moderna e científica.

Foi o que afirmou o estudante Antonio José Rodrigues Filho, em um dia de junho de 1935. A solenidade do novo batismo da Escola foi acompanhada pela inauguração de um busto de Luiz de Queiroz, e autoridades de todo o Estado estavam presentes. Coube a Antonio Rodrigues Filho a função de representante do corpo discente. O jornal *O Estado de S. Paulo* publicou o desfecho do seu apaixonado discurso em prol da memória de Luiz de Queiroz – que expressava, também, as perspectivas do futuro agrônomo para a agricultura brasileira. "Luiz de Queiroz, santo da moral idealista!", invocou o jovem.

> Neste momento solene, quando o culto da sua memória galga o Olimpo como as notas profundas de um órgão celestial, rogai ao eterno para que dia a dia se tornem realidade seus sonhos primorosos! Dai-nos ânimo infindável e esforço incansável para que da escola saiam sempre e sempre defensores perpétuos da grandeza da pátria! Fazei-nos disseminar uma agricultura que, aliada ao seu cunho de arte, seja também ciência. Fazei-nos novos bandeirantes ao arrancar do seio fecundo do torrão brasileiro riquezas incontáveis que irão, mundo afora, provar nossa capacidade de trabalho e atestar a magnificência de nossa pátria.[1]

Não é improvável que algumas das autoridades ali reunidas tenham gravado o nome e o rosto daquele rapaz...

Durante seus anos de faculdade, Toninho havia se consolidado como líder universitário. Sua irmã Isolina e o cunhado Caio acompanhavam com orgulho sua trajetória estudantil. O casal morava em Piracicaba desde o casamento, e Caio fora presenteado pelo sogro com um cartório. Na época, ainda se viviam os anos de bonança do café, e o fazendeiro não hesitou em comprar a permissão para operar o escritório de registro civil. Assim, garantia a fonte de renda do casal, com a certeza de que a filha não passaria necessidade. Não que o futuro de Isolina estivesse em risco, uma vez que Caio era dentista, mas Antonio gostava daquelas demonstrações de poder financeiro e político. Tanto que presenteou Nerval, marido de Xandica, com outro cartório, este em Tietê.

---

1 *O Estado de S. Paulo*, 4 de junho de 1935, Geral, página 4.

Lígia foi a única a não precisar da ajuda do pai para iniciar a vida de casada. Isso porque a filha caçula, com seu jeitinho avoado, de "sarambé pratita", na definição paterna, conquistou um homem muito rico. Delfino Camargo Penteado estudava em Piracicaba e vinha de uma família tradicionalíssima. Basta dizer que era cunhado e sócio de Geremia Lunardelli, o "rei do café" de São Paulo. No entanto, custou para que Lígia e Delfino, o Nico, se casassem. Romperam o noivado, Lígia ameaçou se internar em um convento e muitas lágrimas caíram nos casarões de Piracicaba, naqueles anos de 1920. Acabaram casando e tiveram três filhos, Delfino, Luiz Carlos e Gilberto. Após o matrimônio, Lígia se tornou a mais rica dos irmãos Rodrigues. João José, primeiro dos filhos homens de Antônio e Cândida, também conseguiu progredir enquanto o pai tinha dinheiro. Foi estudar Medicina no Rio de Janeiro, mas a fazenda quebrou assim que ele concluiu a faculdade. Voltou para o interior de São Paulo e se tornou o médico mais popular e querido de Tietê, cidade que deu fortuna a seu pai e com a qual ele acreditava ter uma dívida. Casou-se com Nair Silveira Mello, cuja família se dedicava ao negócio da cana, e tiveram uma filha, que morreu ainda criança, e três filhos, Arnaldo, Renato e Eduardo.

Toninho e Dide ainda eram meninos de calças curtas quando o pai perdeu tudo na crise – na verdade, Antonio, aos 15 anos, começara a usar calças compridas havia pouco tempo. Foram morar com Isolina e Caio e os seis filhos do casal, seus sobrinhos: Nelson, Tau, Haidé, Irma, Yone e Avani. Alexandrina e Nerval, na vizinha Tietê, tinham três filhos, Nerval, Hilda e Luci, cujas idades regulavam com as dos filhos de Isolina. No entanto, as crianças pouco se viam, porque os pais eram brigados: Caio e Nerval competiam para ver quem tinha o melhor cartório. Por causa das discussões que travavam, o clima entre as famílias azedou e até mesmo as irmãs se afastaram. Anos depois, as famílias se reconciliariam, mas, enquanto durou o azedamento, Antonio e Dide tiveram pouco contato com Xandica e os sobrinhos de Tietê.

No momento de optar por um curso universitário, Antonio pensou grande. Lia os jornais de cabo a rabo, e também qualquer bom livro que aparecesse pela frente. Tinha interesse por política e era comunicativo e articulado, sem deixar de ser sóbrio e equilibrado. Por tudo isso, o Direito lhe acenava como uma ótima alternativa. Queria ser juiz, mas para isso seria preciso mudar para São Paulo, e a perspectiva de ser sustentado pelo cunhado na capital o incomodava. Se ficasse em Piracicaba, por outro lado, não daria mais despesas. A Escola Prática de Agronomia pertencia ao governo, portanto, era gratuita. Além disso, não era nem um pouco excepcional que o filho de um fazendeiro seguisse a carreira de agrônomo. Dide, que era quatro anos mais moço, adotaria seu exemplo.

* * * * * *

O tempo provaria que, mesmo estudando Agronomia, Antonio não trairia sua vocação para líder. Como aqueles foram tempos efervescentes para os jovens de São Paulo, não lhe faltou oportunidade para exercitar seu interesse por política. Em 1932, quando completou 18 anos, as forças políticas do estado de São Paulo entraram em rota de colisão com o governo de Getúlio Vargas. Na Presidência da República em caráter provisório desde que a Aliança Liberal tomara o poder, dois anos antes, Vargas nunca teve o amplo apoio da elite política de São Paulo. O Partido Republicano Paulista (PRP) estava acostumado a dar as cartas nas eleições locais e nacionais desde 1889, e foi uma das forças alijadas do poder na chamada Revolução de 30. É verdade que o paulista Partido Democrático (PD) apoiara Vargas em 1930. E era verdade que, uma vez vitoriosa a Aliança Liberal, Vargas passou por São Paulo no *tour* conhecido como "Trem da Vitória". A população havia agitado lenços e jogado flores à passagem de seu carro, gritando "Queremos Getúlio!". Contudo, o clima de romance com parte da elite política paulista desgastou-se no decorrer dos dois anos seguintes. Vargas depôs os antigos governadores e nomeou interventores militares, os chamados tenentes. Não demorou para que o desencontro entre os interesses de Getúlio e os dos paulistas ficasse evidente. O troca-troca de interventores durante todo o ano de 1931 só fez aumentar os dissabores entre o presidente e seus poucos apoiadores em São Paulo. Como resultado, o PD rompeu com o governo federal e se uniu ao PRP, para formar a Frente Única Paulista (FUP). A coalizão tornou-se porta-voz das reivindicações paulistas: nova Constituição – a Carta Magna de 1891, vigente durante toda a República Velha, fora suspensa – e a autonomia política dos estados. São Paulo queria eleger o próprio governador, e o presidente.

A morte de quatro estudantes em uma manifestação contra Vargas, em maio de 1932, foi o estopim da revolta. Se antes já se aventava a hipótese de um movimento armado contra o governo, depois que Martins, Miragaia, Dráusio e Camargo tombaram no centro de São Paulo, o movimento ganhou mártires, um novo nome (MMDC, o amálgama das iniciais dos estudantes mortos) e força. Em 9 de julho, São Paulo se levantou contra o governo federal. O objetivo era, com o apoio de forças militares de outros estados, chegar ao Rio de Janeiro e depor o presidente. A ajuda nunca veio, e o governo contra-atacou. As divisas de São Paulo com outros estados foram os *fronts* de combate, para os quais centenas de paulistas se apresentavam de maneira voluntária.

Foi grande a mobilização em prol da Revolução Constitucionalista, e Piracicaba teve destaque nos esforços. Além de ter enviado 900 combatentes, a cidade era o lar de Francisco Morato, advogado filiado ao PD que, até 1931, era um dos principais nomes cogitados para ocupar o governo estadual. Antonio José Rodrigues Filho tinha 18 anos de idade no ano da Revolução, e acompanhou a mobilização piracicabana, alistando-se nas forças paulistas. O conflito armado, nas bordas do estado de São Paulo, terminou em três meses. Os paulistas foram acuados pelas forças federais, e nunca chegaram nem perto de apear Vargas do Palácio do Catete. A Assembleia Constituinte, uma das principais bandeiras do movimento rebelde, de fato aconteceria em 1934. Na realidade, a maior herança da Revolução de 32 fez morada no espírito paulista. Nos anos seguintes, a sólida oposição a Getúlio Vargas dentro do Estado seria a prova de que São Paulo poderia ter perdido nas armas, mas não nas suas convicções. O que era uma verdade, em especial nos inflamados corações e mentes dos jovens universitários.

Tudo isso se refletia no ambiente da Esalq, onde Antonio Rodrigues Filho chamava a atenção dos outros estudantes por seu ânimo e conhecimento político. A vivacidade da atuação estudantil e as muitas exigências acadêmicas não impediram que ele deixasse de lado os assuntos do coração. E como Piracicaba da metade dos anos 1930 era uma cidade pequena, todos se conheciam. A isso se somava o fato de que a jovem Sofia Rossetti tinha três irmãos estudantes na Esalq. Portanto, não foi difícil para que ela e Antonio se conhecessem.

Sofia, três anos mais nova do que ele, era interna da Escola Normal. Estudava para ser professora e, a exemplo da mãe, era uma moça sofisticada, com pendor especial para as artes em geral e para o piano de modo especial. Mais uma vez, operou-se a magia da atração entre opostos, e o jovem agrônomo encantou-se pela moça refinada, que era fluente em francês e italiano. Tomazo Rossetti aprovou o namoro. Viúvo e muito taciturno, nunca quis casar de novo. Na volta ao Brasil com a família, após 1929, recebeu da família Prado uma indenização, como antigo empregado da Santa Veridiana – o *crash* da bolsa de Nova York foi tamanho que o clã de cafeicultores precisou vender a propriedade. O fato de não existir mais a grande fazenda a que tinha dedicado tantos anos de trabalho não o aborreceu. Na temporada anterior no Brasil, Tomazo conheceu muitos membros da boa gente italiana que habitava aquela região. Entre eles, um rapaz chamado João Ometto, cuja família plantava cana em diferentes sítios perto de Limeira. O exemplo dos Omettos e de outros sitiantes italianos que tinham plantações e alambiques foi decisivo, e Tomazo decidiu usar o dinheiro para comprar uma propriedade e montar um pequeno engenho. Os filhos homens, Sérgio e Paulo, estudavam Agronomia e ajudavam o pai. Veridiana Vitória seguiu o mesmo caminho. O gosto dos filhos pelo trabalho dava tranquilidade a Tomazo, e também o deixava feliz o namoro de Sofia e Antonio Rodrigues Filho. E logo veio o noivado do casal. Em 1935, Antonio diplomou-se na Esalq, e em 1936 ele e Sofia se tornaram marido e mulher. Na ocasião, os laços entre as famílias Rossetti e Ometto ficaram ainda mais estreitos, pois João Ometto foi padrinho de casamento da noiva.

* * * * * *

As primeiras décadas do século XX foram de profunda transformação da agricultura paulista. A diversificação de culturas para além do café já existia desde antes da chegada do "ouro verde". A cana-de-açúcar, por exemplo, era cultivada desde o princípio da ocupação do interior pelos colonizadores portugueses. A rapadura e a aguardente eram os principais produtos da economia canavieira, e movimentavam a economia regional. O caráter dessa produção se transformaria a partir do final do século XIX, em razão do café, do transporte ferroviário e do crescimento dos mercados consumidores. Um dos maiores indícios dessa mudança foi a chegada do capital internacional no negócio da cana. Em 1907 foi criada a *Société de Sucreries Brésiliennes*, com investimentos franceses e à qual pertenciam três grandes unidades produtoras de açúcar do interior paulista: a Usina Rafard, em Capivari, a Usina Piracicaba e a Usina Porto Feliz. Até os anos 1920, elas eram responsáveis pela produção de cerca de 60% do açúcar paulista. É verdade que a praga do mosaico prejudicou, e muito, a cana na década de 1920, mas ainda assim o açúcar era um bom negócio. O café passava por crises periódicas de superprodução – a exemplo das ocorridas em 1913 e 1921 –, e o preço do açúcar no mercado internacional era mais consistente.

Conforme a economia agrícola se sofisticou, o dinheiro afluiu e a população aumentou, toda a cadeia produtiva passou a dar mais atenção aos aspectos de produtividade do negócio. Foram intensificadas as buscas por novas variedades e por melhores práticas de cultivo e de combate às doenças do campo. Esse movimento vinha de fazendeiros, técnicos e do próprio Estado. O pioneiro Instituto Agronômico de Campinas remontava a 1887, criado por Dom Pedro II. Em 1892, a instituição passou a ser administrada pelo governo do estado. Em 1927, o governo criaria, na capital, o Instituto Biológico. A implantação das primeiras Estações Experimentais, no início do século, veio complementar o caráter científico dado à agricultura de São Paulo. A partir de 1930, a Estação Experimental de Piracicaba passou a suprir os produtores de cana-de-açúcar com recursos técnicos, variedades de plantas e processos de cultivo. O mesmo aconteceria com outras culturas, que ganharam espaço no vácuo deixado pelo café a partir de 1929. Foi o caso da laranja.

A citricultura foi introduzida no interior paulista no começo do século XX, na órbita do café. Foi um início tímido, mas promissor. Em 1929, o jornal *Correio Paulistano* registrou a visita feita pelo médico e citricultor baiano Esteves de Assis aos laranjais de Limeira. A impressão do doutor Assis foi das mais auspiciosas: "Terras até ontem ocupadas por cafeeiros cobrem-se de laranjais majestosos e promissores de uma riqueza nova", afirmou. O estado da Bahia era o berço e maior produtor de frutas cítricas do País, e a vinda do especialista baiano a São Paulo revelava que a citricultura paulista queria crescer. No mesmo ano, técnicos paulistas realizaram uma viagem de estudos aos laranjais da Califórnia, na América do Norte.

Em 1929, o agrônomo Felisberto de Camargo, que se especializara em cítricos nos Estados Unidos, foi encarregado de criar "um grande campo experimental" de citricultura, com o apoio do Instituto Agronômico de Campinas. Foi anunciada a criação de três subestações dedicadas ao estudo da citricultura, em Cordeiro, distrito de Limeira, Sorocaba e no litoral. As estações experimentais deveriam suprir os produtores de sementes e enxertos, e na Esalq os estudantes de Agronomia receberam reforço nas aulas teóricas e práticas de citricultura.

O governo estadual também investiu na logística da produção. A proposta de criação de duas *packing houses*, em Limeira e Sorocaba, foi divulgada também em 1929. Os galpões contariam com maquinário para lavagem, enxágue e polimento das frutas, tudo importado dos Estados Unidos. O sopro de ânimo na agricultura representado pela citricultura era tal que, no final daquele ano, um artigo no *Correio Paulistano* chegou a afirmar que "os cafezais já imprestáveis vão sendo substituídos pelos laranjais, que oferecem uma esplêndida fonte de renda e interessam diretamente aos lavradores pelas possibilidades que encerram". De fato, foi o que aconteceu. Nos anos seguintes, a laranja ganhou o interior. Entre 1927 e 1939, a participação de São Paulo no total exportado pelo Brasil passou de 12% para 49%.

Graças ao empenho dos agrônomos, esse crescimento não era apenas quantitativo, mas também qualitativo. Antonio José Rodrigues Filho se uniria a esses esforços. Seu primeiro emprego foi na Estação Experimental de Piracicaba, voltada ao cultivo de cana-de-açúcar. Na estação chefiada por Homero Corrêa de Arruda, o jovem agrônomo logo chamou atenção. O destaque garantiu a ele o convite de Sílvio Moreira, um dos grandes técnicos em citricultura do continente, para chefiar a Estação Experimental de Citricultura, em Cordeiro. No final dos anos 1930, a remota Cordeiro era um distrito de Limeira, e foi para lá que Antonio e Sofia se mudaram. A tarefa de chefiar estudos sobre uma das culturas mais promissoras daquele tempo era um importante passo na vida profissional do jovem agrônomo. Tudo estava a seu favor, mas ninguém poderia imaginar que aqueles anos de otimismo seriam manchados por duas variedades de tristeza. Uma era o nome da doença que acometeu os laranjais de São Paulo. E a outra, muito humana, derramou-se sobre o lar da jovem família Rossetti Rodrigues.

CAPÍTULO 2

AVENTURAS DE NASCIMENTOS E CRIAÇÕES

A tristeza chegou em 1937, quando a menina não respirou no primeiro instante de vida. A parteira que trouxe a criança de Sofia ao mundo relatou que o bebê havia nascido com o cordão umbilical envolvendo o pescoço, e essa circunstância selaria o destino da família. Isso porque a falta de oxigenação naqueles minutos cruciais deixou sequelas definitivas: Marina, a primeira filha de Toninho e Sofia, cresceu com deficiência intelectual e nunca aprendeu a se comunicar. A mãe precisava decifrar suas vontades e incômodos, além de aplacar os acessos e socorrê-la nas frequentes convulsões. O trauma com o parto malsucedido e os cuidados intensivos dispensados à criança plantariam uma dúvida temerosa no coração e na mente de Sofia: valeria a pena ter outros filhos? O marido compartilhava desse receio. Triste com as condições de saúde da primogênita, Antonio buscou refúgio no trabalho.

Quando Marina nasceu, ele estava em seu primeiro emprego, na Estação Experimental de Piracicaba, estudando a cana-de-açúcar. O convite do governo para assumir a Estação de Limeira, dedicada à citricultura, representou não apenas uma oportunidade de ascensão na carreira do jovem agrônomo, então com 25 anos. O casal ponderou também que a transferência da área urbana faria bem à filha. O silêncio e a possibilidade de ficar mais tempo ao ar livre foram endossados pelo médico da família como um remédio para as inquietações da menina. Em 1939, o casal passou a morar na casa que servia de residência ao dirigente da Estação Experimental, no distrito de Cordeiro. Enquanto Sofia cuidava da filha, o marido se dedicava a remediar outro tipo de tristeza.

A doença conhecida como "tristeza dos citros" surgiu nas plantações de laranja de São Paulo no final da década de 1930. A moléstia foi batizada em virtude do aspecto que causava nas laranjeiras: uma vez afetada, a planta declinava rapidamente – à semelhança de um ser humano acometido por uma depressão profunda. O rápido avanço da doença dizimou os até então promissores laranjais do interior, fazendo o Instituto Agronômico pôr em ação uma operação de guerra contra o vírus. Antonio debruçou-se sobre a questão, intrigado com a forma de disseminação da tristeza. O que se conhecia, até então, era a maneira como a doença afetava os vegetais: o vírus atingia as árvores por meio de pulgões. Uma vez infectada, a planta apresentava uma série de más-formações, que prejudicavam seu crescimento e alimentação e culminavam em sua morte.

Por sua extensão e importância econômica, os laranjais não poderiam ficar suscetíveis à praga. Foram necessários muitos meses de testes e estudos para que a equipe liderada por Sílvio Moreira, diretor do Instituto Agronômico de Campinas, e Antonio descobrisse que o segredo da tristeza estava no "cavalo". No jargão da agricultura, cavalo é o nome que se dá à planta que recebe o enxerto de outra variedade. No cultivo de cítricos, é comum que enxertos e cavalos pertençam a espécies diferentes, o que possibilita a melhoria das plantas. No caso dos laranjais de São Paulo da época, o cavalo da vez era a árvore de "laranja-azeda". Variados testes revelaram que o limão-cravo era resistente à tristeza. Com a troca do cavalo de laranja-azeda pelo de limão-cravo, salvou-se o laranjal brasileiro.

A experiência profissional de Antonio demonstrava que, com persistência e fé, era possível vencer a tristeza e outras adversidades. Com o tempo, Sofia também foi se convencendo a esse respeito.

Um dos incentivadores dessa mudança seria o médico que tratava de Marina. Durante anos, ele fez diversos alertas e apelos aos pais da menina.

— Infelizmente, ela terá uma vida difícil, e talvez não muito longa. Vocês precisam ter outros filhos, aumentar a família! – aconselhava o pediatra.

Durante quatro anos, o casal resistiu à ideia. Sofia, sobretudo, sentia-se apreensiva ante a perspectiva de uma nova gravidez e outro parto. Um cenário que lhe parecia ainda mais amedrontador, agora que viviam em um local mais isolado do que a residência anterior, em Piracicaba.

Entretanto, Cordeiro estava mudando. O povoado ficava a 15 quilômetros de distância de Limeira e havia se tornado um distrito em 1899. Nos anos 1940, já se configurava como uma pequena cidade, e desde os primeiros anos da década de 1900 seu povo reivindicava tornar-se independente de Limeira. Em 1926, especulava-se que Cordeiro estava a poucos passos de virar uma cidade, graças à arrecadação anual de 54 contos de réis em impostos. O único entrave era a necessidade de ter pelo menos 10 mil habitantes. A economia local crescia em razão do café e da criação de bicho-da-seda – esta última cultura, sobretudo, havia sido responsável por levar a indústria a Cordeiro, com a instalação da tecelagem Fioseda. Nos anos em que a família Rodrigues se instalou na Estação Experimental, a comunidade estava mais engajada do que nunca no movimento pela emancipação. Em 1943, a população expressou seu desejo de mudança de *status* por meio de um plebiscito, que rebatizou o distrito com o nome de Cordeirópolis – o sufixo "polis" não deixava dúvidas de que o distrito era, sim, uma cidade. A emancipação de fato e de direito viria em 1948.

Talvez o clima de mudança vivido em Cordeirópolis e o avanço dos estudos de Antonio na Estação Experimental tenham inspirado o casal Rodrigues a também buscar uma transformação em suas vidas. O fato é que eles resolveram dar um salto de fé, abandonando a convicção de que Marina seria a única filha. Em 12 de agosto de 1942, uma quarta-feira, Sofia deu à luz o segundo filho. O menino saudável nasceu em casa, e o batizaram Roberto.

* * * * * *

O sucesso de Antonio no controle da tristeza dos citros o colocou em evidência ainda maior. Por isso, quando os dirigentes do Grupo Prado Chaves saíram em busca de um especialista em café e laranja para dirigir a Fazenda São Martinho, todos com quem eles falaram indicaram o mesmíssimo nome: Toninho Rodrigues. Estavam no final de 1945, e Antonio sentia que a vida entrava no rumo certo. Era respeitado no meio profissional e político da região, e a família continuava crescendo. Além do pequeno Roberto, com pouco mais de dois anos, o casal teve mais uma filha, Anita, nascida na maternidade de Limeira, em fevereiro de 1945. Ele não ganhava mal, e a família podia viver com conforto – um aspecto fundamental quando se tratava de Marina.

A quase centenária Fazenda São Martinho, em Guariba, operava aos trancos e barrancos, e os membros da família Prado Chaves estavam convencidos de que Antonio era o homem que a colocaria nos trilhos. Era uma proposta lisonjeira. Imagine, aos 32 anos, ser convidado a gerenciar aquela que já havia sido a segunda maior fazenda de café do Brasil! Contudo, Antonio titubeou. Não porque achasse que não estava à altura do desafio, mas por preocupação com a família. Se Cordeirópolis era afastada da vida urbana, a São Martinho era muito, muito mais isolada. A fazenda ficava interior adentro, a 200 quilômetros de Limeira. O asfalto só chegava até Americana – a partir dali era certeza de que o carro da família andaria em meio à poeira ou no lamaçal. Uma lonjura inconcebível para um casal cuja filha precisava de cuidados especiais e do acompanhamento constante do médico. Quem trataria de Marina naquele fim de mundo?

Antonio não queria explicar sua decisão para estranhos. Por isso, achou que era mais fácil justificá-la em termos monetários. Disse aos emissários da família Prado Chaves que agradecia a oferta, mas estava feliz no atual emprego. Só aceitaria uma troca se fosse para ganhar mais do que o salário atual, e se aos vencimentos mensais se somasse uma participação nos lucros da empresa, paga na forma de ações. Um pacote completo, impensável para qualquer profissional no começo dos anos 1940. Sobretudo com a Segunda Guerra Mundial em curso e o Brasil envolvido no conflito até os joelhos. Quando os visitantes saíram porta afora, Antonio estava certo de haver resolvido a questão. Em mundo nenhum um patrão toparia aquelas condições extravagantes.

Qual não foi sua surpresa quando, dias depois, recebeu o recado: a família Prado Chaves havia aceitado seus termos. Talvez Antonio não tenha calculado que mesmo sua proposta exuberante significava pouquíssimo risco para os donos da fazenda. O salário poderia ser pago com tranquilidade, e, uma vez que a São Martinho dava prejuízo havia cinco anos, era improvável que tivesse lucro no curto prazo. A não ser que o tal Toninho Rodrigues fosse um agrônomo milagreiro, capaz de em poucos meses reviver os cafezais e laranjais devastados da propriedade. Eles certamente contavam com isso, assim insistiram em sua contratação. E estavam tão convencidos de que ele era necessário para a empresa que se sentiam dispostos a pagar (caro) para ver. O que não poderia acontecer era a fazenda morrer à míngua, manchando o nome do poderoso clã de aristocratas – o mesmo que trouxera a família de Tomazo Rossetti para o Brasil, décadas antes.

O aceite da família Prado Chaves deixou Antonio e Sofia perplexos – e divididos. Ele queria aceitar. Ela insistia que não deveria. Além de Marina, ela cuidava de Roberto, que estava na fase de sair correndo pela casa, desaparecer de sua vista e aprontar travessuras. E a pequenina Anita mal havia começado a engatinhar. Pelas fotos e descrições, a São Martinho parecia um lugar inóspito demais para criar filhos. Foi a muito custo, lágrimas e promessas que Antonio convenceu a esposa a deixar Cordeirópolis. Ele viajou a Campinas e encontrou um sanatório que acolhia pessoas com deficiência, onde poderiam internar Marina. Os pais a visitariam com frequência, e ali a menina de oito anos teria o acompanhamento integral de médicos e enfermeiras. Sofia não teve como retrucar quando o marido lhe propôs a difícil solução. Era fato que, em Campinas, a filha mais velha estaria segura e bem assistida. E isso pesou na decisão.

Isso não a impediu de partir para a São Martinho com o coração aos pedaços. Rezou e chorou durante toda a viagem, que durou horas. O carro movido a gasogênio – o Brasil estava desabastecido de gasolina em razão da guerra – era barulhento e pulava pela estrada, fazendo os ocupantes saltarem sempre que passavam em cima de uma pedra ou eram surpreendidos por um buraco. Um tranco mais forte fez o porta-malas se abrir, derrubando na estrada a mala com os pertences de Anita. As mamadeiras e as delicadas fraldas e roupinhas brancas ficaram vermelhas com a poeira da estrada. Sofia entendeu que era um mau agouro. Antonio ficou firme ao volante. Ao final da jornada, o pai estava exausto de dirigir, a mãe, exaurida pelas preocupações e as crianças ficaram derrubadas pelo cansaço e pela fome.

* * * * * *

Havia uma coisa da qual ninguém poderia se queixar: falta de espaço. Por um curto período, a família ficou hospedada numa construção ao lado da sede, onde mais tarde funcionaria um grupo escolar. No entanto, logo se mudaram para a sede, que era uma espaçosa construção em estilo colonial. Os detalhes e as comodidades da residência refletiam o luxo da vida da família Prado Chaves. Um exemplo era a linha do trem, que se estendia até as proximidades da porta do casarão. Como em muitas construções capitaneadas por grandes famílias daquela época, todos os materiais de construção eram importados da Europa. Para os moradores, a casa não apresentava grandes inconvenientes. Salvo, talvez, uma lenda de natureza sobrenatural: dizia-se que, em algumas noites, era possível ouvir o fantasma do saudoso Conselheiro Antônio Prado balançando-se numa velha cadeira de balanço na sala da propriedade. Sofia, que sentia medo de assombrações, rezava para não descobrir se a história era ou não verdadeira.

Para Antonio, o grande assombro estava nas plantações. Fundada em meados do século XIX, a São Martinho tinha 12 mil alqueires de extensão e, nos tempos áureos, contava com quase três milhões de pés de café. A decadência da cafeicultura e os problemas na citricultura, introduzida em anos recentes, haviam comprometido a grandeza do empreendimento. O antigo gerente da fazenda, que Antonio agora vinha substituir, morava em São Paulo e só ia à propriedade uma vez por mês. As crises, as pragas agrícolas e o desleixo da gestão ficaram nítidos na primeira vistoria do novo administrador.

Os laranjais estavam condenados pela tristeza, e os pés de café eram velhos demais para dar qualquer safra que prestasse. Daquele jeito a fazenda logo quebraria. A saída estava em pôr tudo abaixo e recomeçar, dessa vez com uma cultura que ganhava novas – e maiores – proporções no interior paulista: a cana-de-açúcar. Com o acréscimo de que, desta feita, a São Martinho não seria apenas um celeiro de produtos primários, e sim uma verdadeira indústria agrícola. Antonio queria erguer ali uma usina de açúcar.

Para entender a oportunidade vislumbrada pelo novo gestor, é preciso voltar algumas décadas a fim de compreender a dinâmica da produção açucareira. Ao observar o registro da história, a região Nordeste sempre fora o grande polo produtor de açúcar do Brasil. Por mais que o interior paulista tivesse suas lavouras e usinas, algumas delas de grande porte, isso era pouco se comparado aos gigantescos e centenários canaviais de Pernambuco e Alagoas. Não apenas em termos quantitativos, mas também qualitativos. Vale lembrar que ao lado do poderio econômico andava o político e, da mesma forma que os cafeicultores de São Paulo davam as cartas da política do café, o equivalente acontecia com os barões nordestinos do açúcar. O governo federal disciplinava a produção de açúcar e álcool desde 1933, ano em que Getúlio Vargas criou o Instituto do Açúcar e do Álcool (IAA). Os produtores recebiam da autarquia de comando cotas de produção, e as regiões Sudeste e Sul com açúcar eram em boa parte abastecidas de açúcar pelas usinas do Nordeste.

Com a entrada do Brasil na Segunda Guerra Mundial, em 1942, o transporte de cargas por via marítima foi suspenso. Os portos de Santos e do Rio de Janeiro estavam entre as portas de entrada de gêneros alimentícios produzidos em outros estados, entre eles o açúcar nordestino. Não demorou para que o produto começasse a ser racionado. A escassez fez com que, em 1946, o presidente Eurico Gaspar Dutra baixasse um decreto permitindo a instalação de usinas de açúcar em estados deficitários do produto, a fim de atender os consumidores locais. São Paulo estava na lista, e logo as usinas começaram a pipocar para além do tradicional "quadrilátero do açúcar" – entre Mogi-Guaçu, Porto Feliz, Itu e Sorocaba. Antonio Rodrigues enxergou ali uma oportunidade de salvar a Fazenda São Martinho, e colocou seu plano em ação.

Primeiro, era preciso obter um equipamento conhecido como "vácuo", condição para que a nova usina pudesse funcionar. A máquina era responsável por desidratar a rapadura e fabricar o açúcar. O agrônomo, sem consultar a família Prado Chaves, comprou um vácuo de um comerciante em Rincão. Foi só então que Antonio foi ter com Luiz da Silva Prado, principal acionista da fazenda. O doutor Luiz, como era chamado, era um representante fiel, ainda que tardio, da aristocracia do café. Evocando os tempos do conselheiro e de dona Veridiana, o homem visitava Antonio vestindo sofisticados ternos de linho e marcando os passos com uma bengalinha. O pequeno Roberto, que nessa idade começava a acompanhar o pai em algumas andanças pela São Martinho, reparava no contraste entre aquele homem formal e os trabalhadores da fazenda – entre eles, seu pai, que montava a cavalo, se metia pelos matos e falava grosso com os empregados quando faziam arruaça e arrumavam briga na colônia.

— Doutor Luiz, quero fazer aqui na São Martinho uma usina de açúcar – propôs Antonio, com muita firmeza.

Luiz Prado demonstrou um discreto interesse e pediu detalhes. Ao final da explicação, apresentou uma ressalva: nem mesmo ele, Luiz, tinha poderes absolutos sobre a fazenda, e seria preciso submeter o plano à aprovação dos demais acionistas. Antonio se comprometeu a fazer um projeto detalhando a futura operação. Para isso, ele teve a ajuda de Maurílio Biaggi, agricultor de família ítalo-brasileira que se projetava na região como uma das referências dos plantadores de cana. No caso da São Martinho, seria preciso começar uma lavoura do zero, e o plano detalhava quantos alqueires de cana seriam plantados, a data das safras, a compra e o arranjo das máquinas e de que maneira as centenas de empregados se empenhariam em suas novas funções. Antonio tomou o rumo da capital com o projeto debaixo do braço.

No entanto, o interesse do doutor Luiz não encontrou eco nos demais acionistas. Eles ouviram o plano e não gostaram. O que não chegou a ser um problema. Luiz, como principal dono do empreendimento, concordou com o plano e, à revelia dos demais, deu sinal verde para Antonio. Afinal de contas, não era para isso que tinham mandado trazer aquele rapaz, com alto custo, lá de Limeira? Se era para recomeçar a história da São Martinho, que fosse de maneira doce.

* * * * * *

Joaquim Bento Rodrigues, o Dide, demorou para sair da aba do irmão mais velho. O vínculo entre eles era muito intenso, e perdurou até depois do casamento de Toninho. Sofia, por sua vez, também tinha verdadeiro xodó pelo cunhado, e cuidava dele como se fosse um filho mais velho. Formado agrônomo pela Esalq, Dide arranjou duas coisas: um emprego no Instituto Agronômico e uma paixão avassaladora por uma moça de Piracicaba. O *affaire* não foi bem recebido pela família, agora restrita aos irmãos, noras e cunhados. Acabaram oferecendo a Dide uma bela viagem de navio pela costa brasileira. A ideia era de que a jornada o distraísse e fizesse esquecer o caso. E, de fato, depois que Dide conheceu Maria, o resto ficou para trás.

"Mariinha", como era conhecida, vinha de uma família de Pesqueira, distante 200 quilômetros do Recife. Os membros da família Carlos de Brito eram conhecidos em todo o estado como os primeiros industriais pernambucanos, donos da tradicional marca Peixe, que produzia goiabada, massa de tomate e outros enlatados. A fábrica abrira suas portas em 1898, e em 1910 recebera na Bélgica o grande prêmio da Exposição Internacional de Bruxelas. A paixão entre Joaquim e Mariinha foi instantânea, e os dois logo se casaram. E Dide foi para Pernambuco, trabalhando na histórica Usina Central de Barreiros. A propriedade havia sido adquirida pelo Grupo Carlos de Brito no começo da década de 1940, e caminhava para, cerca de uma década depois, atingir a marca de 650 mil sacas anuais de açúcar. Foi assim que Dide, formado em Agronomia com a ajuda do conhecimento do irmão mais velho, entrou para a estirpe dos usineiros de Pernambuco.

E como uma mão lava a outra, agora o caçula ajudaria o mais velho. Quando Antonio fez um esforço para transformar a fazenda de café em usina de açúcar, escreveu ao irmão. Informou sobre o plano e disse que, como São Paulo estava explodindo de novos empreendimentos daquele gênero, faltava gente que entendesse a lida de uma usina. Pediu a Dide que identificasse alguns profissionais de confiança da região e que estivessem dispostos a mudar para São Paulo. Logo Antonio enviaria ao Nordeste um emissário da São Martinho, a fim de colher os talentos de que precisavam. Contudo, antes disso, mandou trazer um dos seus cunhados, Sérgio.

Sérgio Rossetti vivia, então, em Caxambu, no estado de Minas Gerais. O patriarca da família havia morrido algum tempo antes, desgostoso com a Segunda Guerra Mundial e amuado pela hostilidade dispensada a eles e outros italianos em terras brasileiras. A adesão do Brasil ao bloco dos Aliados, em 1942, havia colocado o País em guerra com as nações do Eixo – Japão, Alemanha e Itália. Os estados do Sul e do Sudeste, lotados de imigrantes desses países e de seus descendentes, decidiram reprimir os vínculos destes com seus locais e culturas de origem. A série de vetos aos chamados "súditos do Eixo" incluía a proibição de reuniões entre eles e de publicações nos idiomas de origem. Até mesmo uma conversa entre quatro italianos, alemães ou japoneses no meio da rua estava na lista de interdições imposta pelo governo de Getúlio Vargas. Tomazo Rossetti ficou ainda mais soturno e recolhido, até que faleceu. Ainda teve tempo de conhecer os filhos de Sofia, bem como os de Sérgio e os de Paulo.

Antes de morrer, Tomazo vendeu o pequeno engenho de Piracicaba para a família Ometto, sua conhecida há décadas, e a herança foi distribuída entre os quatro irmãos. Sérgio tocava o empreendimento, mas, com a venda, partiu para Caxambu, tradicional estância hidromineral onde a família de sua esposa, Geni Melo, possuía o suntuoso Hotel Glória. O agrônomo virou administrador de hotel, trocando as balanças de cana pela contabilidade de lençóis, taças de cristal e cachês de cantores. Foi em Minas Gerais que nasceram as duas filhas do casal, Marta e Norma, e, conquanto a vida não lhe desse motivos para queixa, Sérgio sentia-se incompleto.

Quando o cunhado escreveu perguntando se ele queria integrar a força de trabalho da nova usina, Sérgio não teve dúvidas. Ainda mais porque Antonio havia pleiteado junto aos patrões as mesmas condições de trabalho das quais ele gozava, com o mesmo salário e a mesma participação em ações. Sérgio trouxe a família toda para Guariba e formou com Antonio uma dupla que trabalhava em perfeita sintonia. Sofia ficou felicíssima com a vinda do irmão e da família, e a São Martinho ficou menos solitária.

Outro paladino de Antonio nos preparativos da nova usina foi o mecânico Zé Batata. Antonio percebeu que o funcionário possuía as qualidades perfeitas para a missão que tinha em mente – era despojado, trabalhador e ambicioso. Comprou um caminhão General Motors e informou Zé Batata da tarefa: dirigir até Alagoas e Pernambuco e embarcar para São Paulo os funcionários das usinas de açúcar previamente selecionados por Dide. Se a viagem tivesse sucesso, o caminhão ficaria com Zé. O mecânico topou. O ano era 1947, e empreender uma viagem rodoviária de mais de dois mil quilômetros de estradas de terra era uma verdadeira epopeia. Tanto que, quando retornou, Zé Batata trouxe na empoeirada bagagem também muitas histórias. A cada vez que narrava a viagem, acrescentava um detalhe novelesco: uma emboscada na estrada, um andarilho suspeito que pediu carona, e até uma briga de peixeira que acabou em morte – ali mesmo, em cima do caminhão. Fosse verdade ou não, o fato é que ele trouxe cerca de 20 técnicos de moenda, balança, centrífuga e eletricistas. A usina começou a funcionar.

Roberto tinha entre cinco e oito anos naqueles primeiros anos da Usina São Martinho. Escutava os já lendários "causos" de Zé Batata sobre a aventura rumo ao Norte e sua imaginação ia, como em um quebra-cabeça, juntando os pedaços de cenários e passagens exóticas narradas pelo homem. Estradas infinitas, bichos diferentes, comidas e frutas que ele nunca tinha visto na frente. Outra figura que marcou o menino foi a do doutor Luiz Prado. O homem, já velhinho, tinha uma aura quase de outro mundo, e lhe falava coisas que, de fato, não pertenciam ao universo da usina. A esfericidade do globo terrestre, por exemplo.

— Está vendo essa laranja, meu filho? Assim é o nosso planeta – ensinou um dia, tomando uma laranja na mão. Girando a fruta, informou que o Brasil e o Japão ficavam em lados opostos da terra.

No dia seguinte, o presidente da empresa surpreendeu o menino cavando um buraco no quintal. Proposta: chegar ao Japão! Roberto ouvia os mais velhos, aprendia. E o mais importante, gostava de aprender. A inclinação para o estudo era apreciada por Sofia. Formada pela Escola Normal de Piracicaba, ela tomou para si a missão de reforçar os primeiros ensinamentos que o filho recebia na escola.

Roberto foi matriculado na escolinha rural da Fazenda São José, vizinha à Fazenda São Martinho. Iam juntos ele, a prima Marta e os meninos Badu e Elói. Um era filho do dono da farmácia na colônia da São Martinho, e o outro, do chefe do escritório. Além das lições na escola, os meninos recebiam aulas de dona Sofia: latim, francês e inglês. Não é absurdo pensar que a estoica Sofia penou para fazer entrar na cabeça das crianças as complicadas regras de declinação do latim. Contudo, a rigor, as brincadeiras na fazenda eram mais atrativas do que qualquer língua estrangeira. Quando não estavam estudando, as crianças, com Roberto à frente, subiam em árvores, pegavam frutas, nadavam na pequena piscina da sede e montavam a cavalo. O filho de Sofia e Antonio amava conhecer o que não sabia, e amava mais ainda a doce sensação de viver com liberdade.

No mundo de Roberto pairava acima de tudo a figura do pai. Aos seus olhos de menino, Antonio era gigante. Era alto como as árvores, e tudo gravitava a seu redor. Ele via como o pai acabava com as querelas entre os colonos, dava ordens do que deveria ser feito na usina e cuidava dos que chegavam até ele doentes ou machucados. Na zona rural de Guariba, ele era agrônomo, chefe, delegado, juiz, conselheiro, padre e médico. Dentro de casa, tratava o filho com o mesmo rigor. Nada de vantagens ou bem-bom por ser filho do doutor Antonio. O pai cobrava educação, boas notas, respeito aos mais velhos e companheirismo com os da mesma idade. E também não o enchia de carinhos ou congratulações por fazer o que era exigido. Roberto aprendeu cedo a cumprir seus deveres sem esperar nada em troca.

Era a ética na qual Antonio vivia, e da qual colhia os frutos a cada novo empreendimento. Daquela vez, foi o êxito da Usina São Martinho. No primeiro ano de operação, a unidade produziu 50 mil sacas de açúcar. Foi um estouro, pois a quantidade era dez vezes maior que a média das usinas da região. O lucro chegou no primeiro ano da operação, provando que, de certa forma, a cabeça de Toninho Rodrigues era, sim, uma oficina de milagres agrícolas.

Com o lucro da usina vieram as primeiras ações para ele e Sérgio. Os membros da família Prado Chaves não cabiam em si de contentamento. E ficaram ainda mais entusiasmados quando Antonio disse que conseguiriam dobrar a produção para o próximo ano. Dito e feito: na safra seguinte, a São Martinho colocou no mercado cem mil sacas. Embalado pelos bons resultados, Antonio propôs aumentar a produção. Isso exigiria muitos investimentos na ampliação da fábrica, e a família proprietária não quis gastar mais. Achava que era muito bom que tivessem começado bem o empreendimento e que a usina estivesse alavancada, mas o crescimento precisava ser sustentável a médio e longo prazo.

Como havia acontecido com a tristeza dos citros, a notícia sobre o êxito de Toninho Rodrigues correu mundo. A São Martinho ficou tão grande e promissora que despertou o interesse da família Ometto, já estabelecida como um dos principais grupos sucroalcooleiros da região. Um dia, Antonio recebeu a visita de Homero Corrêa de Arruda, seu colega dos bancos da Esalq. Ele era casado com Noêmia Ometto, e vinha, em nome da família da esposa, apresentar uma oferta de compra da São Martinho. Antonio apresentou a proposta aos membros da família Prado Chaves, que toparam vender a usina.

Os novos administradores tinham apenas um pedido: que Antonio treinasse um dos seus, o jovem Orlando Ometto, para assumir o papel de diretor-geral. E assim, Toninho e Orlando tornaram-se mentor e pupilo. O rapaz Ometto tinha pouco mais de 20 anos e havia se formado em Medicina. Sabia muito pouco sobre a prática agrícola, e Antonio lhe ensinou tudo sobre o negócio da usina, do plantio da cana ao embarque do açúcar. Rodaram a propriedade muitas vezes, e em dois anos Orlando sabia o suficiente para seguir em frente sem seu professor.

Nesse tempo, o pai de Roberto fez mais do que ensinar a Orlando o ofício de usineiro. Com a morte de Tomazo Rossetti, ainda na metade da década de 1940, os irmãos herdaram uma quantia em dinheiro pela venda do engenho de Limeira. Sofia deixou o marido como responsável pela administração da sua parte, e ele convidou seus dois cunhados agrônomos, Sérgio e Paulo, para se unirem a ele em um novo empreendimento: comprar uma pequena fazenda nos arredores da São Martinho. Sérgio era seu colega de usina, mas Paulo, embora também fosse agrônomo formado pela Esalq, vivia longe da agricultura. O irmão de Sofia morava em São Paulo, onde trabalhava na administração da fábrica de chocolates Gardano e criava os quatro filhos, Renato, Plínio, Maria Helena e Mário. Os dois irmãos Rossetti confiavam no tino empreendedor do cunhado, sobretudo quando se tratava de empreendimentos rurais. E foi assim que os três firmaram uma sociedade para a compra da Fazenda Santa Izabel, do outro lado do rio Mogi-Guaçu: Antonio ficou com 50% da propriedade, e os demais com 25% cada um.

* * * * * *

Roberto aprendia a viver em dois mundos: o de Sofia e o de Antonio. O universo da mãe era a casa. Uma vez que Sofia se acostumou com a vida na São Martinho, construiu no antigo casarão o novo lar da sua família. O vínculo com a casa, porém, ficou mais intenso em 1949, com a mudança para a Santa Izabel. Ali, ela era finalmente dona do seu espaço.

Assim que fechou o negócio, Antonio transmitiu à família a história da fazenda – segundo tinha chegado até ele. A propriedade fora fundada em 1897, em área loteada pela Companhia de Agricultura, Imigração e Colonização (Caic). O dinheiro do café estava criando a fortuna de muitos fazendeiros de Ribeirão Preto, que erguiam seus impérios com direito a grandiloquentes signos de riqueza – por exemplo, o projeto de uma casa assinado pelo escritório de Ramos de Azevedo. O mesmo arquiteto que havia desenhado o Theatro Municipal de São Paulo, em 1903, e o Teatro Carlos Gomes, de Ribeirão Preto, em 1897. A residência-sede da Santa Izabel, erguida em 1912, seguiu o estilo principesco das construções da época e do lugar: telhas francesas, ladrilhos italianos, ferragens inglesas. E por todos os lados os pés de café, além do terreno para secagem dos grãos e da tulha que armazenava o produto.

Contudo, em 1949, aquilo tudo era parte do passado. O primeiro dono da Santa Izabel quebrou ainda em 1914, e vendeu a propriedade para Bento de Abreu Sampaio Vidal, banqueiro, senador pelo Partido Republicano Paulista (PRP) e fundador da cidade de Marília. Antes mesmo da morte de Bento, a fazenda ficou sob a responsabilidade de um de seus 13 filhos – o primogênito, Bento Filho. Bentinho fez fama na pequena Guariba como autêntico *bon-vivant*, que transformou a austera Santa Izabel em uma filial da efervescente vida noturna que ele vivia na capital, e da qual o pai havia tentado afastá-lo. A morte do patriarca fez Bentinho vender a fazenda. A Santa Izabel passou de mão em mão até que Antonio Rodrigues assinasse os documentos de compra.

A casa já não se parecia mais com a dos tempos áureos do café, e os cafezais estavam economicamente inviáveis. Entretanto, o casal Antonio e Sofia sabia ter o remédio para ambos os problemas. Feitos os reparos na construção, acomodaram-se os itens da mãe, que começaram a encher o local de vida. Eram os livros, o piano, os quadros, os discos com canções italianas. Quando estava dentro de casa, Roberto vivia no universo sustentado, sobretudo, por Sofia, mas também pelos outros membros da família Rossetti. A tia Vitória, caçula dos quatro, era uma pesquisadora com a carreira em ascensão. Cientista e funcionária do Instituto Biológico, ela estava na linha de frente dos estudos sobre as características do vírus da tristeza dos citros. Como nunca se casaria, fez dos sobrinhos seus pupilos. Assim que Roberto foi alfabetizado, presenteou o menino com a coleção completa da enciclopédia infantojuvenil *Tesouro da Juventude*, sucesso entre as crianças das décadas de 1940 e 1950.

A tia também fazia a alegria das crianças no Natal. O dinheiro era curto nos primeiros anos de Santa Izabel, e os presentes da tia Vitória eram os únicos de Roberto e Anita. Fora as novidades trazidas por ela, os brinquedos eram construídos com as próprias mãos e imaginação. Roberto montava boiadas com sabugos de milho e um chuchu no papel de touro. Os carros de boi eram fabricados com latas de marmelada, com carretéis de linha vazios fazendo o papel das rodas. O pequeno Roberto mostrava em suas fantasias a criatividade da mãe e o empreendedorismo do pai; mas, acima de tudo, que iria muito além daquilo tudo...

Sofia costurava todas as roupas dos filhos, e o único item comprado em lojas eram as alpargatas – o máximo de sapato para crianças que gostavam mais de andar descalças. O tio Paulo era responsável por adoçar a Páscoa. Como trabalhava na Gardano – fabricante de sucessos como o "chocolate dos frades" –, ele enviava pelo correio, na Páscoa, um ovo de chocolate para os sobrinhos, recheado de bombons. Assim que o pai recebia o telegrama informando que o presente havia sido despachado, Roberto e Anita ficavam em polvorosa, e faziam questão de ir à estação de trem todos os dias, para verificar se sua encomenda havia chegado. Só sossegavam quando abriam a caixa de madeira com o presente. Gostavam do doce e das figurinhas que acompanhavam os bombons, com fotos de artistas de cinema – embora aquele tipo de entretenimento não fizesse parte da realidade de ambos. Naquele tempo, chocolate era uma rara especiaria. E Sérgio, que trabalhava com Antonio na usina, era o mais próximo dos três tios maternos, além de ser muito parecido com Sofia. Também ele havia absorvido bem as lições de Adelina, e sabia de cor as biografias de artistas como Michelangelo e Leonardo da Vinci. Assim como a irmã, gostava de desenhar quadros.

Já o mundo de Antonio era exterior. Periodicamente, ele levava Roberto para algum compromisso em Jaboticabal, com direito a parada em uma lanchonete para tomar chocolate com leite batido no liquidificador – coisa que nem em sonho existiria em casa. O luxo máximo eram as viagens trimestrais a Ribeirão Preto. Antônio ia à cidade para resolver questões com bancos, e levava toda a família.

A viagem de 47 quilômetros parecia longuíssima, e se ficassem com os vidros do carro abertos a poeira invadia o interior do veículo. Chegavam na sexta-feira e voltavam para casa no final de domingo, com direito a almoço em uma churrascaria e hospedagem em hotel.

Não foram anos fáceis para Antonio. Assim que ele decidiu dar vida nova às plantações da Santa Izabel, optou por cultivar algodão. E logo ele, cuja vida profissional ia de sucesso em sucesso, deu de cara com um fracasso – justamente quando a terra pertencia a ele próprio. Uma praga chamada curuquerê, contra a qual não existia defensivo, destruía o algodoal. Ele e os cunhados não conseguiam ganhar dinheiro com a atividade. Paulo e Sérgio ficaram apreensivos, e disseram ao sócio que queriam vender suas partes na Santa Izabel. Antonio não tinha dinheiro, e ofereceu como pagamento suas ações na Usina São Martinho, que não tinha recebido com o sucesso da empresa – que, essa sim, ia de vento em popa. O negócio foi feito, o pai de Roberto ficou mais pobre, mas estava feliz.

Sobretudo porque logo surgiu um remédio contra o curuquerê, chamado Manatox. Fernando Penteado Cardoso, dono da fabricante de defensivos Manah, era amigo de Antonio e foi responsável por colocar no mercado o inseticida que salvou muitas plantações de algodão. A parceria entre ambos era uma via de mão dupla, e não demorou para que Antonio se tornasse garoto propaganda do Manatox, estampando peças publicitárias em revistas do ramo e, sobretudo, nos jornais da região. O ativo e laborioso Toninho Rodrigues era reconhecido por todos os agricultores da área. Tão conhecido que, em 1952, seria eleito prefeito de Guariba, como candidato único. Contudo, seu maior discípulo – e, se necessário fosse, cabo eleitoral – não acompanharia o dia a dia da sua gestão. O principal motivo é que, entre nove e dez anos, Roberto entendia mais de atirar com estilingue do que de política e agricultura. Fez o quarto ano do curso Primário em Guariba, em uma escolinha isolada. Terminado o curso, a família se mudaria para Campinas, a fim de entrar em um bom curso Ginasial. No entanto, nenhuma vida urbana, na cidade que fosse, o afastaria da Fazenda Santa Izabel.

CAPÍTULO 3

CULTOS EM CAMPINAS

O touro chamava-se Tejo e estava a poucos palmos de distância de Roberto. Mesmo após o menino ter alcançado os galhos mais altos do faveiro, de onde os primos e a irmã lhe gritavam para subir, a sensação de perigo não cessara. Também, de quem tinha sido a ideia de brincar no pasto, proibido para as crianças quando o bravíssimo Tejo circulava pelas redondezas? Pois é... agora acuados em cima da árvore, dominados pelo pavor porque o touro cabeceava com força o tronco e os galhos mais baixos, não adiantava gritar por socorro. Estavam a uns bons metros de distância da casa, e naquela hora modorrenta da tarde ninguém costumava passar por ali. Foi quando Roberto teve a ideia: assustar ou distrair o bicho. Atirou seu chapéu de palha ao chão, na esperança de que o touro se distraísse por um tempo e eles pudessem saltar dali e sair correndo. Contudo, a fera simplesmente devorou o objeto em poucos segundos, sem mais nem menos.

As crianças observavam o sol se movimentar no céu e vigiavam Tejo, que não lhes oferecia trégua alguma. Aquilo era bem diferente das outras tardes que passavam em cima de alguma árvore, comendo frutas e contando histórias. Naqueles outros dias, as goiabeiras e os abacateiros eram o palco no qual Roberto narrava causos fantásticos. As histórias e as brincadeiras duravam o tempo que a imaginação permitisse. E dentro do horário autorizado pelos adultos, evidentemente. Perto das cinco da tarde, Roberto e Anita precisavam se despedir dos amigos e correr para casa, onde dona Sofia os esperava com as toalhas de banho nas mãos e a janta no fogo.

Era essa a hora que se anunciava no horizonte quando eles se deram por vencidos. O touro continuava firme no seu posto, e Roberto decidiu se oferecer ao sacrifício. Seria o primeiro a descer da árvore, sob o perigo de provocar o boi, distraí-lo para que os demais fugissem ilesos. Uma vez no chão, era cada um por si: correr o mais rápido que as pernas permitissem, andar em zigue-zague, não importava. Sem fazer barulho, ele desceu pelo lado oposto do tronco em que o touro estava acomodado. O silêncio, porém, durou pouco. A algazarra de risadas e gritos foi ganhando os ares da fazenda conforme as crianças se afastaram do faveiro, cada uma imaginando Tejo ao seu encalço. Roberto ainda conseguia sentir os pés doendo de tanto correr. Ou eram os sapatos que o incomodavam?

— Está sonhando, Rodrigues? Atenção à tarefa! – o ralho da professora o despertou do devaneio.

* * * * * *

O quarto ano do grupo escolar que Roberto frequentava em Guariba encerrava o curso Primário, como era conhecido na época. Antonio era prefeito da cidade, e todas as tardes deixava a Fazenda Santa Izabel e ia despachar na Prefeitura. Roberto ia junto e ficava na Escola da Dona Ana Maria Sanchez Rocca, professora maravilhosa. Terminadas as aulas, ele fazia ali mesmo a lição de casa, à espera de Antonio passar para buscá-lo. E ia treinando a redução da timidez de quem, até então, passou a vida na roça. Quando Antonio viajava para resolver os problemas da Prefeitura, Roberto ia para a cidade de charrete, conduzida pelo velho Dito Felix, cocheiro responsável pelos cavalos e pela tropa de burros da fazenda. A viagem demorava uma hora, e no caminho havia quatro mata-burros, e Roberto tinha de descer para abrir as porteiras. Não deixava de ser uma pequena aventura.

Ao final do ano, houve um exame para avaliação dos alunos, incluindo os do Grupo Escolar Municipal. Roberto passou em primeiro lugar e assim conquistou o seu primeiro diploma. Por causa disso, foi escolhido para orador da turma. Dona Sofia desmanchou uma calça de linho 120 do marido e fez uma roupa para o filho: calça curta e paletó, conjunto que usaria, em seguida, também para sua Primeira Comunhão. A professora escreveu um discurso de menos de uma página para Roberto ler na solenidade de formatura. Mas aconteceu um imprevisto: o prefeito Antonio foi escolhido paraninfo da turma toda. Dura missão para Roberto, distante do pai, como era naquele tempo. Cumpriu o compromisso com enorme timidez, e, quando terminou, o pai-paraninfo, emocionado, levantou-se do seu lugar de honra e – mais com o coração do que com os lábios – deu um beijo no filho apavorado, que queria cavar um buraco no chão e desaparecer. Foi o único beijo que Roberto recebeu de Antonio.

A partir dos 10 anos, ou terminado o quarto ano, as crianças da cidade tinham duas alternativas: encerrar os estudos ou se transferir para uma cidade maior, onde houvesse curso Ginasial. Antonio e Sofia queriam que o filho frequentasse um ginásio estadual, reconhecido pela qualidade. A vizinha Ribeirão Preto, já então conhecida como a "Califórnia brasileira", era a melhor opção, mas só à primeira vista. Isso porque, embora a cidade ficasse relativamente perto da Fazenda Santa Izabel, cerca de 50 quilômetros, o caminho até lá podia ser tão penoso que fazia a viagem parecer mais longa, e muito difícil às vezes. Na seca, só se via poeira, todo mundo tinha de viajar de guarda-pó, e assim mesmo os cabelos ficavam vermelhos (os carros não tinham vedação como hoje); na temporada de chuvas, o lamaçal não deixava nenhum carro avançar. Como Antonio pretendia continuar morando na fazenda e visitar a família a cada semana no endereço novo, Ribeirão Preto acabou se revelando muito inconveniente. A segunda alternativa era Campinas, cidade que coube com exatidão nos planos da família.

Em primeiro lugar, era onde Marina vivia, e Sofia se animou com a perspectiva de poder visitar a filha com mais frequência. Em segundo, Campinas tinha bons colégios, o que significava que não faltariam opções de estudo para os irmãos. Em terceiro, a cidade era acessível pelo trem da Companhia Paulista de Estradas de Ferro. Todos os dias, passava por Pradópolis, naquele tempo chamada de Martinho Prado, a composição para São Paulo e, após pouco menos de cinco horas de percurso (muito menos afeito a imprevistos do que os realizados de carro), chegava-se à estação de Campinas. Era o arranjo perfeito, que foi posto em prática pela família no ano de 1952. E havia outro fator de atração em Campinas: tio Dide. O irmão caçula de Antonio era agora um dos diretores da Peixe, responsável pelo recém-criado braço paulista da companhia fabricante de conservas, e vivia com a esposa e os filhos na cidade. Por tudo isso, a mudança representava uma expectativa de reunião familiar.

Do ponto de vista de Roberto, no entanto, a chegada a Campinas seria marcada por devaneios e incômodos. Passava o dia inteiro, todos os dias, com saudades da fazenda, sonhando acordado com pescarias, estilingues, corridas de barquinhos de madeira e passeios a cavalo. Tinha quase aversão aos sapatos fechados, que agora era obrigado a usar todos os dias para ir à aula. Sua primeira parada escolar na cidade foi um curso preparatório para o exame admissional ao Ginasial. O curso era particular, indicado pelo tio Dide, e Roberto sabia que precisava fazer jus aos gastos do pai com a sua educação. Por isso, tratou de deixar de lado as lembranças das peripécias na fazenda e se aplicar ao máximo nas aulas. Foram poucas as vezes em que a professora precisou puxar-lhe a orelha para despertá-lo de algum sonho acordado e trazê-lo de volta à órbita terrestre e campineira, onde os assuntos do dia eram lições de gramática e aritmética.

Com o tempo, os sapatos e a camisa abotoada quase até o colarinho também se tornaram hábito.

O ajuste à nova realidade urbana teve bons resultados. Em fins de 1952, Roberto fez o exame de admissão ao famoso Colégio Estadual Culto à Ciência. As provas eram aplicadas ao longo de quatro dias, cada matéria em um dia. Todos os testes eram eliminatórios, e ao final de cada jornada eram divulgadas as notas. Quem não atingisse a pontuação mínima saía da disputa. Roberto tirou de letra as disciplinas de Língua Portuguesa, História e Geografia. O último exame era de Matemática, e Sofia, que esperava do lado de fora com outras mães e pais de estudantes, ficou surpresa quando viu o filho sair da prova com cara de choro.

— Fui muito mal, mãe. Nem quero ver o resultado, porque sei que não passei – confessou.

Ele queria ir para casa. Qual era o sentido de esperar o resultado, sabendo que não encontraria seu nome na lista definitiva de aprovados? No entanto, Sofia disse-lhe que ficariam. Foi graças à insistência da mãe que, ao fim daqueles 60 minutos excruciantes de espera, puderam ler o nome de Roberto entre os eleitos para o primeiro ano Ginasial de 1953. E em posição de honra: ele havia passado em quarto lugar. As boas notas garantidas nas provas anteriores haviam elevado sua média, e ele tinha conquistado sua vaga.

O caminho para casa foi leve como nunca. Naquele ano, a família estava morando provisoriamente na casa de um amigo de Antonio, um agrônomo que fazia especialização nos Estados Unidos e havia deixado disponível sua residência. Era preciso tomar dois bondes até o Culto à Ciência, um périplo que mãe e filho cumpriram durante os quatro dias de prova. Somadas, eram 16 viagens sacolejando no transporte. Sofia decidiu adiar um pouco a última delas. Todos os dias, quando desciam do primeiro bonde, esperavam o próximo em frente a uma confeitaria. Roberto ficava na calçada namorando os apetitosos quindins, éclairs e pudins expostos na vitrine da sofisticada Therminus. O seu preferido era uma sobremesa de massa folhada, recheada de creme e polvilhada com açúcar. Roberto adorava todos os doces que saíam do tacho de dona Sofia na fazenda, e esperava com ansiedade o ovo de Páscoa enviado pelo tio. Aqueles doces da confeitaria estavam fora de sua realidade. Por isso, recebeu o segundo prêmio do dia quando escutou o anúncio da mãe:

– Vamos entrar, meu filho. Vou dar a você um presente pela sua aprovação.

O menino ganhou seu desejado doce folhado, e seus pais, a tranquilidade de que a vida estava entrando nos eixos. Agora, precisavam apenas providenciar uma moradia definitiva na cidade.

A missão cabia a Antonio, que estava saindo de um ano particularmente movimentado. Unanimidade em Guariba, ele foi candidato único na eleição para prefeito. Antonio era filiado ao Partido Democrata Cristão – mais conhecido como PDC, fundado em 1945 e que tinha em suas fileiras alguns dos principais nomes em ascensão na política paulista, como os deputados Jânio Quadros e Franco Montoro, este recém-saído da Assembleia Legislativa de São Paulo. A chegada ao poder executivo de Guariba exigiu que o agrônomo se desdobrasse entre fazenda e gabinete. Parte do seu dia era dedicada aos assuntos da cidade, dos mais práticos aos mais burocráticos. Era preciso ler e assinar papéis, atas e decisões, receber e visitar gente, sobretudo, agricultores e comerciantes, que viam nele o propulsor das melhorias de que o município precisava. A outra parte da sua jornada era dedicada à Fazenda Santa Izabel. Ainda que delegasse muitas funções do dia a dia ao administrador, todas as decisões cabiam a ele – e tampouco desistiria de acompanhar o cotidiano da menina de seus olhos. A mais importante das decisões que Antonio tomou naqueles anos determinou o destino do empreendimento em 1957, pondo fim às tentativas e erros dos primeiros anos: plantar cana-de-açúcar. A escolha tinha inúmeras justificativas, entre elas a sólida experiência de Antonio com aquela cultura e a sugestão de João Ometto, que precisava de novos fornecedores para a Usina São Martinho. Além disso, a fazenda ficava próximo de diversas usinas de açúcar e álcool, e mercado não faltaria. A opção se revelou a melhor possível e, no início dos anos 1960, a família Ometto proporia que a Santa Izabel se tornasse fornecedora fixa da São Martinho.

O trabalho intenso deu ao pai de Roberto segurança para providenciar boas instalações para a família em Campinas. O novo e definitivo lar dos Rodrigues na cidade ficava no bairro do Cambuí, a uma hora de caminhada do Culto à Ciência. Roberto, que ganhara do pai uma bicicleta Phillips como presente pela aprovação, fazia o percurso em menos tempo. Antonio conseguiu comprar uma casa simples para a família, e também um carro usado – um DeSoto modelo 1949 – para a esposa, mas as finanças continuariam a ser administradas na rédea curta. A única coisa que deixaria de ser curta naqueles tempos eram as calças de Roberto. Estudar em um colégio público concorrido trazia prestígio – e forjava nova personalidade, não condizente com as bermudas que ele usava até então, com a barra feita pouco depois dos joelhos. O filho de Antonio ensaiava entrar na mocidade como um rapazinho de cidade importante, e a mãe logo lhe providenciou calças compridas, como as dos adultos. E o Colégio exigia que todos os meninos usassem também paletó e gravata, desde o primeiro ano do Ginasial até o terceiro e último do Colegial. Sofia providenciou um pequeno blusão de *shantung* e uma velha gravata do pai, e estava pronto o uniforme para os próximos sete anos. O que ninguém sabia é que, para ele, aquele ensaio rumo à adolescência seria tímido. Roberto era baixinho e magricela, e aparentava ter menos idade do que tinha de fato. Criado entre os mundos de Antonio e Sofia, ainda levaria alguns anos para encontrar o tom perfeito para a própria vida. Entre a introversão e a extroversão, o campo e a cidade, o estudo e a diversão, Campinas e o Culto à Ciência talhariam muito do que ele viria a ser.

* * * * * *

Para um bom observador, o prédio austero e sem ornamentos, de tijolinhos vermelhos, revelava por si mesmo o propósito de seus fundadores. O Colégio Estadual Culto à Ciência fora fundado em 1874, à sombra dos preceitos do positivismo. A grande motivação dos positivistas era o progresso – fruto não do acaso, e sim do cultivo do pensamento científico. Havia sido esse o mote condutor da escola nos seus primeiros anos, enquanto vigorou a administração da "Sociedade Culto à Sciencia", associação civil que fundara a instituição de ensino. Uma crise levou ao fechamento do colégio em 1890, e sua reabertura aconteceu seis anos depois, sob a administração do governo do Estado.

O passado positivista havia imprimido no Culto à Ciência uma mística particular. Todos os anos, cerca de seis estudantes concorriam a cada uma das vagas no curso Ginasial da escola. Uma vez aprovado, o aluno tinha a oportunidade de estudar até o Colegial em uma escola reconhecida pela qualidade do ensino e exigência. Ser aprovado no final do ano não era tarefa das mais fáceis, mas para os alunos verdadeiramente interessados não faltavam meios de expandir os horizontes intelectuais. A escola oferecia uma vasta biblioteca e laboratórios, além de contar com bons professores. Seu gigantesco acervo de livros, sobretudo, remontava aos tempos da Sociedade Culto à Sciencia, e contava com volumes raros, como uma edição de 1731 de *Os Lusíadas*, e *Sermões*, do padre Antônio Vieira, editado em 1679. A prática de esportes também era incentivada. Por todos esses aspectos, muitas pessoas de destaque da vida campineira e nacional passaram pelo Culto à Ciência. Entre elas, o aviador Santos Dumont, o jornalista Júlio de Mesquita e o poeta Guilherme de Almeida.

Se o maior pecado que um aluno do Culto à Ciência podia cometer era a vagabundagem, Roberto estava fora de perigo. Durante seus sete anos no colégio, ele exibiria a rotina impecável de um perfeito "caxias" dos estudos. Nunca se atrasava nem faltava às aulas – cabular, então, nem pensar. A mãe vibrava com as notas do filho, que ano após ano ficava entre os primeiros da classe. Roberto a escutava comentar com o marido:

— Olhe só essa prova! Beto tirou um 10 redondo!

Se o pai se impressionava com aquele desempenho, não falava coisa alguma. E o fato é que, mesmo sem ganhar tapinhas nas costas em casa, Roberto cumpria as tarefas escolares religiosamente e tirava notas boas em todas as matérias – inclusive no temido latim, para alívio e deleite de dona Sofia. Foi no Ginásio que aprendeu boas noções de inglês, espanhol e francês, idiomas que, se quisesse, poderia praticar em casa, com a mãe. As aulas de línguas estrangeiras lhe permitiram também compreender as letras das antigas canções que os pais gostavam de ouvir na vitrola, entre elas o *jazz* de Nat King Cole e os tangos cantados pelo franco-uruguaio Carlos Gardel. O local de nascimento do famoso artista é incerto, ele próprio dizia sobre sua origem: "Nasci em Buenos Aires, aos dois anos e meio".

Pode-se dizer que, de modo geral, Campinas foi responsável por ampliar o horizonte cultural de Roberto. Se em Guariba o menino nunca tinha visto artistas de cinema em ação, agora podia lhes conhecer os trejeitos e as expressões faciais. Seu vínculo com a sétima arte começou nas poltronas do Cine Voga, na esquina da rua General Osório com a avenida Anchieta, que frequentava nas matinês de domingo com os pais e a irmã. Foi ali que Roberto conheceu ícones do cinema dos anos 1950, como John Wayne, estrela de *Um fio de esperança* e famoso pelos filmes de faroeste. Ele também gostava de filmes épicos, um gênero muito em alta naqueles anos. Entre os títulos que o marcaram estava *O manto sagrado*, filme de 1953 que mostrava um triângulo amoroso envolvendo o imperador romano Calígula e um senador do império. A história misturava aspectos profanos e sagrados, uma vez que o herói testemunhava a chegada de Jesus Cristo a Jerusalém, no evento que mais tarde seria conhecido como Domingo de Ramos. No entanto, nenhuma cena se comparava àquelas em que Audrey Hepburn surgia na tela gigante. Roberto era tímido com as garotas da escola, a ponto de trocar de calçada quando alguma delas vinha na direção oposta. Complicado era conviver com a beleza juvenil das meninas do Culto à Ciência, e a inatingível Audrey seria sua paixão platônica definitiva. Era um rosto que ele podia contemplar à vontade, sem medo de ser traído pelas bochechas vermelhas de vergonha. Roberto via todos os filmes com a jovem estrela de origem belga, e teve o privilégio de acompanhar o alvorecer da sua carreira, em títulos como *A princesa e o plebeu*, de 1953, e *Sabrina*, de 1954.

Quem está lembrado da vida financeira modesta que a família Rodrigues levava pode estranhar tantas idas de Roberto ao cinema. E é verdade que manter duas residências estava pesando nas finanças, mas a tudo se dá um jeito – e Roberto estava colaborando com a criação de renda extra. Sofia tomou para si a função de levantar dinheiro para ajudar a manter a casa, e decidiu vender alguns produtos da Fazenda Santa Izabel entre a vizinhança do Cambuí. Ficou combinado que ela coletaria os pedidos das donas de casa da rua – queijos, frutas e manteiga – e mandaria os dados para o marido via telegrama. Quando Antonio viesse de Guariba, na noite de sexta-feira, traria consigo as encomendas. Não demorou para que o sistema começasse a funcionar, e coube a Roberto a tarefa de fazer as entregas. Ele, a mãe e a irmã iam buscar o pai na estação de trem, a bordo do DeSoto, guiado por uma Sofia algo desajeitada ao volante. Os produtos da roça eram acomodados no porta-malas, e na manhã seguinte, bem cedo, Roberto ia entregá-los. O rapazinho preferia madrugar para executar a tarefa, porque assim não precisava cruzar com os meninos e as meninas da sua idade. Nenhum outro adolescente daquele bairro de classe média precisava ajudar em casa, e ele se sentia um pouco constrangido.

Sua timidez foi atenuada com o passar dos anos. Os colegas do Culto à Ciência gostavam dele, e o fato de fazer caricaturas dos professores e participar dos times de futebol e de vôlei ajudou a aumentar seu círculo de amigos. Por incrível que pareça, na rua de uma única quadra em que moravam no Cambuí, a Presciliana Soares, também viviam dois colegas de classe de Roberto, Tiago Canguçu de Almeida e Tasso Soares Lemos. Durante sete anos os três foram e voltaram juntos da escola, forjando uma amizade de toda a vida. Tinha muitos outros amigos e companheiros dos dois gêneros, como Rodolfo Ferreira e Mércia Lucena. Quando chegou ao Colegial científico, em 1957, Roberto já exibia uma personalidade bem mais extrovertida e de agregador da turma. Não se desgrudava dos colegas nem mesmo nos fins de semana e nas férias, ocasiões em que convidava os mais chegados para passar uns dias na Santa Izabel. Antonio e Sofia gostavam de ter Roberto e Anita sempre por perto, e os incentivavam a levar os amigos em casa. E foi assim que, da metade dos anos 1950 em diante, a fazenda se tornou um ponto de encontro da juventude. Isso porque, além dos amigos de escola de Roberto e de Anita – que frequentava o Colégio Progresso, também em Campinas –, chegavam sobrinhos e seus respectivos amigos. Um batalhão adolescente para o qual Sofia cozinhava com prazer, e com quem Antonio, quando estava presente, gostava de conversar.

Essas férias de verão na fazenda Santa Izabel sempre foram muito movimentadas. Era comum ter mais de 12 jovens por lá. Alguns primos vinham todos os anos e passavam um mês ou mais em fervilhantes torneios esportivos, passeios a cavalo, bailaricos ou festas, tudo sob o olhar paciente e carinhoso de Sofia e Antoninho. A Santa Izabel tinha uma ótima piscina construída em 1957, durante a primeira grande reforma da sede, além de quadra de vôlei e basquete. Em frente à grande sede, havia um amplo gramado que graças à colocação de duas traves que criou um pequeno campo de futebol. O com medidas padrão viria logo depois, ocupando parte do antigo terreiro de café.

Com toda essa infraestrutura e mais a afluência juvenil nas férias, a fazenda se transformou em um centro esportivo, e todas as tardes eram marcadas por torneios desportivos de diversas modalidades, além do ping-pong dentro da casa. O movimento, as festas e os jogos encorajaram muitos namoricos de férias, mas também grandes amores. O mais relevante foi o que culminou com o casamento de dois queridos primos de Roberto e Anita. Maria Alice era a filha mais velha dos tios Dide e Mariinha; Plínio, por sua vez, era o segundo filho de Paulo Rossetti – irmão de Sofia, casado com Helena. Os jovens passavam quase todas as férias na casa dos primos, e o namoro de verão virou coisa séria – com noivado e casamento – para muitos e muitos verões. Roberto e Anita teriam quatro filhos, e o casal se eternizou.

Na memória de Roberto, que sempre fora apreciador da música, aquelas noites ficariam marcadas. Ocasiões em que o violão e o piano embalavam a cantoria, e da vitrola saíam as músicas do momento – Dolores Duran, Carlos Lyra e Celly Campelo estavam entre os artistas da moda. Roberto sempre fora um apreciador de música, mas na intimidade. Em público, essa foi a última barreira a ser transposta pelo menino tímido da fazenda. Ele não frequentava os bailes de Campinas, preferindo divertimentos mais amenos, como o cinema e reuniões caseiras. E isso talvez nunca tivesse mudado, se não fosse um convite para uma festa em Campinas, ainda em 1956.

A ideia de ser um dos únicos meninos numa festa cheia de garotas já faria Roberto suar de nervoso. E ainda mais sendo a festa dos 15 anos de Celinha Moraes, filha de um amigo de seu pai. Celinha foi a segunda paixão do menino, e a primeira de carne e osso – a primeira de todas, e eterna, havia sido a diáfana Audrey Hepburn. A menina era rechonchuda, tinha hipnotizantes olhos verdes e, entre os dentes da frente, um espaço pequenino, que Roberto achava um charme. E, na festa de Celinha, ele teve de dançar não apenas com a aniversariante, mas com várias outras presentes. Ele já havia dançado alguma vez em sua vida? Era evidente que não, pois os pés pareciam pesados, grudados ao chão, e o resto do corpo não exibia balanço algum. Sofia observou tudo de longe, angustiada com a nulidade de Roberto na condição de dançarino. Quando chegou em casa, anunciou ao marido que precisavam dar um jeito de colocar Beto para tomar aulas de dança. Era fundamental que um cavalheiro soubesse conduzir a parceira na dança; senão, que vida social eles esperavam que o filho tivesse? Pouco depois, Roberto estava matriculado na escola de Lina Cunha Penteado.

A professora era conhecida como dona Lina, mas estava longe de ser uma senhora. Tinha pouco mais de 30 anos e era, ela própria, antiga aluna do Colégio Culto à Ciência. A academia de dança estava com as portas abertas desde 1953, e, embora fosse mais conhecida pelas aulas de balé clássico, também havia espaço para danças de salão para os meninos. Foi na sala da professora que Roberto aprendeu os primeiros "dois pra cá, dois pra lá" necessários, ao menos, para sobreviver a um baile de debutante. A dança teve o efeito de despertar o menino da inércia da infância, e do tempo em que suas pernas serviam apenas para subir em árvores e montar a cavalo. Descobrir que a música existia para ser dançada, e que o corpo era capaz de se mover ao som da música, provocou nele um florescimento diferente da sensibilidade. Sabia conduzir uma moça pela cintura durante um bolero, portanto também poderia tomar outras iniciativas. Criou coragem e convidou Celinha Moraes para ir ao cinema. A menina já era uma moça nos seus 15 anos, e ele mal havia passado dos 14 anos. O namoro entre os dois terminou no dia em que o "lanterninha" do cinema flagrou a mão dela pousada no joelho dele – na Campinas de meados da década de 1950 vigoravam as mais pudicas normas de comportamento. O fim do primeiro romance teve um gosto amargo, mas ele pressentia que também seria o início de muitas outras aventuras. E algumas desventuras.

* * * * * *

Roberto concluiu o Colegial em 1960. Terminavam ali os dias despreocupados da adolescência, marcados pelo *footing* ingênuo nas ruas de Campinas e pelas matinês de cinema. O Brasil vivia o período conhecido como "anos dourados", marcados pela estabilidade política, sob o regime democrático, e pelo vigor econômico e cultural. A gestão de Juscelino Kubitschek na presidência da República foi norteada pelo desenvolvimentismo, doutrina econômica que buscava transformar o Brasil em uma nação desenvolvida por meio da urbanização e industrialização. Era, de certa forma, a continuidade do que havia sido plantado por Getúlio Vargas nas décadas de 1930 e 1940, com a criação da Companhia Siderúrgica Nacional, em 1940, e da Fábrica Nacional de Motores, em 1943. A diferença é que, desta vez, as indústrias estrangeiras ganhariam mais incentivos para se instalarem no Brasil, e a indústria automobilística seria a protagonista desse processo. O mote da campanha de JK, de recuperar 50 anos de desenvolvimento em cinco anos de governo, parecia caminhar para a concretização. A construção da nova capital federal no planalto central coroou o otimismo daqueles anos. Brasília foi inaugurada em 1960, e era uma cidade inteiramente moderna, sem igual em todo o mundo. A impressão é de que não havia lugar melhor para viver, senão nessas terras abençoadas por Deus. A sensação aumentava quando se observava – ou, melhor ainda, se escutava – a efervescência cultural brasileira. A bossa-nova, vinda da zona sul do Rio de Janeiro, derramava pelos rádios de todo o Brasil vozes e melodias muito doces e originais, encarnadas por João Gilberto, Vinícius de Moraes, João Gilberto, Nara Leão, Carlos Lyra, Astrud Gilberto, Chico Buarque, Toquinho, Miúcha e Elis Regina.

E o que era o Brasil, senão doce e original? Para o jovem e otimista Roberto Rodrigues, aquela era uma certeza. Ele estava ansioso para embarcar no futuro do País, e o momento da escolha de um curso universitário era decisivo. Por mais que, à semelhança do seu pai, ele fantasiasse um futuro togado, como juiz de Direito, no fundo sabia que seu caminho era a Agronomia. Não poderia ser de outra maneira. Havia crescido vendo a devoção de seu pai pela agricultura, com as batalhas e felicidades que apenas a lida com a terra e a natureza proporcionavam. Seu pai havia sido um bom prefeito em Guariba, e ele acreditava que o futuro de Antonio lhe reservava muito mais. O governo do estado de São Paulo, ou talvez o Ministério da Agricultura! Para isso era preciso um plano, e pessoas que trabalhassem pelo seu futuro. Ele, Roberto, o ajudaria. Queria se formar agrônomo para ser o braço direito do pai – aquele homem sério e laborioso, ao qual ele devotava o mais sincero respeito. E só havia um caminho possível: a Escola Superior de Agricultura "Luiz de Queiroz", em Piracicaba. A tradicional escola agrícola estava prestes a receber mais um membro da família Rodrigues. O que ninguém sabia era que, desta feita, as coisas seriam um pouco diferentes. E como poderiam não sê-lo? Os inesquecíveis anos 1960 estavam começando, e a família Rodrigues descobriria que Roberto não tinha vindo ao mundo para ser um simples espectador de seu tempo.

* * * * * *

Roberto estava decidido a se tornar o próximo "esalqueano" da família. Como as provas do vestibular eram aplicadas no início de fevereiro, ele tomou o rumo de Piracicaba ainda no primeiro mês de 1961 para fazer o Cursinho Intensivo, preparatório para o famigerado vestibular, uma dura disputa. Ficou hospedado na casa dos tios Caio e Isolina, e ninguém tinha dúvidas de que ele, um dos alunos mais brilhantes da sua turma no Colégio Culto à Ciência, teria um bom desempenho nas provas. E isso levando em conta que o exame para entrar na Esalq era "casca grossa". Os alunos eram avaliados nas disciplinas de Língua Portuguesa, Química, Física, Matemática e História Natural, como a Biologia era chamada à época. Todas as provas eram eliminatórias e dividiam-se nas etapas escrita, prática e oral. As centenas de candidatos ao curso de Agronomia provinham de diferentes regiões de São Paulo, e de outros estados. Alguns, como Roberto, eram filhos e netos de fazendeiros. O primeiro encontro dos futuros estudantes de Agronomia se dava no espaçoso ginásio de esportes da Esalq, onde eram enfileiradas as carteiras para a realização das provas escritas.

Apesar do calor modorrento que fazia naqueles dias, Roberto começou a maratona de exames com bastante disposição. Logo de início, tirou de letra os exames escrito e oral de Português, a única disciplina sem prova prática. Na sequência, matou no peito as provas subsequentes; até que chegou a prova de Química, a última de todas. Ao contrário das demais, ele não havia dedicado muito tempo à revisão da tabela periódica e das equações químicas. O resultado apareceu no desempenho abaixo do esperado nas provas prática e escrita. Faltava o exame oral, em frente à banca de professores da própria Esalq, que faziam ao vestibulando perguntas sobre determinado tema, sorteado na hora. Roberto sentia que já utilizara todos os seus recursos mentais e físicos nos últimos dias. Se fora mal nas duas provas da matéria, por que esperar bons resultados justamente na mais amedrontadora delas, face a face com os catedráticos? O medo o assaltou.

Antonio não sabia dos temores do filho. Por isso, ficou surpreso quando chegou à casa da irmã e encontrou um Roberto muito despreocupado, jogando futebol de botão com um de seus primos, neto de tia Isolina.

— O que você está fazendo aí? Tem exame amanhã.

A resposta veio quase em um muxoxo:

— Ah, pai... não sei quase nada de Química, e provavelmente vou tomar pau. Nem sei se vou fazer.

A reação foi pesada.

— Tomar pau, uma ova! Vai fazer a prova, sim senhor!

Desistir na última etapa seria um vexame. E mais ainda se o motivo fosse medo, puro e simples. Tio Dide tentou propor um esquema de proteção a Roberto. Um dos catedráticos da banca, Renato Catani, era seu camarada há muitos anos e poderia pedir a ele que "pegasse leve" com o filho de Antonio Rodrigues. Ao contar esse plano ao irmão mais velho, escutou uma ameaça que nunca fora sequer imaginada no relacionamento entre os dois: "Faça isso e eu nunca mais falo com você", disse Antonio.

Roberto, por sua vez, passaria aquela noite praticamente em claro. O edital tinha 20 "pontos" de Química, como eram chamados os tópicos que poderiam ser cobrados. Ele conseguiu estudar bem os cinco primeiros, e chegou ao local de prova rezando para que um deles fosse sorteado quando chegasse a sua vez. O professor Catani, amigo de seu tio, havia pedido para se retirar da banca de avaliação, por isso o destino de Roberto estava integralmente nas mãos dos três professores desconhecidos que o aguardavam. E nas mãos de um Deus, em quem ele sempre havia acreditado de maneira juvenil – dona Sofia rezava com os filhos todas as noites, antes de dormir –, mas cuja existência, a partir daquele dia, nunca seria remotamente questionada. Os jovens eram chamados por ordem alfabética e, ao sair, sempre comentavam qual ponto fora sorteado. Uma vez exposto, o tema era descartado pela banca, até que todos os 20 fossem sorteados. Não demorou para que os cinco pontos que Roberto dominava fossem sorteados, e ele estava se preparando para dar adeus ao sonho de seguir os passos do pai. Pouco antes de os candidatos com a inicial R começarem a ser chamados, os pontos se esgotaram e todos retornaram à urna de sorteio. Quando chegou a vez de Roberto, foi sorteado o tema de número um. Estava a salvo. Tirou nota 10. Em 1º de março de 1961, o principal jornal de Piracicaba publicou a lista de aprovados. Seu nome estava entre eles.

* * * * * *

As primeiras semanas na Escola Superior de Agricultura "Luiz de Queiroz" eram marcadas por uma série de rituais. Os principais eram o trote e o "batismo" com um apelido, e era difícil que o recém-chegado escapasse de todos os ritos iniciáticos. Roberto sabia que os trotes mais cruéis eram aplicados fora da escola, dentro das repúblicas. Como ele não estava disposto a fazer coisas como descascar quilos de batatas e comer caqui verde misturado com pó de giz, decidiu continuar morando na casa dos tios nos primeiros 45 dias letivos, durante os quais o trote se arrastava. O distanciamento deu resultado: ele só teve a cabeça raspada e recebeu um apelido. Como era pequeno, magricela e imberbe, aparentava bem menos do que seus 18 anos. Para fazer troça com suas características, os veteranos decidiram chamá-lo de "Gigante Amaral", em referência à mascote das populares cestas de Natal distribuídas pela empresa Alimentos Selecionados Amaral.

Outra medida para escapar do trote – que exigia horas e horas de serviço braçal prestado aos veteranos – era se alistar na Associação Atlética Acadêmica Luiz de Queiroz para integrar algum dos times da casa. Roberto jogava bola no Colegial, e se apresentou ao time de futebol da Esalq, para jogar com a camisa número 8, de meia-direita. Na hora do cadastro, um dos veteranos perguntou-lhe onde morava antes de chegar a Piracicaba. Quando escutou que o calouro vinha de Campinas, disparou:

— Então agora o seu nome é Fifi!

O novo apelido pegou, ao contrário de Gigante Amaral. Fifi era Francisco Santana, antigo meia-direita do Guarani de Campinas e recém-incorporado ao XV de Piracicaba. Pode-se dizer que o batismo definitivo foi quase um ato de magia. Se Fifi, o jogador de futebol, era conhecido por balancear o talento profissional e o amor à boemia, o outro Fifi, o estudante de Agronomia, cultivaria fama parecida.

Em maio, Roberto deu adeus à casa dos tios Caio e Isolina e mudou-se de mala e cuia para uma república, a Pito Aceso. As moradias coletivas dos estudantes constituíam um sistema social à parte no universo esalqueano, fora da jurisdição da Universidade e onde os jovens inventavam e faziam valer as próprias regras e organização. Havia as repúblicas compostas apenas de oriundos de determinada região do Estado, por exemplo, ou só de esalqueanos de famílias japonesas. Algumas repúblicas concentravam alunos de direita, e outras, os de esquerda. Existiam, enfim, opções para todos os gostos e bolsos. Roberto escolheu quase aleatoriamente onde moraria, e calhou de ser um "bicho" em uma casa de veteranos, alunos de anos mais adiantados da graduação e versados em todas as malandragens acadêmicas e extra-acadêmicas de Piracicaba. Foi ali que o acanhado e abstêmio Roberto de Campinas, que não passava um dia sem tocar nos livros-texto e trocava de calçada quando via uma menina, adquiriu traquejo social e gosto pelas noitadas nos bares.

O rompimento com o passado não o dissociava apenas do antigo Roberto, e tampouco era resultado somente da influência dos colegas de república. Sua nova rotina e atitudes também ecoavam certo ressentimento em relação ao pai. Antes do vestibular, Antonio havia prometido ao filho que lhe daria um carro caso fosse aprovado na universidade. Tempos depois, quando o garoto cobrou a promessa, ele deu um passo atrás.

— Não sei, meu filho. Antes eu gostaria de ver como você vai se sair nos estudos, e se vai se comportar. Vou observar seu comportamento durante um ano, e então decido se você merece.

Roberto ficou irritado com o pai. Parou de ir a Campinas nos finais de semana e estudava muito pouco fora da sala de aula. Sofia ficou espremida entre as embirrações do marido e do filho, que não andavam se bicando. "Filho, entenda que papai na verdade tem medo de que você se envolva em algum acidente e quer protegê-lo", argumentava quando conversava com Roberto. O rapaz, porém, estava irredutível. Ele é que não voltaria tão cedo a falar com o pai, que não cumprira uma promessa. Antonio, cuja natureza também era taciturna, não fez movimento algum em direção ao filho. Ficaram distantes, e Roberto caiu nos braços abertos da noite.

Os colegas da Pito Aceso o ciceronearam na festa permanente das noites piracicabanas, de domingo a domingo. O périplo etílico começava nos bares tradicionais do centro da cidade, onde os universitários se misturavam aos trabalhadores que tomavam chope e cachaça após o expediente, e terminava em Ripolândia, o bairro algo obscuro que abrigava a zona de meretrício de Piracicaba. Fifi, como ele era apresentado na noite pelos colegas mais velhos, fez sucesso nas casas de luzes vermelhas. Dançava com todas as garotas de programa e cantava sucessos de Nat King Cole e Charles Trenet, em inglês e francês. A cara de menino e a voz afinada de Roberto conquistavam as moças, algumas tão jovens e novatas na vida noturna quanto ele. As danças e cantorias eram regadas a muita bebida – no caso de Roberto, a vodca, que ele adotou como melhor amiga. Os bares noturnos da cidade eram o ponto de encontro dos estudantes após as dez horas da noite. Piracicaba era uma cidade austera, com seus cerca de 80 mil habitantes, e era nesse horário que as luzes das casas de família e dos bares tradicionais se apagavam – e as da Ripolândia eram acesas. A gandaia que acontecia à margem da sociedade piracicabana também tinha hora para acabar: duas da manhã. Para evitar cair em alguma batida policial, os rapazes voltavam para as repúblicas pouco antes disso. Algumas vezes, levando consigo uma ou duas trabalhadoras locais. Na manhã seguinte, bem cedo, cada um tomava seu rumo. As garotas voltavam para as casinhas geminadas da Ripolândia, e os rapazes subiam no bonde que os levava até a Esalq.

A gigantesca propriedade rural que abrigava a escola ficava cinco quilômetros distantes do núcleo urbano, e os alunos faziam o trajeto até lá de transporte público. O bonde partia da Praça 15 de Novembro, atrás da catedral da cidade, e tinha como ponto final a entrada da Esalq, à sombra de um centenário *flamboyant*. O primeiro ano de curso era teórico. Os alunos aprendiam ou reforçavam os fundamentos científicos das disciplinas posteriores. As aulas de Matemática eram comandadas pelo rigoroso catedrático Frederico Pimentel Gomes, e durante dois semestres alguns alunos sofriam para aprender cálculo diferencial e integral, além de geometria descritiva. Muitos alunos eram reprovados. As aulas de Física eram pontuadas por temas como eletricidade, energia e meteorologia, e havia ainda uma pesada carga horária de Química. Nas matérias mais diretamente ligadas ao universo rural, os alunos aprendiam Botânica e fundamentos da Agricultura.

As aulas na universidade, a independência e as notícias no rádio e nos jornais colocavam os calouros de 1961 em um caldeirão de mudanças. Naquele ano, o soviético Yuri Gagárin se tornou a primeira pessoa a ir ao espaço, um muro erguido no meio de Berlim fatiou a Alemanha em duas, e Brasil e Estados Unidos ganharam novos presidentes – Jânio Quadros e John F. Kennedy, respectivamente. Jânio, porém, ocuparia o cargo por pouco menos de um ano, e sua renúncia em 25 de agosto de 1961 seria o pontapé de uma instabilidade política e institucional que se espraiaria pelos anos seguintes.

Roberto passava ao largo das pequenas e grandes turbulências mundiais. Os anos de estudo obsessivo no Culto à Ciência estavam dando resultado, e ele conseguia passar em todas as disciplinas sem grande esforço. A noite era sua grande amiga e o copo de vodca estava sempre cheio e tilintando pedras de gelo. Dormir era para os fracos. Bastavam-lhe, quando muito, quatro a cinco horas de descanso a cada noite. De aula em aula, de festa em festa e de copo em copo, Roberto exibia uma resistência que fazia inveja a muitos colegas. Até que ele começou a sentir tonturas súbitas, no segundo semestre do primeiro ano. Pouco tempo depois, vieram os desmaios, e a cada vez que ele "apagava" os amigos ficavam mais apreensivos.

No mês de novembro, ele já estava mais enfraquecido, e ficou para exame de segunda época em Matemática. Acabou passando as férias na república Pito Aceso, com a desculpa de estudar para a segunda época. Na verdade, caiu numa gandaia escandalosa, fazendo noitadas etílicas e sensuais seguidas na república. Em janeiro, os pais, a irmã e a prima Maria Alice, filha de tio Dide e tia Mariinha, estavam voltando de uma viagem à Argentina. O navio que os traria de Buenos Aires aportaria em Santos, e Roberto acompanhou o tio até o porto. Foi em pleno cais, entre o vaivém de marinheiros, bagagens e passageiros, que o rapaz passou mal como nunca. Uma convulsão o deixou inconsciente, e Sofia entrou em desespero quando encontrou o filho caído no chão, cheio de gente ao redor, com a boca vertendo sangue e saliva.

O médico da família, doutor Juvenal Marques, submeteu Roberto a uma série de exames e cravou o diagnóstico: um foco no córtex cerebral. O tratamento exigia ministrar diariamente fenobarbital para evitar novas convulsões, além de muito repouso. Ele deveria fazer o mínimo esforço possível, tanto físico quanto mental. Precisaria dar adeus à bebida alcoólica. De tudo, o que mais preocupou Roberto era a proibição do esforço mental. Seus pais o levaram imediatamente para casa, na Fazenda Santa Izabel, e o desentendimento entre pai e filho se dissolveu com o susto da convulsão e o efeito de todos aqueles meses apartados um do outro. Antonio estava irredutível quanto a seguir as ordens do médico, não importando quanto o filho argumentasse que estava de segunda época de Matemática e precisava estudar para o exame, marcado para fevereiro de 1962. Se não passasse, ficaria em dependência da disciplina, e seu orgulho não aceitava essa possibilidade. Os pais estavam surdos aos apelos do filho, e o vigiavam tanto quanto podiam. Ele precisava apenas se alimentar bem e descansar. Nada de estudar.

Roberto burlou a vigilância de ambos nas madrugadas. Quando os pais estavam dormindo, ele se afundava nas apostilas de cálculo, que havia trazido de Piracicaba. Estudava quase até o nascer do sol e passava o dia dormindo. Os pais só descobriram seu ardil às vésperas do exame, quando Roberto anunciou que estava pronto para fazer a prova. De todas as matérias do ano, a única que ele não dominava era análise combinatória e queria testar suas chances. O pai ficou positivamente surpreso com a insistência de Roberto em passar de ano, e concordou em levá-lo de carro até Piracicaba para fazer a prova, além de ter concordado em contratar um professor particular para o tema que ainda preocupava Roberto.

A nota 10 garantiu seu ingresso no segundo ano de curso. As doses diárias de medicamento e o fato de os colegas de república terem se formado no ano anterior fizeram com que o Fifi de 1962 fosse em tudo diferente daquele do ano anterior. O furor havia passado. Não bebia e, sem a bebida, ia menos às festas. Dormia melhor e estudava mais. Sobrava tempo. Ganhou, afinal, o prometido Volkswagen, e se sentia mais independente dirigindo seu carro, para lá e para cá, entre Campinas e Guariba. A febre do ano de calouro terminou e foi definitivamente enterrada quando tomou gosto por outro recanto da escola: o Centro Acadêmico Luiz de Queiroz, o famoso Calq.

CAPÍTULO 4

AS AVENTURAS DE FIFI

A Universidade de São Paulo era uma senhora nos costumes. Sua estrutura era rígida e vertical, com o poder emanando do reitor e dele para os diretores das escolas e faculdades e, finalmente, os catedráticos. O cargo de professor catedrático era vitalício, e muitos deles estavam na universidade desde a sua fundação. Para jovens de 20 e poucos anos imersos em um mundo imprevisível – em razão de aspectos como a corrida espacial e a Guerra Fria –, não fazia sentido existir uma estrutura tão rígida e antidemocrática. Eles queriam ter voz. Desejavam dialogar com a diretoria das faculdades, reivindicar mudanças, criticar o que não estava bom e argumentar em pé de igualdade com os dirigentes da instituição. O ano de 1962 começou sob essa inquietação, que percorreu todo o estado de São Paulo, contaminando as diferentes escolas que compunham a respeitada USP: na capital, as faculdades de Economia, Direito, Medicina, Filosofia, Farmácia, Engenharia e Arquitetura; em São Carlos, a Engenharia; em Bauru, a Odontologia; em Ribeirão Preto, a Medicina; e, por fim, em Piracicaba, a Agronomia.

Roberto despertou para a política universitária. Em seus dias de menino, observava de longe a lida do pai com os assuntos do partido, e na Esalq descobriu que a faculdade abrigava uma extensão daquele universo. Todos os comandos e a movimentação política dos alunos partiam do Centro Acadêmico, que tinha a função de coração e mente da organização estudantil. Ao contrário das noitadas na rua e nas repúblicas, que eram territórios basicamente masculinos, no Centro Acadêmico as (raras) moças que estudavam Agronomia também apareciam. A sede ficava bem longe do *campus*, no centro de Piracicaba, e gozava de total autonomia em relação à instituição. O Calq era célebre entre os organismos estudantis de São Paulo, com seus 53 anos de vida.

A verdade é que, comparada com outras instituições que compunham a USP, como as faculdades de Filosofia, Economia e Arquitetura – todas vizinhas, no bairro da Vila Buarque, na capital –, a Esalq era um território conservador. Muitos alunos eram filhos da elite rural brasileira, netos e bisnetos de antigos proprietários de escravos, e outros tantos menos burgueses pretendiam acesso à elite. Por isso, era incomum que a escola, e mesmo o Centro Acadêmico, abrigasse grandes simpatias à União Soviética e a Cuba. Eram raros os alunos que se colocavam em um ponto mais à esquerda do jogo político, simpatizantes da social-democracia e das greves dos trabalhadores, por exemplo. Roberto ia unir-se a esse grupo, tendo como companheiros alguns colegas de turma, como Cristiano Simon e Ivandro Sanchez, todos atraídos para as atividades do Calq a partir do segundo ano de graduação. A geração que entraria para a história como a "F-65, a Turma de Ouro", ou formandos de 1965, começava a ficar relevante.

A pauta da chamada reforma universitária ganhou corpo, e uma paralisação dos alunos de todas as unidades da USP foi o argumento final para exigir representação estudantil na direção. A greve, conhecida como "greve do 1/3", foi puxada pela UNE, a União Nacional dos Estudantes, e teve ampla adesão em seus 90 dias de duração. Na Esalq, existiam dois órgãos de direção: o CTA (Centro Técnico Administrativo) e a Congregação Universitária. Ao fim da greve, os estudantes ganharam o direito de ter um representante do corpo discente em cada um deles. A partir daí, tornaram-se mais organizados e engajados do que nunca.

Em fins de 1962, inaugurou-se a nova sede do Centro Acadêmico Luiz de Queiroz, e órgãos estudantis sob seu guarda-chuva, como a Comissão de Ensino, trabalhariam intensamente para modificar a conjuntura da velha escola de Agronomia. Roberto mergulhou no trabalho de representação estudantil, nas horas vagas de aulas e estudos. O segundo ano de graduação seria intenso, com disciplinas como Genética, Mecânica, Fitopatologia, Química Orgânica e Olericultura. Essa última, a ciência que estuda os legumes, tinha como particularidade a exigência da apresentação de um caderno com toda a matéria anotada, tintim por tintim. O professor Edmar Vasconcelos, responsável pela cadeira, era jovem e muito amigo dos alunos, mas não renunciava à apresentação desse compêndio.

Para cumprir essa obrigação acadêmica em específico, Roberto, dedicado à vida no Calq, foi abandonando o seu caderno, mas fiava-se na amizade de alguns colegas, que lhe emprestariam os seus, caprichados, para ele completar o próprio. Faltavam poucos dias para a apresentação do bendito compêndio, e o aplicado Takuo Hashizume foi quem lhe emprestou o caderno.

Calhou de descobrir que um colega de ano, Ivan Aidar, de apelido Turcão, estava na mesma situação. Resolveram se unir para, juntos, copiarem a matéria de todo o semestre. Os dois conheciam-se apenas superficialmente, pois Ivan estava na turma A, e Roberto na turma B – os alunos eram separados de acordo com o alfabeto. No primeiro dia de cópia do caderno, descobriram uma grande afinidade. Gostavam das mesmas músicas e programas, tinham opiniões afinadas e torciam ambos para o São Paulo Futebol Clube. Conversavam tanto que nem viam o tempo passar, e assim foram dias e dias de trabalho. Roberto confidenciou que queria mudar de república. Por uma dessas coincidências decisivas, Ivan estava em busca de um colega de quarto. Ele morava na república Mosteiro, cujos moradores eram jocosamente conhecidos como "monges". Será que Roberto não tinha interesse em vestir o hábito? Ele aceitou, e devolveu com outro convite, quase como uma confidência.

— Sabe, Ivan, eu tenho muita vontade de pegar o carro nas férias e fazer uma grande viagem. Ir para o Sul e chegar até o Uruguai...

Para a sua surpresa, o novo amigo se entusiasmou imediatamente:

— Se você for, eu vou!

Começaram a planejar a viagem ali mesmo. Nos dias seguintes, conseguiram a adesão de outros dois colegas de faculdade. Dividiriam os gastos com combustível e acertaram que iriam para o Sul no fusca de Roberto. No entanto, os colegas pularam fora, e de última hora Roberto conseguiu contatar um amigo dos tempos de Culto à Ciência, Tiago Canguçu de Almeida, que morava em Campinas e estudava na Escola Politécnica. Ivan ficou responsável por conseguir uma barraca com a qual os três pudessem acampar. O rapaz também foi à Fazenda Santa Izabel, na companhia da mãe. Ivan era órfão de pai, fazendeiro estabelecido em Olímpia, e sua mãe fazia questão de conhecer a família do amigo com o qual o rapaz viajaria. Sabendo que os Rodrigues eram de inteira confiança, não teve motivo para vetar a ida do filho.

A viagem teve início em 6 de janeiro de 1963. Na manhã do embarque, cumpriram o dever cívico de votar no plebiscito que decidiria se o Brasil seria um governo parlamentarista ou presidencialista. Levaram o dinheiro contado – 80 cruzeiros cada um, com orçamento de dois cruzeiros por dia – e contatos em diferentes cidades pelo caminho. A barraca usada providenciada por Ivan foi acomodada em cima do fusca, junto a dois estepes comprados por Roberto. A primeira parada aconteceu em Curitiba, onde pernoitaram na casa de colegas. Os problemas começaram em São Francisco do Sul, uma ilha do litoral catarinense. Foram atraídos pela fama dos sambaquis locais, depósitos de materiais orgânicos e calcários de mais de 5 mil anos.

A cidade era um lugar ermo e sem turistas, que os jovens acharam muito interessante. Chegaram à praia que escolheram para acampar e logo fizeram amizade com alguns jovens da área. O problema surgiu na hora de montar a barraca. Ivan havia comprado uma usada, sem manual de instruções e, aparentemente, com peças faltando. Os três pelejaram, e ficavam mais e mais ansiosos conforme o sol se recolhia na direção oeste e nuvens anunciavam uma chuva noturna. Um morador local teve compaixão dos forasteiros e os acolheu.

— Ô, meninos! – chamou. — É melhor desistir, porque essa barraca não fica de pé. Venham dormir na minha garagem, eu empresto os colchonetes e vocês saem amanhã.

O homem se chamava "seu" Pereira. Bendito seu Pereira! Graças a ele, o trio pôde tomar banho com água quente, jantar e dormir sob um teto, não sem antes curtir um barzinho com estudantes do Paraná e Santa Catarina. Na manhã seguinte, partiram rumo à praia. Os companheiros do dia anterior estavam lá, e o futebol durou o dia inteiro. Voltaram de tardezinha e deram de cara com seu Pereira de pé, ao lado do fusca, com as malas dos três no chão.

— Pensaram que eu sou tonto, é? Aqui não é pensão, tratem de ir embora!

Tentaram argumentar, sem sucesso. Correram para um bar perto da praia, onde encontraram acolhida de um dos companheiros de futebol na praia que lhes ofereceu um lugar para dormir. Na manhã seguinte partiram, tendo aprendido a nunca abusar da hospitalidade de estranhos simpáticos.

A parada seguinte foi em Itajaí, ainda em território catarinense, onde tinham a garantia de pouso na casa de uma prima de Roberto, chamada Colita. Na verdade, ela era prima de Antonio Rodrigues e Roberto nem a conhecia pessoalmente. Chegando à cidade, foram direto ao endereço da indústria de pescados do marido de prima Colita, um descendente de alemães chamado Fritz. Chegaram quando seu Fritz já estava baixando a porta do comércio e ele não foi muito amistoso à aproximação bonachona de Roberto.

— "Tio Fritz"? Eu lá sei quem você é, moleque? Vá procurar uma pensão!

Assustados, os três foram em busca de uma pensão. Primeiro, seu Pereira, em São Francisco do Sul, e, depois, seu Fritz, todos os enxotavam. Será que o Sul não os queria por lá? Para piorar, caiu uma chuva pesada sobre Itajaí naquela madrugada, e havia goteiras no quarto da pensão, que os obrigaram a mudar as camas de lugar a noite toda. A sensação era de abandono e infortúnio.

O Sul ia lhes sorrir na manhã seguinte, na forma de uma atarantada prima Colita. A senhora de meia-idade invadiu a sala de refeições da pensão onde eles tomavam café.

— Quem é o Robertinho? – demandou em voz alta, antes de abraçar os três com força.

A partir de então, a viagem virou festa. Foram levados à casa da prima, na Praia das Cabeçudas, e o marido dela se desculpou pela rispidez do dia anterior. Naquela noite, foram até um clube de Itajaí, onde acontecia o baile da Miss Elegante de Bangu, um concurso de beleza com fins beneficentes, promovido pela empresa Tecidos Bangu. O concurso acontecera pela primeira vez no Rio de Janeiro, em 1951, e desde então ganhava proporção nacional. Diversas cidades tinham uma etapa local do concurso, e era muito chique ser Miss Elegante Bangu.

Também era chique ser um paulista pé de valsa em uma cidade provinciana. Os três amigos foram a sensação do baile. Tiago era o único que namorava firme, por isso sequer dançou com alguma das moças. Roberto e Ivan fizeram a festa, e no dia seguinte saíram com a primeira (Ivan) e a segunda (Roberto) colocadas no concurso. Os dois tinham um acordo: em qualquer festa, Ivan, com seus quase 1,80 de altura, mirava nas moças altas, e Roberto nas pequeninas. Foi o esquema que vigorou naqueles dias que passaram em Itajaí, na companhia das misses – e daquela época em diante.

Chegaram revigorados a Montevidéu. Antes, passaram por Pelotas, onde se uniu a eles um amigo de Roberto chamado Ney Soares Piegas, e pela cidade de Chuí, ponto extremo do Brasil, ao Sul. Assim que chegaram à capital uruguaia compraram ingressos para um jogo entre São Paulo e Peñarol, programa imperdível para quatro são-paulinos. O dinheiro só dava para os lugares mais baratos, atrás do alambrado, mas a partida era um amistoso e o estádio estava vazio. Escapuliram para a arquibancada, e de lá vibraram com o tricolor paulista marcando seis gols contra o rival, e levando apenas um. Um jogo espetacular. Depois de Montevidéu, a parada foi em Punta del Este, o charmoso balneário uruguaio, e no hotel-cassino San Rafael. A intenção era faturar nas apostas e incrementar o orçamento para a viagem de volta, uma vez que os 80 cruzeiros dos três haviam se arruinado com os imprevistos. Havia um empecilho: apenas maiores de 21 anos podiam jogar, e todos eles tinham 20 – e Roberto tinha cara de menos que isso, rigorosamente.

Esgueiraram-se para dentro da casa de apostas, mas não demorou para que alguém viesse pedir os documentos a Roberto. Os outros três se misturaram aos demais apostadores. Ele disse ao segurança que ia buscar a carteira de identidade no carro, e ficou dentro do fusca pelo resto da noite, morto de vergonha e de raiva. Acordou com os amigos batendo nos vidros do carro, anunciando que a sorte estava do lado do trio e haviam ganhado um bom dinheiro. Descansaram em hotel de Maldonado e voltaram na noite seguinte. No retorno, deixaram Ney em Pelotas e seguiram viagem. Antes disso, o pai de Ney, Nelson Piegas, estancieiro respeitado na região, permitiu aos três paulistas conhecerem parte da atividade rural gaúcha, sobretudo a criação de carneiros e gado de corte de origem europeia, diferente do gado zebu de São Paulo.

Os ganhos na jogatina garantiram o pernoite em um hotel, na volta, em Caxias do Sul. As outras paradas eram em Vacaria, no Rio Grande do Sul, onde dormiriam na casa de um tio de Tiago, e em Curitiba, onde voltariam a pernoitar na república de amigos. Em Vacaria, deram com a cara na porta, porque o tio estava viajando. Tiveram de seguir viagem, porque não tinham dinheiro para hotel. Tinham gastado tudo em presentes para as famílias, comprados em Caxias do Sul.

Em Curitiba, mais um infortúnio: não havia ninguém na república. Só tinham dinheiro para a gasolina, que dava até Campinas. Saíram de Curitiba às seis da tarde, sob chuva. O acelerador do fusca estava emperrado, e Roberto precisou dirigir descalço, puxando o pedal de volta ao eixo com o pé. Bateu a fome e não tinham um mísero pacote de bolachas no carro. Pararam para abastecer em Registro, já no estado de São Paulo. Enquanto Roberto acompanhava o trabalho do frentista, Ivan e Tiago se esgueiraram para o restaurante do posto e encomendaram uns sanduíches, que não pagaram, e correram para o carro abastecido. O fusca saiu cantando pneu. Chegaram a Campinas às quatro horas da manhã, e dona Sofia levou um susto ao despertar com a campainha e encontrar o filho exausto e com jeito de quem não tomava banho nem se alimentava havia dias...

* * * * * *

O terceiro ano de graduação da F-65 foi intenso para Roberto. Na faculdade, a turma desempenhava o papel de ser a terceira cujo curso teria cinco anos de duração, e não quatro. A partir do ano seguinte, os estudantes deveriam encaminhar sua formação para a especialização que desejavam obter: agricultura, engenharia, economia agrícola, tecnologia de alimentos e zootecnia. O terceiro ano era o penúltimo da grade generalista, o que significava estudar disciplinas como Fitopatologia, Solos, Química Agrícola e Sociologia Rural. Boa parte das matérias, a essa altura, era eminentemente prática, o que levava os alunos a passarem muitas horas ao ar livre, nas áreas rurais do *campus*.

Os alunos envolvidos com o Calq e com as diferentes instâncias de representação estudantil também tinham muitos afazeres. Havia sido inaugurada a nova sede do Centro Acadêmico, no coração de Piracicaba. Os órgãos de representatividade estavam com toda a energia. Ivandro Sanchez, da F-65, tornou-se o representante dos alunos no CTA, levando as reivindicações estudantis para a administração da Esalq. Outra instância com bastante movimentação naqueles dias era a Comissão de Ensino, liderada por Irineu Koyama, que procurava reformular o currículo escolar de Agronomia, em sintonia com a onda da reforma universitária. Roberto uniu-se ao grupo, e no ano seguinte, com a formatura de Koyama, chegaria à presidência da Comissão.

Havia muito trabalho a ser feito naquela época, e todo o seu tempo livre era preenchido pelas atividades da política estudantil. No final de 1963, o colega de turma Cristiano Walter Simon, de apelido Kixu, foi eleito presidente do Centro Acadêmico. Sua gestão duraria até meados de 1964, um ano significativo para o Brasil e para a Escola. Em 31 de março, uma junta militar depôs João Goulart da presidência da República. O golpe consolidava meses de movimentação civil-militar contra o presidente, alçado ao posto após a renúncia de Jânio Quadros, em 1961.

A intervenção dos militares prometia ser provisória, um arranjo temporário engendrado apenas para afastar do Brasil a ameaça socialista atribuída ao governo Goulart e preparar o terreno para novas eleições. A eleição nunca veio, e em seu lugar começaram a ser promulgados atos institucionais. O primeiro deles foi assinado pela junta militar que antecedeu Humberto Castelo Branco, o primeiro presidente militar do período que se arrastaria até 1985. O Ato Institucional número 1 cassou mandatos e direitos políticos, intelectuais e figuras públicas que faziam oposição ao grupo que chegava ao poder. Entre eles, nomes como Luís Carlos Prestes, Miguel Arraes, Leonel Brizola, Celso Furtado e Darcy Ribeiro.

Na Esalq, as alas politizadas à esquerda ficaram em polvorosa. Não era improvável que os militares quisessem "bater um papo" com os estudantes mais radicais, e não se sabia o que acontecia depois que uma pessoa era chamada para depor. Embora ainda vigorasse a versão de que o Exército estava no poder para tapar buraco, era evidente que o Brasil já vivia sob um Estado de exceção. Por isso, Roberto ficou aflito quando descobriu que dois de seus amigos estavam na mira do governo. Piracicaba era uma cidade pequena, e o pai de uma amiga sua era um médico que se dava muito bem com os militares. A moça conseguiu os nomes de quem estava para ser chamado a depor e passou a informação a Roberto.

Ele não teve dúvidas de que deveria proteger os amigos. E qual proteção poderia ser melhor do que passar alguns dias "fora de circulação", incomunicáveis? Telefonou para o pai e perguntou se poderia levar alguns amigos de faculdade para passar uma semana na Fazenda Santa Izabel. "Nosso curso tem muita teoria e pouca prática, e os rapazes que nunca trabalharam em uma fazenda de verdade têm curiosidade de saber como funciona o dia a dia. Podemos fazer uma viagem de campo?", perguntou. Antonio ficou encantado e falou que chegassem quando quisessem e ficassem pelo tempo que fosse necessário.

Um comboio de 12 rapazes da Esalq, mais Roberto, partiu para Guariba sem avisar ninguém. Os procurados eram minoria, para tornar a viagem em grupo menos suspeita. Os interessados que batessem à porta dos procurados ficariam "a ver navios", porque ninguém, nem mesmo os estudantes simpáticos ao regime, sabia por onde andavam. Sãos e salvos na Fazenda Santa Izabel, o grupo de fato estudou. Roberto lhes mostrou a fazenda, explicou quais variedades de cana plantavam e como a colheita era medida e precificada. Mais do isso, todos se divertiram. Passavam horas espichados sob o sol, à beira da piscina, construída por Antonio quando da reforma da propriedade, anos antes, ou jogando futebol e vôlei.

O que era para ser uma fuga pragmática acabou consolidando uma amizade. Roberto batizou o grupo de Peyton Place, título de um filme norte-americano de 1957 que, no Brasil, recebeu o título *A caldeira do diabo*. Era àquela caldeira (ou melhor, panela) endiabrada que ele pertencia. O grupo tornou-se inseparável após aqueles dez dias em 1964. Quando retornaram a Piracicaba, a poeira havia baixado.

O susto não afastou Roberto da política. Nos quatro anos de graduação em que integrou o movimento estudantil, ele passou por diversas funções: trabalhou na cooperativa de material escolar que funcionava na sede do Calq, presidiu a Comissão de Ensino, foi diretor cultural e científico do Centro Acadêmico e representante dos estudantes na Sociedade Paulista de Agronomia. Esse último era o trabalho mais diferenciado de todos. O posto de representante dos alunos na Sociedade era uma conquista da gestão do colega Kixu, ao lado da presidência da entidade representativa dos agrônomos do Estado. Foi ali que, pela primeira vez, Roberto se sentiu "gente grande".

Os membros da Sociedade eram todos mais velhos, alguns até da geração de seu pai, e valorizavam as opiniões e expectativas dos futuros agrônomos paulistas, representados pelo rapazinho que, toda segunda-feira, dirigia de Piracicaba até São Paulo. Roberto conhecia pouco da cidade. Era especialista somente nos arredores do Estádio do Pacaembu, para onde excursionava algumas vezes por ano na companhia dos amigos Ivan, Paulo Mendonça e Hélio Lima, a fim de assistir aos jogos do São Paulo e do Santos.

As viagens semanais à Sociedade de Agronomia eram bem diferentes. Era trabalho, não diversão. Roberto deixava o carro em um estacionamento da rua Vitória, no centro da cidade, com um garagista que conhecia de Piracicaba. A reunião acabava perto das sete da noite, e o grupo rumava para o restaurante Leão d'Olido, na avenida São João. Finalizado o jantar, mais ou menos às nove, Roberto entrava no fusca e partia para Piracicaba. Chegava à república quase de madrugada. A Sociedade Paulista de Agronomia, fundada em 1940 para ser uma espécie de sindicato agronômico, era presidida pelo visionário José Calil, naqueles primeiros anos da década de 1960. Foi a primeira escola de Roberto no campo político – a política praticada por adultos, além daquela do Centro Acadêmico.

E como Antonio via aquilo tudo? Encarava com bons olhos o fato de o filho fazer política estudantil? Seguindo sua natureza reservada, o pai de Roberto não interferia nas escolhas pessoais do filho. Alguns conhecidos mais maliciosos tentavam provocá-lo, espalhando nas redondezas de Guariba, em Campinas e até em Piracicaba que "o filho de Antoninho Rodrigues estava virando esquerdista". Simplesmente não dava bola, e preferia chamar a atenção do filho pessoalmente quando achava que ele estava indo longe demais e radicalizando. Isso só aconteceu duas vezes. Na primeira, Roberto publicou um poema de natureza política em um jornal de Piracicaba, que seu pai classificou como incendiário. A segunda foi quando Roberto e alguns colegas invadiram a reunião da congregação de ensino da faculdade.

A invasão foi resultado de meses de desencontro e rixas entre a Comissão de Ensino e o corpo docente, incluindo a direção da escola. A principal pauta da reforma universitária era a extinção das cátedras vitalícias da USP. Os alunos queriam que a titularidade das cadeiras fosse renovada após determinado período, dando protagonismo a jovens professores. Nem todos os catedráticos eram contra as propostas dos estudantes. Uns três, na verdade, simpatizavam com a Comissão de Ensino e suas reivindicações. Entretanto, no geral, a oposição era forte.

O clima de animosidade entre os dois grupos aumentou depois que Hugo de Almeida Leme deixou o posto de diretor da Esalq, em junho de 1964, para ser ministro da Agricultura no governo Castelo Branco. Em seu lugar, assumiu Eurípedes Manavolta, conservador e visto com reservas por Roberto e pelos colegas – e a recíproca era verdadeira. O pouco diálogo com a direção da escola desapareceu de vez.

Eles continuaram tentando. Delegaram a Ivandro Sanchez a missão de fazer Roberto ser aceito em uma das reuniões da congregação para expor os projetos dos estudantes. Sem sucesso. Decidiram, então, armar uma operação de guerra. Se a Comissão de Ensino não era escutada por bem, seria por mal. Uma reunião da congregação estava marcada para o segundo semestre do ano, e Ivandro tentaria novamente emplacar Roberto como expositor do encontro. Se o grupo aceitasse, tudo acabaria bem. Se não, eles veriam o que era bom.

Roberto chamou cerca de 30 colegas de curso para ficar a postos do lado de fora do auditório onde o encontro se desenrolaria. Um dos colegas subiu nos ombros de outro para espiar pela janela e escutar o que discutiam. Acompanhou o pedido de Ivandro para incorporar o colega à Comissão e os votos negativos, que foram maioria. Fez um sinal negativo com o polegar e o grupo de mais de 30 estudantes abriu a porta com força, marchando em direção ao presidente da congregação, diretor em exercício da Esalq.

O clima era de perplexidade. Roberto tirou do bolso a carta que havia preparado, e leu o documento aos brados. Denunciou o rapaz, cercado pelos companheiros de curso:

> Já não é possível fechar os olhos a essa curiosa alheação da grande maioria de nossos mestres à premente necessidade de uma reformulação total e completa, em moldes novos e objetivos do nosso *curriculum* escolar e do sistema de ensino em geral. Já não é mais possível nos acomodarmos e nos quedarmos impassíveis, à espera de que se concretizem promessas vãs de melhoria, promessas tantas e tais que vão levando ao descrédito a direção desta Escola e, com ela, a nós, preocupados em apoiá-la sempre e esperar confiantes a melhoria nunca vinda, nunca vista, jamais sentida na prática!

Mais adiante no texto, os estudantes exigiam o fim das cátedras vitalícias, mais matérias de especialização, autonomia universitária, instrumentos democráticos na Universidade e um sem-fim de reivindicações de tom parecido, todas alinhadas aos demais centros acadêmicos da USP. O discurso denunciou o reacionarismo da instituição em geral e, em particular, o despotismo do novo diretor da Esalq. Conclamou Roberto, ao final da fala, diante de uma plateia perplexa, surpreendida:

> Urge que alguns mestres (embora muitos já o façam) desçam do alto pedestal onde se colocam e venham, ouvindo de perto as nossas queixas e reivindicações, pois que elas são justas e prementes, interessar-se pela melhoria do ensino, lutar por

ele, para o bem da própria "Luiz de Queiroz". Senhores! Isso é urgente! O ambiente é tenso! A tensão é intensa!

O grupo de alunos saiu da reunião sob a ameaça de acionarem a polícia. O afronte à poderosa congregação teve gosto de vitória. Daquela vez, Antonio não ficou nada feliz quando as notícias chegaram a Guariba. Uma coisa era trabalhar para manter os estudantes organizados e lutar por melhorias justas na escola, como ele mesmo havia feito em sua mocidade. Outra, bem diferente, era perturbar a ordem e peitar as autoridades daquela maneira. Aquilo era insubordinação, nem mais nem menos. E se as coisas tivessem saído do controle? Se a polícia tivesse sido chamada, ou um aluno arruaceiro aproveitasse a confusão e quebrasse a sala? Ele, Roberto, seria responsabilizado. Escutou calado o discurso do pai, mesmo que, no fundo, não estivesse arrependido. Não foi expulso da faculdade por pouco. A direção decidiu colocar panos quentes na situação e o poupou do desligamento.

O caso também custou a Roberto a presidência do Centro Acadêmico. Até então, ele estava concorrendo como cabeça de chapa nas eleições da gestão 1964/1965, e sua popularidade entre os estudantes dava a vitória como certa. Após a invasão da reunião, os grupos de direita tiveram um motivo para começar a queimar a imagem de Roberto. O fechamento progressivo do novo regime amparou, ainda, o recrudescimento do sentimento anticomunista. A pecha de "comuna" caiu sobre Roberto, e ele perdeu a eleição para um bom colega, de origem húngara, cuja família havia resistido à ocupação soviética de seu país.

O ano de 1964 terminou como se fosse a brasa de uma fogueira ardente, de chamas altíssimas. O período também ficaria marcado, na Esalq, pela recepção do ex-presidente Juscelino Kubitschek, que aproveitou a ida à cidade para receber o título de cidadão piracicabano e fazer uma palestra aos alunos, a convite do Centro Acadêmico, e pelo traslado dos restos mortais do patrono da escola. Os ossos de Luiz de Queiroz foram recebidos com pompa e circunstância, e chegaram à sua casa para descansar eternidade adentro.

* * * * * *

Roberto não trabalhava sozinho. As atividades do Centro Acadêmico sempre envolviam mobilizações e deliberações coletivas. Mesmo quando estava em uma posição de liderança, como a que ocupava na Comissão de Ensino, o trabalho não era solitário. Entre 1963 e 1964, seu braço direito na comissão era Eloísa Araújo.

Os dois já se conheciam há um bom par de anos. Eloísa era uma das melhores amigas de sua prima Marta, e as duas estudavam juntas em Ribeirão Preto. Como a Fazenda Santa Izabel era o ponto de encontro dos adolescentes das famílias Rossetti e Rodrigues, Marta e outros sobrinhos de Antonio e Sofia tinham liberdade para convidar amigos para passar uns dias na fazenda. Eloísa era dois anos mais velha que Roberto, uma diferença significativa quando eles se conheceram. Na época, ele era um menino tímido de 15 anos, e ela, uma moça de 17 anos. Conheciam-se apenas superficialmente, mas ele sabia que Eloísa era uma entre sete irmãos e que seu pai havia morrido quando ela era jovem. A mãe era migrante do Ceará e lutava para criar os filhos e garantir o acesso deles aos estudos. A responsabilidade de cuidar dos três irmãos menores dava à menina uma aura de seriedade e firmeza incomum entre os adolescentes da turma, que geralmente tinham uma vida livre de preocupações.

Quando Roberto chegou à Esalq em 1961, Eloísa era aluna do segundo ano de Agronomia. Os dois não se aproximaram até alguns anos depois, quando se engajaram nas atividades da Comissão de Ensino. Agora a diferença de idade já não pesava tanto. Passavam bastante tempo na companhia um do outro, estudando os temas que levariam para discutir com os alunos e debatendo entre si o futuro da formação dos agrônomos de Piracicaba.

De conversa em conversa, Roberto descobriu que Eloísa era diferente de todas as meninas, moças e mulheres com quem já havia se relacionado. Ao contrário das outras, o que a tornava encantadora não era apenas a beleza. Ela era tenaz, observadora e dona de um raciocínio privilegiado. Suas ideias afinavam-se às de Roberto, e ela as defendia com ânimo. Ele começou a olhar para Eloísa de maneira diferente, calado e embevecido, enquanto ela discursava entre os colegas de faculdade. Acabou apaixonado, e não pouco. Queria Eloísa com um ardor e convicção de assustar qualquer um. Até mesmo ela...

Eloísa conhecia Roberto desde que ele era menino, mas a fama de Fifi e suas estripulias na boemia piracicabana eram de conhecimento público na Esalq. Por isso, ela ficou apreensiva quando o amigo se declarou e a pediu em namoro. Avisou que queria namorar a sério, frequentar a casa das famílias um do outro e andar de mãos dadas pelo *campus*. Ela estranhou, e tentou tirar o corpo fora.

— Desculpe-me, Roberto, mas eu gosto de você só como amigo. Admiro você e tudo o mais, mas namorar não – desconversou.

Roberto não se deu por derrotado.

— Não tem importância, Eloísa. Eu gosto tanto de você, mas tanto, que você vai gostar de mim também.

Ao ver que o amigo era insistente e que a paixão não era superficial nem fogo de palha, ela aceitou. Começaram a namorar, e, desta vez, foram os conhecidos que estranharam. O Fifi, namorando? Sim, namorando firme. Iam juntos à aula, e os finais de semana e noites livres agora eram um para o outro. O ano letivo de 1964 era o último de Eloísa na Esalq, e o penúltimo de Roberto. Era hora de pensar mais seriamente no futuro, e a cada dia ele tinha mais certeza de que a namorada era a companheira que ele queria ao seu lado pelo resto da vida. Começou a juntar dinheiro. Conseguiu um emprego de professor em um colégio de freiras em Piracicaba, e dava aula para as meninas mais ricas da cidade em algumas tardes livres. Todo o salário ia para a poupança. O arranjo foi produtivo durante uns bons meses, e só foi interrompido porque Roberto se negou a aprovar uma aluna, filha de um magnata do açúcar. Argumentou com as freiras que não importava quem fosse o pai da garota, ela não sabia coisa alguma da matéria e seria desonestidade das grandes passá-la de ano. Escutou como resposta que era fazer aquilo ou sair da escola. Ele saiu. E nem se importou tanto assim: o anel de noivado de Eloísa já estava garantido, e o casamento, planejado.

CAPÍTULO 5

ROMPIMENTOS, RETOMADAS E INVENÇÕES

R oberto ainda era estudante de Agronomia quando o pai o convidou para estagiar na Fazenda Santa Izabel. O rapaz e todos que conheciam Antonio Rodrigues sabiam que o homem não precisava de grandes formalidades para ser um patrão justo. Vinha de uma época em que imperavam os acordos verbais na hora de contratar gente para o trabalho sazonal do campo, e a carteira profissional era uma novidade. Portanto, mantinha uma estrita ética com os trabalhadores da fazenda. O que ele fazia e dizia era sólido, e graças a isso todos sabiam que a palavra de doutor Antonio podia ser escrita em pedra – da mesma maneira que todas as suas opiniões e crenças. Assim era ele: confiável e tradicionalista até o último fio de cabelo.

Roberto, por outro lado, borbulhava por novidades. Estava em seu último ano de graduação, especializando-se em Agricultura. Estava noivo de Eloísa, que trabalhava como professora de Matemática na Esalq, e sentia comichões para começar a construir a própria vida. Isso passava pelo trabalho como agrônomo, que deveria ser construído ao lado do pai. Se desde menino já era fascinado pela figura de Antonio, agora a admiração era ainda maior. Após a primeira experiência como prefeito de Guariba, o pai de Roberto havia se firmado na gestão pública, e contava com uma passagem pela Secretaria de Agricultura, quando ocupou a titularidade da pasta entre 1964 e 1965, na gestão Adhemar de Barros (PRP). Cumpria-se assim sua inclinação para a política, que ele manifestava desde adolescente.

Para Roberto, era evidente que seu pai poderia ser o maior agrônomo do Brasil e, daí, um grande governante. Para isso, Antonio precisava de um braço direito, que levasse a Santa Izabel ao posto de uma excelente fazenda do País. O rapaz pensava grande e queria que os Rodrigues fossem reconhecidos como destacados administradores de terras em um país com vocação agrícola, chamado de "Celeiro do Mundo".

Empolgado com as discussões e possibilidades técnicas apresentadas na faculdade e com um forte pendor para a experimentação e a investigação, Roberto chegou à fazenda de sua infância como profissional da Agricultura. Partia de Piracicaba para Guariba na quinta ou sexta-feira, assim que era dispensado da última aula da semana, e se atirava ao trabalho no canavial.

Sua primeira iniciativa profissional na Santa Izabel teve como objeto as variedades de cana que o pai cultivava. Roberto havia aprendido na faculdade que plantar uma única variedade de qualquer vegetal era um tiro no pé do produtor. A experiência mostrava que, se algo desse errado com aquela espécie, toda a produção iria por água abaixo – caso dos laranjais abatidos pela tristeza dos citros, na década de 1940. O agricultor não podia ser refém de uma variedade, e, na percepção de Roberto, todos os canaviais paulistas eram reféns da Co 419, variedade indiana que dominava o Estado.

— Pai, vamos fazer um viveiro com outras qualidades? – propôs certo dia, em uma das reuniões em que reportava o andamento de suas tarefas.

Para sua surpresa, Antonio reagiu com desinteresse:

— Bobagem, filho. Não existe nada como a 419.

Roberto encasquetou-se com a ideia. Pediu ao pai que cedesse um hectare da fazenda para a experiência. Antonio atendeu, e o jovem rodou o interior de São Paulo em busca de outros tipos de cana-de-açúcar. A Estação Experimental de Piracicaba cedeu oito variedades diferentes e, de posse dessas novas mudas, ele voltou à Santa Izabel, triunfante e certo de que estava prestes a começar uma revolução no campo.

Depois de plantadas as mudas, o campo experimental de Roberto nasceu muito mal, irregular, com uma planta aqui e outra acolá. De modo geral, o que se via eram folhas mirradas, em nada dignas da terra roxa que as abrigava e nutria. As mudas obtidas em Piracicaba eram velhas de algumas semanas quando Roberto as obtivera, e por isso só alguns toletes vingaram. Era o que ele desabafava com Eloísa, quando ele e a noiva percorriam o campo. Para Antonio, por outro lado, aquela era a prova cabal de que não valia a pena mexer no que funcionava bem.

— Olha aí a grande obra de agronomia – comentava Antonio, com um tom de ironia, quando passava pelo viveiro.

Roberto estava nos primeiros meses de experiência e já estava dando com os burros n'água. Como o pai não o poupava de críticas, isso o deixava injuriado. É provável que Antonio quisesse demonstrar que o filho não era blindado, mas o fato de, às vezes, repreendê-lo em público fazia Roberto se sentir muito desconfortável. As mudas de cana o terem traído era uma coisa, mas o pai era outra.

Essa não foi a única batalha que os dois travaram. Na época, os funcionários que trabalhavam na plantação lidavam com as pragas manualmente, extirpando ervas daninhas com a enxada. Roberto queria colocar um fim naquilo. Um dos seus professores da Esalq, Odilon Saad, havia escrito um livro atualíssimo a respeito da evolução tecnológica e do uso de herbicidas. Quando Roberto apresentou ao pai sua ideia de substituir o controle manual pelo uso de químicos, recebeu a mesma resposta vaga e descrente: "Essas coisas não funcionam", seguida pela anuência de que Roberto poderia ao menos experimentar a solução. No entanto, o uso de herbicidas não deu certo, e Antonio mais uma vez fez questão de pontuar que a ideia do filho não era tão boa quanto ele havia imaginado. As pessoas começaram a notar, e comentar, que o dono da fazenda e o filho viviam discordando sobre a melhor forma de conduzir as operações.

O que também estava minguando dia a dia era a alegria de Roberto no trabalho. Na época, seu pai estava no segundo mandato como prefeito de Guariba. Despachava na prefeitura no período da manhã, e de tarde tratava da fazenda. Ele e o filho cavalgavam pela propriedade para fazer vistorias nos canaviais, e Roberto começou a se sentir miúdo demais ao lado dele. Sentia que não conseguia fazer nada pela Santa Izabel: todas as suas ideias se revelavam ruins, e o pai começou a lhe delegar tarefas burocráticas, no escritório e longe da plantação. As únicas pessoas que nunca duvidavam das suas iniciativas e tentavam consolá-lo quando suas invenções faziam água eram Eloísa e dona Sofia, mas nenhuma das duas apitava no negócio. O rapaz começou ficar amuado porque a tão sonhada parceria com o pai parecia improvável. Tão improvável quanto o sucesso do viveiro de mudas de cana-de-açúcar.

Esse sentimento de desânimo não fazia eco entre os colegas de turma. A colação de grau da F-65, no início de 1966, foi uma celebração alegre, a primeira da turma na vida efetivamente adulta. Passados cinco anos de graduação, os companheiros de Esalq eram jovens profissionais com as vidas encaminhadas. Havia quem já estivesse trabalhando, e outros tantos estavam com empregos em vista. Vários haviam voltado para suas cidades de origem, e parecia que o destino de todos os filhos de agricultores era trabalhar ao lado do pai. Muitos, como Roberto, estavam noivos. Seu melhor amigo, Ivan Aidar, também já pensava em casamento. Havia conhecido Maria Lúcia alguns meses antes, em um baile. Não perdeu tempo e logo a convidou para dançar. Descobriu que ela morava em São Paulo e que estava em Piracicaba a passeio, para visitar uma prima. Ficou impressionado com aquela obra do acaso, e quando voltou para a república Mosteiro confidenciou a Roberto que se casaria com a menina com quem havia dançado. Tudo era romantismo e sonhos no começo de 1965.

Roberto estava feliz com a formatura e com a perspectiva do casamento, marcado para o mês de julho, mas não se encontrava plenamente satisfeito com a vida em geral. Faltava alguma coisa. Suas possibilidades de vida, que pareciam estreitas, subitamente iam se alargar – e tudo em razão de um importante fato político. Em março de 1966, o presidente da República, general Castelo Branco, cassou o mandato do governador Adhemar de Barros. O folclórico político paulista deixou o Palácio dos Campos Elíseos, sede do governo paulista, com um discurso dramático, e no dia seguinte a cadeira de chefe do poder executivo estadual foi ocupada por Laudo Natel (PR), vice de Adhemar, eleito por outro partido (naquele tempo era assim, independente). O troca-troca nas secretarias foi inevitável, e o antigo diretor do Instituto Agronômico, Glauco Pinto Viegas, foi nomeado titular da Secretaria de Agricultura.

Poucos dias depois, tocou o telefone na sede da Santa Izabel. Era Pinto Viegas, pedindo para falar com Roberto, que ele conhecia como líder estudantil da Esalq. O antigo diretor do Agronômico perguntou se Roberto poderia visitá-lo em seu gabinete, no dia seguinte. O rapaz concordou, e quando colocou o pesado telefone de volta no gancho deu de cara com o pai.

— Quem telefonou? – demandou Antonio.

— O Glauco Pinto Viegas.

— Ah! Ele vai convidar você para trabalhar com ele.

Ao escutar o palpite do pai, o coração de Roberto deu um pulo. Ele, trabalhando no governo? E continuou sobressaltado, porque Antonio encerrou a conversa com aspereza:

— Nem pense, meu filho. Eu esperei todos esses anos para você vir trabalhar comigo.

Roberto quase não dormiu. Acordou antes de todos, colocou a mala de roupas no carro e partiu para São Paulo. A Secretaria de Agricultura ficava na rua Anchieta, no coração da capital, e Pinto Viegas não fez muitos rodeios para, de fato, convidar Roberto para compor sua equipe. O novo secretário tinha 53 anos, e queria sangue novo no gabinete, a fim de arejar o ambiente composto majoritariamente de agrônomos da sua geração. O cargo que tinha em vista para Roberto era o de oficial de gabinete, e ele contava com o vigor juvenil e as ideias inovadoras do rapaz para ajudar a modernizar a pasta.

Já era quase hora do almoço quando Roberto telefonou para casa. Contou para a mãe a respeito da proposta de trabalho, e, daquela vez, dona Sofia não o estimulou a seguir em frente.

— Não faça isso, Beto. Seu pai vai ficar louco da vida!

O apelo da mãe não o demoveu da decisão. A própria evocação do pai, aliás, o deixava com mais vontade de se mudar para São Paulo e trabalhar com Pinto Viegas. Para ele, afinal, o clima na Santa Izabel estava longe de ser dos melhores ou mais promissores. E mais importante: Roberto sabia que, se ficasse em Guariba, à sombra do pai, o relacionamento entre os dois não melhoraria. Quem sabe, indo para a capital, Roberto não evitaria um maior desgaste em relação ao pai? Batalharia, de fato, pela sua independência. Decidiu que sua vida pedia mudança, e a conversa que teve com o pai para comunicá-lo a respeito do trabalho na Secretaria foi a última ocasião em que escutou a voz de Antonio em muitos meses.

Antonio Rodrigues sentiu-se magoado pelo filho. Ferido, fechou-se em si mesmo e se negou a dar adeus a Roberto quando ele arrumou a mudança para São Paulo. Na festa de celebração do casamento do filho com Eloísa, em julho, não trocou nenhuma palavra com o noivo. Também não apareceu para se despedir do casal quando os dois entraram no carro rumo ao Rio de Janeiro, onde passariam a lua de mel. A partir daquele dia, ele estava sozinho na Santa Izabel, e Roberto ficaria em São Paulo. A casa que o jovem havia construído a poucos metros da sede da fazenda, onde moravam os pais e Anita, ficaria inabitada, cheirando a tinta fresca.

* * * * * *

Aos 24 anos recém-completos, Roberto era uma máquina. Os anos de faculdade o haviam condicionado a dormir apenas quatro ou cinco horas por noite. Gostava de acordar cedo e, como rendia bastante no trabalho, tinha tempo para as relações pessoais. Em São Paulo, gostava de sair à noite com Eloísa para jantar fora e ir ao cinema, e continuou se correspondendo intensamente com os colegas da turma F-65 da Esalq e, em particular, com os amigos da "panelinha" apelidada de Peyton Place.

Os dias no gabinete de Glauco Pinto Viegas começavam cedo. Roberto preenchia um vácuo fundamental na equipe: o da pessoa que podia fazer de tudo um pouco e tinha uma boa visão generalista sobre agricultura. Enquanto seus colegas mais velhos eram grandes craques com anos de especialização nas costas, ele tinha um repertório mais versátil, com as lições e discussões da faculdade ainda frescas na mente. Gostava de estudar temas versáteis, que iam do algodão ao café, passando pela cana-de-açúcar e pela laranja. Glauco Pinto Viegas encaminhava ao jovem agrônomo todo tipo de problema que não cabia na mesa de mais ninguém, ou cuja solução não era clara. Roberto destrinchava pequenos e grandes pepinos, e os encaminhava para uma resolução. Também cabia a ele mediar conflitos técnicos entre diferentes instituições, como aconteceu certa vez em uma contenda sobre diretrizes para o plantio de cana. De um lado, estava um fitopatologista do Instituto Biológico e, de outro, um geneticista do Instituto Agronômico de Campinas. Há anos que os dois estudiosos estavam em lados opostos em torno de uma questão produtiva, e Roberto foi encarregado de encontrar um ponto intermediário entre as duas visões. Marcou uma reunião com ambos e foi direto ao ponto:

— Desculpem a ousadia de chamar os senhores aqui, mas precisamos resolver esse tema. Não há um entendimento, e o setor está perdendo. Vou pedir aos senhores que discutam e resolvam essa questão hoje. Eu me retiro, vou para a sala ao lado e aguardo uma decisão.

"Você ficou louco? Eles só vão sair de lá daqui a uns anos", brincaram os funcionários do gabinete que estavam a par do encontro. Para surpresa de todos, em pouco mais de 20 minutos havia um acordo. Roberto também ficou surpreso.

Estava correta a sua intuição de que, para atender às demandas do setor rural, era fundamental existir diálogo – entre todos os agentes e partes da cadeia produtiva. Era em momentos assim, geralmente delicados, que a técnica (que era o trunfo de Roberto) encontrava a política (universo que ele pouco conhecia, em comparação aos veteranos do governo, mas trazia no DNA). Ele observava esses e outros movimentos, e aprendia com a prática e a observação dos mais velhos.

Os mais velhos eram seus mentores nos meandros da burocracia. Além do próprio Glauco Pinto Viegas, que o convidara para o posto e lhe dava grande liberdade para trabalhar seguindo o próprio juízo, Roberto tinha como apoio o advogado Rui de Oliveira. Antigo diretor administrativo do Instituto Agronômico, ele iniciou o jovem agrônomo no universo de leis, decretos, emendas e outros trâmites jurídicos a que Roberto estava condicionado, em virtude de seu cargo na Secretaria. Experiente, Rui conhecia tudo sobre Administração Pública e sobre a vida, e foi ele que, em um momento de tensão, veio em auxílio de Roberto.

Era uma reunião entre agrônomos, e naqueles dias estava em pauta uma diretriz a respeito do algodão. Era um tema sensível e sem consenso entre os técnicos da Secretaria. Roberto havia estudado e tomado determinada posição, que ele defendeu perante um grupo pequeno de pessoas. Na ocasião, um dos presentes pediu licença para discordar. Era um técnico especializado em determinada cultura, cujo veredicto era oposto ao de Roberto. Os dois começaram a debater e, conforme o homem "crescia", Roberto ia tomando mais cuidado com as palavras. Curiosos vieram espiar a conversa, interessados. Mesmo acuado, ele continuou defendendo sua opinião. Até que o sujeito levantou a voz:

— Garoto, eu tenho vinte anos de experiência nisso tudo e você se formou outro dia. Quer mesmo discutir comigo?

Roberto titubeou, perguntando-se se, mesmo estudando o tema com afinco, não havia chegado a uma conclusão equivocada. Foi quando Rui, que estava acompanhando a conversa, interveio:

— E o que é a experiência senão a soma dos fracassos?

O tutor de Roberto, assim, dissolvia a conversa e não deixava ninguém magoado. Roberto ficou agradecido pela quebra da tensão, sobretudo porque aquela frase ficaria gravada em sua cabeça pelos dias – e todos os anos – seguintes. Roberto sempre soube que aprender é crescer.

Sabendo que a experiência era a trajetória de tentativas e erros, Roberto seguiu adiante, e não demorou a ganhar espaço e respeito na Secretaria. Foi também sem demora que os relatos sobre sua atuação no gabinete do secretário chegaram a Guariba, onde Antonio Rodrigues começou a escutar elogios ao filho, com quem não conversava no momento. "Fiquei sabendo que o seu menino está se saindo muito bem lá em São Paulo. Puxou a você", dizia um amigo. "Parece que ele vai ser melhor do que o próprio pai", provocava outro. Antonio não gostava muito daquelas conversas. Era incômodo saber que um dos mais promissores jovens agrônomos de São Paulo era o filho com quem estava sem conversar, e de cujas conquistas ele pouco sabia.

A família Rodrigues teria passado as festas de 1966 às turras, se não fosse, mais uma vez, o acaso. Em dezembro, o Instituto Biológico de São Paulo emitiu um documento recomendando o fim do plantio da cana-de-açúcar variedade Co 419, aquela que dominava os canaviais. A justificativa dava conta de que a planta havia ficado suscetível ao carvão da cana, uma praga que vinha preocupando os agricultores há uns bons meses. Após muitos estudos, o Instituto Biológico divulgou uma lista de variedades de cana cujo cultivo era recomendável. Entre elas, estavam algumas das que haviam vingado do viveiro de mudas criado por Roberto na Santa Izabel. "Não é que o homem tinha razão?", comentavam, admirados, os funcionários da fazenda que haviam acompanhado a empreitada desde o início. Um fato havia acontecido ao longo do ano: com o passar dos meses, as mudas do ralo viveiro perfilharam e acabaram crescendo mais que a Co 419. Com isso, o local instalado por Roberto era um dos melhores de toda a região, e chamou a atenção de todos os produtores. Antonio tratou de renovar o próprio canavial e, de quebra, vender mudas para outros produtores de cana da região. O negócio deu certo, e vieram fazendeiros de longe – até mesmo de Pernambuco e Alagoas – que também queriam diversificar suas opções e sabiam que a Fazenda Santa Izabel contava com boas alternativas.

E foi assim que Antonio Rodrigues, geralmente casmurro e inflexível, mudou de ideia e telefonou para Roberto logo depois do Natal de 1966. Convidou o filho e Eloísa para passarem a festa de ano-bom na fazenda, na companhia de Anita, recém-casada com Hilton Fagundes, dos tios Dide, Sérgio, Vitória e toda a família. Não havia por que mais um brilhante agrônomo do ramo dos Rossetti-Rodrigues não estar presente na festa de despedida daquele ano atípico. E foi assim que pai e filho voltaram a conversar todos os dias e a trocar ideias sobre trabalho.

Dois meses depois, no começo de 1967, o governo estadual estava concluindo a transição entre a gestão de Laudo Natel e a do novo governador, Roberto de Abreu Sodré (Arena), eleito indiretamente em setembro do ano anterior pela Assembleia Legislativa do Estado. A nova temporada de propostas de trabalho e nomeações chegou a Antonio, que foi convidado pelo novo governador para comandar uma operação complexa: fundir a Companhia de Armazéns Gerais do Estado de São Paulo (conhecida como Cagesp) com o Centro Estadual de Abastecimento (o Ceasa), criando um entreposto de abastecimento de alimentos na capital. Enquanto isso, Roberto, que meses antes fora promovido no gabinete de Glauco Pinto Viegas, ficou encarregado de coordenar a transição dos trabalhos da Secretaria e seu cotidiano de ações para a equipe do novo secretário de Agricultura indicado por Sodré, o Deputado Federal Herbert Levy. Todos os finais de tarde, durante duas semanas, Roberto se reunia com Luiz Fernando Levy, futuro Chefe de Gabinete de Herbert e lhe mostrava todos os temas e problemas principais. Acabaram se tornando grandes amigos para o resto da vida.

Dias antes da posse, Levy o chamou a seu escritório, com um convite.

— Doutor Roberto, soube que o senhor tem a Secretaria nas mãos, e quero chamá-lo para ser o chefe da assessoria técnica do gabinete.

Era um cargo de peso. Roberto contou que seu pai já havia sido convidado para trabalhar no governo, na fusão entre Cagesp e Ceasa, e que a fazenda da família não podia ficar abandonada.

— Seu pai é o Antoninho Rodrigues? Passe-me o telefone de sua casa que eu converso com ele.

Levy fazia questão da nomeação de Roberto e tentaria conquistar a anuência de Antonio para trazê-lo para a equipe. Naquela noite, Roberto encontrou o pai em casa, em São Paulo.

— O Levy me ligou mais cedo e quer que você seja chefe da assessoria técnica dele. Estou muito orgulhoso de você, meu filho – reconheceu Antonio.

Estava sepultado o estranhamento que se seguiu aos desentendimentos do começo do ano anterior. Antes que Roberto pudesse falar que não aceitara o convite, Antonio lhe explicou como enxergava a situação. Não queria criar mais nenhuma rusga entre os dois, e disse que a decisão estava nas mãos de Roberto. "Se você quiser ficar em São Paulo, eu assumo a fazenda. E tenho certeza de que em dez anos você será secretário de Agricultura, ninguém te segura", afirmou.

E logo em seguida fez uma ponderação que era, na realidade, uma confissão de sua vontade.

— Mas a minha situação é diferente, meu filho. Essa é a minha última grande oportunidade de carreira de gestão pública. Ou agarro esta chance ou não terei outra. É você quem vai resolver, mas pense nisso.

O desejo de menino de Roberto estava se realizando. Mais do que nunca, estava aberta a porta para que Antonio Rodrigues se projetasse na gestão pública, fazendo um trabalho inédito em prol da agricultura e do serviço de abastecimento do Estado. O pai seria gigante, e ele, Roberto, continuaria trabalhando para que a Santa Izabel refletisse aqueles ideais.

Respondeu com cuidado que preferia ir para a fazenda. Eloísa já estava grávida do primeiro filho do jovem casal, e Roberto gostaria muito de criar seus filhos no interior. E, escaldado com a experiência do ano anterior, deu seu lance definitivo: "Mas quero carta branca para administrar a fazenda, fazer as mudanças e os investimentos que julgar necessários. Prestarei contas de tudo a você, mas sem sua interferência", avisou ao pai. Era aquilo que Antonio queria intensamente: seguir carreira política. Deixaria a Prefeitura de Guariba para o vice-prefeito, seu amigo Ernesto de Angelis e iria para São Paulo. E, por isso, nem titubeou: "Carta branca, meu filho. Está resolvido".

* * * * * *

O que torna grande uma fazenda? Roberto sabia que não era a extensão. De que valiam hectares a perder de vista se as plantações fossem descuidadas, levadas de qualquer jeito, sem insumos bons, equipamentos de qualidade e, sobretudo, mãos habilidosas no seu cultivo? Essa era a convicção que norteava Roberto quando ele chegou à Fazenda Santa Izabel, em março de 1967. Por suas ideias anteriores terem se provado boas, o pai havia dado carta branca a Roberto no comando do empreendimento, e ele estava cheio de ideias.

Os canaviais, em si, iam bem. Graças à atenção constante de Antonio, a plantação local era vigorosa e de qualidade. No entanto, quando Roberto passou um pente-fino na operação, encontrou um ponto sensível que precisava ser aperfeiçoado: o transporte e a tecnologia. A fazenda contava com cinco tratores, de cinco marcas diferentes. Roberto sabia que aquela confusão era um prato cheio para trazer prejuízos, pois cada trator exigia peças e manutenção diferentes. Vendeu todos e comprou uma frota completa da Massey

Ferguson, tornando-se um frotista com benefícios de assistência técnica e descontos.

Paralelamente, intensificou o uso de adubo nitrogenado orgânico no plantio dos canaviais. O insumo era adquirido em uma empresa que fabricava óleo de mamona, em Presidente Prudente, mas o seu fechamento levou Roberto a procurar um novo fornecedor. Encontrou um em Petrolina, interior de Pernambuco, e passou a transportar, a um frete alto, a torta de mamona que nada valia monetariamente, e na sua região de origem seria descartada. Valia a pena, pois o adubo orgânico liberava nitrogênio ao longo do tempo, e não pontualmente. Isso garantia a alimentação da cana-de-açúcar por um bom período, o que, aliado às boas variedades compradas e aos novos equipamentos, foi se refletindo na produtividade agrícola.

No entanto, naqueles dias, produzir demais era um problema. Não em nível individual, e sim coletivo. Entre 1966 e 1969, o açúcar viveu uma crise de superprodução. Anos atrás, pouco depois do impacto causado pela revolução cubana no mercado açucareiro internacional, o governo brasileiro havia identificado uma oportunidade para o produto nacional. Sem Cuba em campo, o preço do açúcar subiu, e o governo do Brasil, bem como outros países, irrigou os produtores com recursos, empréstimos e incentivos. Anos depois, com a estabilização dos preços, as lavouras que haviam aumentado jogavam toneladas e mais toneladas de cana nas usinas, que produziam sacas, sacas e sacas de açúcar. O preço foi ao chão, e a cadeia produtiva entrou em crise. Tempos difíceis para quem vivia, assim como Antonio e Roberto Rodrigues, de plantar e vender cana-de-açúcar para as Usinas São Martinho e São Carlos.

A sobrevivência dos fornecedores de cana foi possível graças à engenhosidade de Orlando Ometto, administrador da usina e antigo pupilo de Antonio, ainda em fins da década de 1940. Orlando chamou

Roberto para uma reunião na usina, no município vizinho de Pradópolis, que havia se separado de Guariba, e lhe fez uma proposta:

— Você sabe que estamos em crise e eu não posso pagar sua cana integralmente. Vamos então fazer uma conta corrente. Você me traz uma planilha dos seus gastos obrigatórios, com salários, manutenção de equipamentos etc. Eu cubro essas despesas e você retira no almoxarifado da usina o que precisar, como peças, acessórios e até combustível e lubrificantes. E, adicionalmente, você fica com crédito comigo, que eu pago corrigido quando a crise terminar. Pode ser?

Roberto sabia que aquele arranjo era o único possível. Se não fosse assim, como escaparia da quebradeira que já estava atingindo muitos plantadores e até mesmo usinas menos robustas e com reservas financeiras menores que a São Martinho? Topou, sabendo que nos anos seguintes teria de trabalhar sem margem financeira.

A proteção aos empregados, sobretudo, era fundamental. Ainda no seu primeiro ano à frente da fazenda, Roberto registrou em carteira todos os trabalhadores da Santa Izabel. Era bastante gente. A colônia da fazenda, com suas antigas casinhas enfileiradas, abrigava 60 famílias. Isso dava, pelo menos, 120 adultos e por volta de 200 crianças. Quem eram as pessoas cujo suor pingava diariamente sobre aquela terra roxa e fazia a prosperidade local? Essas perguntas inquietavam Roberto e a esposa. O fato de começarem a formar a própria família os despertou para a concretude das necessidades de todas as famílias que já existiam na fazenda. Antonio Rodrigues era conhecido como um bom patrão, tanto que todos que chegavam ali em busca de emprego, e eventualmente se instalavam, vinham por conta do sistema "boca a boca". A propaganda informal e espontânea dava conta de que, na Santa Izabel, as condições de trabalho eram boas, o pagamento nunca atrasava e o dono da fazenda era atencioso. Isso tudo era verdade, mas o jovem casal queria ir além e garantir todos os aspectos que dão dignidade à vida humana – educação, moradia e saúde.

Constataram que a vida dos colonos ainda era um tanto rústica. Era inadmissível, por exemplo, que em plena década de 1960 as pessoas ainda precisassem fazer suas necessidades no mato, em razão da ausência de banheiros. Também queriam que todas as crianças estivessem com as vacinas em dia e frequentassem a escola – não apenas a escolinha local, onde eram alfabetizadas e cursavam o Primário, mas também que dessem continuidade aos estudos, até o Colegial e, eventualmente, o curso Superior. Eloísa tomou para si a tarefa de conhecer todas as famílias de colonos, cadastrar seus dados, estudar suas necessidades – em uma espécie de "censo" da colônia – e, com o marido, encontrar soluções. Primeiro, em caráter de urgência, vieram as latrinas – um novo cômodo com a chamada "privada turca", em que a pessoa ficava agachada. E, acima, um chuveiro, com o qual era possível tomar banho, enquanto a privada era coberta com um estrado. Além de instalar os banheiros, os patrões passaram a inspecioná-los e premiar as famílias que mantivessem o banheiro mais asseado. Pouco depois, ficaram prontos os banheiros propriamente ditos, com vaso e lavatório de louça e chuveiro convencional.

As questões de saneamento eram urgentes, porque, sem elas, as verminoses atacavam facilmente toda a colônia. Começaram a monitorar a saúde dos colonos, buscando focos de doenças contagiosas e periodicamente encaminhando os exames de fezes dos moradores para análise na Faculdade de Medicina de Ribeirão Preto, pertencente à Universidade de São Paulo. A Santa Izabel também fez um convênio com o hospital de Jaboticabal, onde os empregados da fazenda podiam se tratar, e criou um centro de puericultura. Ali, o médico Plínio Aidar Paiva e dois assistentes, de Ribeirão Preto, em visitas mensais, mediam, pesavam e examinavam todas as crianças pequenas da colônia, além de orientar as mães quanto a cuidados com higiene, alimentação e saúde em geral das famílias.

Eloísa, cuja barriga de grávida crescia a cada dia, acompanhava como podia o trabalho do marido e o andamento da fazenda. Os trabalhos com assistência social a aproximaram dos funcionários da Santa Izabel, e todos estavam ansiosos com a chegada do bebê de dona Eloísa e doutor Roberto. A espera pelo novo membro da família terminou em fins de setembro de 1967, de surpresa. A mãe de Eloísa morava em Ribeirão Preto com os filhos mais novos. Era uma época chuvosa, a estrada era de terra e ficou acertado que, cerca de uma semana antes da data prevista do parto, Roberto levaria a esposa para a casa da mãe, para ficar mais perto da maternidade da cidade, onde o seu obstetra atendia. No último exame de rotina, o médico havia calculado que o bebê chegaria por volta de 10 de outubro. Por isso, quando setembro estava no fim, o casal pensou que ainda teriam alguns dias antes do nascimento. No dia 29 de setembro, Roberto tomou café nas primeiras horas da manhã, como de costume, e saiu para distribuir o serviço dos empregados. Quando estava retornando para casa, avistou Eloísa parada do lado de fora, com a mala na mão. A bolsa havia estourado e precisavam correr para Ribeirão Preto.

Foram horas e horas de trabalho de parto. Roberto fazia questão de assistir à chegada do primogênito, mas estava mal preparado para aquilo. A cada berro de dor de Eloísa, ele ficava mais angustiado, e as horas passavam sem que a cabeça do bebê surgisse. Ele não sabia o que fazer. Tentava ajudar a esposa, rezava. Com tanto esforço, suor e contrações, Eloísa entrou em uma espécie de transe e não respondia mais ao marido. O coração de Roberto ficou miúdo, porque aquela cena diante dos seus olhos lembrava outra, cujo relato ele sempre havia escutado: dona Sofia sofrendo para dar à luz Marina, a menina nascendo sem ar e crescendo sem compreender nada. Temia por seu filho. "Meu Deus, o que vai ser dessa criança?", ele se perguntou, ao lado de Eloísa. O médico decidiu usar o fórceps para retirar o bebê, e, a uma da manhã do dia 30 de setembro, o ar encheu os pulmões de um recém-nascido de cabelos loiros. Era Paulo que chegava ao mundo.

* * * * * *

O ano de 1968 começava e a família Rodrigues inaugurava uma nova geração. Antonio, com pouco mais de 50 anos, sabia-se no auge da sua vida pessoal e profissional. Havia nascido o primeiro neto, filho de Anita, formada em Letras pela PUC de Campinas e casada com Hilton, também agrônomo. A fusão para a qual havia sido contratado ia bem, com previsão para ser concluída no ano seguinte, e o novo entreposto de abastecimento já tinha um nome: Ceagesp. Em Guariba, Roberto contemplava sua pequena e jovem família. Assim que terminou o resguardo do parto e pegou o jeito de cuidar do bebê, Eloísa foi retornando ao trabalho. Não faltavam mãos e braços para cuidar de Paulo. Quando estava na fazenda, Sofia se voltava inteira para o cuidado do neto. Na sua ausência, filhas dos trabalhadores da fazenda, meninas que moravam na colônia desde que nasceram, revezavam-se para dar banho, ninar e alimentar o pequeno Paulo.

Com a estabilização da vida na fazenda e os novos projetos criados por Roberto, Eloísa avançou com ele para duas novas áreas. A primeira era administrativo-financeira e dizia respeito ao complicado vaivém dos caminhões entre a fazenda e a São Martinho. Uma das mudanças implementadas por Roberto foi substituir os antigos caminhões que levavam a cana até a usina. Segundo a regra da época, o fornecedor de cana tinha uma cota diária em número de viagens – 50 por dia, e cada caminhão, em tese, fazia sete a oito viagens por dia. O pagamento, no entanto, era feito por tonelada. Essa contradição entre os termos de entrega e remuneração não era justa aos olhos do gestor. Sobretudo durante a crise, quando se formavam filas de caminhões carregados de cana nas portas das usinas. As entregas atrasavam e nem todos os caminhões atingiam a cota diária, o que, na prática, mostrava a inadequação da própria regra. Roberto pensou que poderia adiantar suas entregas e garantir os pagamentos de praxe se criasse um sistema de transporte mais eficiente. E encontrou a solução: adicionar um terceiro eixo aos caminhões, que permitiriam que transportassem uma carga mais pesada. Isso descontado o peso da palha da cana, que ele também tinha decidido retirar da equação, a fim de fazer com que cada caminhão levasse, de fato, apenas cana-de-açúcar. Contratou três espertos caminhoneiros de Guariba, os irmãos Benedito, Alcides e Darcy. O mecânico Paulo Miranda, da Santa Izabel, "truckou" os caminhões, como se diz no jargão do meio. Cada novo veículo da frota levava em torno de 12 toneladas de cana, o dobro dos convencionais. Com isso, a Santa Izabel passou a finalizar e entregar toda a safra em menos tempo, na frente dos outros produtores. Uma eficiência decisiva naqueles anos de crise.

Além disso, os caminhões passaram a ser carregados mecanicamente, na Santa Izabel e em outras fazendas. A inovação colocou fim ao arcaico sistema no qual os homens mais fortes da lavoura eram responsáveis por subir a cana do chão até o veículo em rústicas escadas. Os usineiros instituíram um desconto de 3% no pagamento da cana carregada mecanicamente, o que corresponderia ao peso da palha e da terra que iam junto. A dinâmica de entrega de cana funcionava da seguinte maneira: o caminhão ia para a usina com nota fiscal, que continha o número do cortador, o talhão (área) correspondente e o número do carregador. Além disso, a cana cortada precisava ser entregue em, no máximo, 48 horas após a colheita. Passado esse prazo, descontavam-se 5% do preço da tonelada a cada dia adicional, atribuídos a uma suposta perda da sacarose. O fiscal da usina ficava ao pé da balança, à procura de raízes, palha, broca ou qualquer peso inútil que pudesse ser descontado. De desconto em desconto, nenhum produtor colocava na ponta do lápis quanta cana havia produzido e quanto fora pago.

Roberto decidiu colocar luz sobre a questão. Todas as noites de entrega da safra, ele e Eloísa debruçavam-se sobre as notas e faziam o controle das viagens. Tinham um mapa diário das viagens, com os números do caminhão, do motorista, o talhão (fundamental para saber quantas toneladas cada talhão havia rendido), o número do cortador de cana e a variedade e a idade do canavial. Na coluna do lado, vinham o peso bruto, os descontos por cana queimada e palha e o peso líquido. Foi feito um controle de descontos, coisa que, segundo Roberto tinha notícia, ninguém mais fazia. No fim do mês, as usinas entregavam o chamado romaneio, a soma da produção líquida. Contudo, ninguém sabia quanto fora descontado. Roberto começou a questionar as regras, e descobriu que o desconto médio passava de 8%. Isso no caso da São Martinho, reconhecida pelo tratamento justo que dava aos fornecedores. Esse número impressionou os demais produtores de cana, e os colocou em alerta. Roberto, aos 26 anos, começou a fazer fama entre os fazendeiros de cana-de-açúcar.

A outra seara em que o casal adentrava era ambiental. A Santa Izabel fazia parte de uma área colonizada no século anterior, e toda a vegetação original havia sido derrubada para dar lugar aos campos. Roberto reparou que a derrubada de árvores sem critério havia exposto áreas impossíveis de serem cultivadas. Encostas, áreas pedregosas e beiras de riacho, sobretudo. Ali não era possível se plantar cana nem outra coisa, e o solo exposto às chuvas e ao vento, sem nada que o segurasse no lugar, era um prato cheio para a erosão. Decidiu plantar árvores naqueles cantos, que estavam espalhados por toda a fazenda. Eloísa se encarregou de pesquisar quais espécies faziam parte da flora original, e se dedicou a buscar sementes e cultivar mudas de árvores nativas. Fizeram um viveiro de mudas de árvores nativas da região. Conforme elas vingavam, eram transplantadas para as áreas escolhidas, e ao cabo de meses a paisagem da Santa Izabel passou a contar com pequenos oásis de natureza entre os canaviais. Aqui e ali, diferentes árvores compunham pequeninas florestas, um convite para os animais selvagens, especialmente aves que haviam desaparecido e começaram a voltar. Capivaras, seriemas, cotias, lobos-guará e até mesmo furtivas onças passaram a ser avistadas nos campos. Novas cores e formas de vida que alegravam a paisagem.

Tudo aquilo – a primeira fazenda a assinar carteira de trabalho, as ações de saneamento básico, mandar as crianças para a escola, plantar árvores em vez de derrubar, contar cada tonelada de cana que produzia e requerer um pagamento justo – criava uma aura inusitada sobre Roberto. Não que para ele fosse novidade ser chamado de esquerdista. Se isso já acontecia quando ele era estudante em Piracicaba, no alvorecer do governo militar, o que dizer de agora, em que o regime estava se fechando de vez? O fato é que suas ideias eram diferentes, embora passassem longe de apoiar uma luta armada para derrubar os militares e, no lugar, instaurar a ditadura do proletariado. Por isso, dentro e fora de Guariba, suas inquietações e invencionices começavam a chamar atenção e a atrair uma miríade de reações. Para muitos, desconfiança e descrença. E, para outros, entusiasmo e esperança de dias melhores naquele interior.

* * * * * *

— Toninho, seu filho está criando uma revolução. Ele pode se dar mal, porque nem todo mundo concorda.

A década de 1970 estava se desenrolando quando veio o alerta de João Guilherme Ometto, um bom e fiel amigo de Antonio. Poucos anos mais velho que Roberto, ele era filho de João Ometto e primo de Orlando. Já havia passado por diferentes usinas da família, entre São Martinho, Usina da Barra e Santa Bárbara. Conhecia todos os usineiros de açúcar, dentro e fora de São Paulo, e por isso sabia que muitos não viam com bons olhos algumas invenções de Roberto na Santa Izabel. A história que ele havia inventado agora, por exemplo, não caíra nada bem. O que era aquela tal de soja, e por que ela vinha ocupar as lavouras dedicadas unicamente à cana-de-açúcar?

Antonio já havia se resignado com o gênio do filho. Confiava de olhos fechados na gestão de Roberto, e não poderia ser de outra maneira. Em 1969, após a inauguração do Ceagesp, na Zona Oeste da capital, Antonio Rodrigues Filho fora nomeado Secretário de Agricultura pelo governador Abreu Sodré. No período em que ocupou a pasta, entre 1969 e 1970, sua agenda era de viagens por todo o interior paulista, e sabia da Santa Izabel apenas pelos telefonemas que fazia ao filho. Periodicamente, visitava a propriedade, onde gostava de receber colegas da política e companheiros de Agronomia. Foi assim, meio de longe, porém sempre atento, que ele acompanhou a saga que incorporou a soja à paisagem e à economia local.

Tudo começou em 1970. A crise do açúcar havia arrefecido e a Santa Izabel ia bem. Roberto olhava para os canaviais e sempre esbarrava na mesma questão: o vazio entre uma safra e outra. Aquela era a terra mais fértil de São Paulo – e, seguramente, uma das melhores de todo o País. Como podia ficar boa parte do ano, de outubro até março, desocupada? Dividiu com o pai a sua inquietação, e foi aconselhado a plantar feijão no intervalo entre as safras de cana. Entretanto, feijão era uma cultura complicada e cara. Muito suscetível a pragas e que não admitia mecanização. Depois, veio o conselho do amendoim. Também demandava muita mão de obra na colheita, coincidente com a época de plantio da cana. E saiu em busca de uma cultura cujo ciclo produtivo tivesse no máximo 120 dias. Por obra do destino, recebeu um dia a visita de Ismar Ramos, um agrônomo amigo de Antonio que era especialista em oleaginosas. Ganhou um conselho:

— Roberto, tem um negócio novo aí, e se chama soja. Dê uma olhada.

Com a dica, Roberto visitou o Instituto Agronômico em Campinas para averiguar. Não servia, pois o ciclo das variedades conhecidas lá era de 150 dias. Algum tempo depois, em uma reunião em Jaboticabal, encontrou um colega de turma da Esalq, Veríssimo Alves Filho, conhecido como "Coroné". O homem tinha uma viagem marcada para o Rio Grande do Sul, onde conheceria novas variedades de amendoim, e se dispôs a fazer uma pesquisa local para Roberto. Semanas depois, Veríssimo voltou com nove sacos de soja, de três variedades diferentes. Eram variedades precoces, que Roberto plantou e aguardou o resultado. Uma delas, a Davis, cresceu lindamente. Começou naquele mesmo 1970 a plantar soja na rotação de culturas da cana, com resultados formidáveis. Um professor de Agronomia soube da experiência e fez uma proposta: aplicar na lavoura um sistema chamado meiose. "Em outubro você planta duas linhas de cana, e a soja ao lado. Quando você colher a soja em fevereiro, a cana estará crescida e você só a passa para o lado, sem precisar trazer a muda", disse o professor. O sistema de plantar as duas variedades em paralelo mostrou-se muito eficiente, e foi um sucesso. Apesar disso, os usineiros não gostavam da ideia de ver os seus fornecedores, que há anos e anos viviam unicamente para produzir cana, tendo outra atividade igualmente importante.

Essas e outras novidades faziam eco. Roberto foi algumas vezes ao Rio de Janeiro, onde ficava a sede do Instituto do Açúcar e do Álcool (IAA), autarquia criada no governo Getúlio Vargas para disciplinar a produção sucroalcooleira. Ia falar em palestras sobre a sua experiência como produtor de cana e as inovações que havia implementado na Santa Izabel em termos de logística e controles. Contudo, o lugar onde sua voz era mais ouvida era Guariba. Os outros produtores de cana da região gostavam dele, e de conversa em conversa o nome Coplana veio à tona.

A cooperativa agroindustrial da cidade fora criada em 1963, com Antonio Rodrigues entre seus fundadores. Sua atividade naqueles quase dez anos era limitada, por questões econômicas ou políticas. Roberto, que informalmente já era uma liderança local, enxergou na Coplana a instituição perfeita para melhor organizar os plantadores de cana da região. Sua ligação com o cooperativismo vinha desde os tempos em que trabalhara na cooperativa de material escolar do Centro Acadêmico da Esalq. E ele sabia que o cooperativismo era o terreno perfeito para criar e multiplicar boas ideias. As experiências bem-sucedidas da Santa Izabel, por exemplo, poderiam ser divulgadas e replicadas. O presidente da Coplana em 1971 era o engenheiro agrônomo Rogério Orsi, muito sério e responsável, e convidou Roberto e outro produtor local, Arnaldo Morelli, para serem seus companheiros de diretoria. E já em 1973 decidiu deixar a presidência, e Roberto assumiu o comando da cooperativa. Nessa época, a cooperativa ocupava uma pequena sala comercial no prédio que era usado pela Associação dos Plantadores de Cana, e contava com apenas dois funcionários. Roberto começou a promover encontros, em que dividia com outros produtores suas experiências e todos discutiam quais eram suas principais dificuldades como plantadores de cana. Todas eram discussões abertas, democráticas e com uma hierarquia horizontal, em que todos os associados tinham a mesma voz. Roberto nutria seus colegas com ideias, e em troca era nutrido por eles. O convívio da cooperativa o animava e inspirava, fazendo com que seus negócios também se beneficiassem daquela dinâmica. Era, enfim, um círculo virtuoso.

Em 1971, ano em que se juntou à cooperativa de Guariba, não só a Santa Izabel via os frutos da laboriosidade de Roberto. Em agosto de 1967, ele havia adquirido de um vizinho a Fazenda Bela Vista. A terra era colada à Santa Izabel, e seu antigo proprietário, um homem de muita idade e sem filhos, preferiu vender a fazenda a amargar ainda mais prejuízos em razão da crise. Foi na Bela Vista que Anita e o marido foram morar. Em 1973, um novo empreendimento: a Fazenda Morumbi, a alguns quilômetros de Guariba, às margens do rio Mogi-Guaçu, cujo solo era mais pobre, por já estar localizada em área de cerrado.

Essa última havia sido uma aquisição totalmente pensada e executada por Roberto, à revelia do pai. Antonio não colocou fé no projeto, e fez questão de, honesto como sempre, dizer isso:

— Filho, você cometeu um grande erro na sua vida. Você acha que é famoso por ser bom agrônomo? É porque você cultiva terra boa. Terra boa é terra boa, e acabou. E essa aí não é.

Roberto ficou melindrado, como na ocasião em que era quintanista da faculdade e teimou em fazer um viveiro de cana.

— Foi por isso mesmo que eu comprei a fazenda – devolveu, decidido a provar que aquele cerrado hostil, de solo arenoso, ácido e repleto de cobras, poderia ser produtivo.

Não que andasse discutindo com o pai. Nenhum dos dois se atreveria. Em 1971, Antonio transpusera um degrau significativo da sua trajetória política, e foi eleito vice-governador de São Paulo. O governador era Laudo Natel, e a dupla iniciou a gestão sob um clima de esperança. O Produto Interno Bruto (PIB) nacional havia crescido 8,77% em 1970, e aquele era só o início do que seria conhecido como "milagre econômico". O País tinha uma indústria vigorosa, estava engatilhando um projeto para produzir energia nuclear e sua seleção de futebol era a única tricampeã do mundo, título conquistado em 1970, no México. Em São Paulo, o clima era igualmente eufórico, e Antonio estava pronto para fazer história. Havia até mesmo convocado seu genro, Hilton, marido de Anita, para compor o gabinete.

Até que passou mal durante um discurso, alguns meses depois da posse. Socorrido e levado ao hospital, foi constatado que sofrera um acidente vascular cerebral, ou AVC. Ficou alguns dias hospitalizado, e quando voltou à consciência foi para todos descobrirem que ele estava diferente. O acidente havia comprometido uma série de funções motoras e cognitivas, e nos meses seguintes Sofia, Eloísa, enfermeiros, fisioterapeutas e fonoaudiólogos se revezariam em seus cuidados. Um dos profissionais contratados pela família usou uma metáfora para explicar as sequelas de Antonio: a sua mente era como uma biblioteca repleta de volumes, e, num terremoto, todos os livros tinham caído no chão. Estavam todos lá ainda, mas era preciso recolhê-los e organizar tudo outra vez. Na prática, isso significava reaprender a segurar os talheres, a escrever com um lápis e a falar e ler com fluência. Nesse período, ele precisou se licenciar do trabalho como vice-governador. Quando ganhou alta, voltou à função, e poucas pessoas notavam que ele estava um pouco menos ágil do que o habitual. De resto, continuava enérgico e interessado. Mesmo assim, não era a mesma pessoa de antes.

Ainda no tema família, a saúde de Antonio não foi o único fator a exigir a atenção de Roberto e Eloísa, que haviam aumentado o seu núcleo caseiro. Um ano e meio após o nascimento de Paulo, tiveram a primeira filha, Cândida, e, dois anos depois, mais uma menina, que foi batizada Marta. Em 1971, ano em que seu pai teve o AVC, Roberto tinha uma escadinha de filhos, o mais velho com quase 4 anos, a segunda com 2 anos e a caçula com meses de idade. Além disso, era membro da Coplana e um grande paladino da rotação de cultura de cana e soja, prática que desafiava a mentalidade de monocultura de muitos grandes empresários de açúcar e álcool. Como bem havia alertado João Guilherme Ometto, aquela história de misturar culturas desagradava muita gente, e ainda daria muito pano para manga. Sobretudo ali na metade dos anos 1970, quando Roberto, seu pai e grandes lideranças do setor ajudariam a trazer ao mundo um projeto de energia alternativa que mudaria para sempre o álcool combustível e o automóvel brasileiro.

CAPÍTULO 6

CONTOS DO INTERIOR

Roberto tinha pouco mais de 30 anos quando conheceu Sidarta, o "iluminado". Diferentes religiões compartilham a crença de que santos e profetas existem através dos tempos; vêm e vão, levando por vários lugares do mundo e com diferentes roupagens as mensagens imortais de Deus e do cosmo. Roberto encontrou um exemplar dessa linhagem sagrada não muito longe da Fazenda Santa Izabel, em um casebre às margens do rio Mogi, e esse encontro seria decisivo para a sua vida.

Otávio de Souza vivia sem vizinhos, família ou amigos, no estilo dos monges orientais. Sua morada era uma modesta casinha sobre palafitas, com paredes de madeira. Roberto escutou falar pela primeira vez sobre aquele homem reservado e misterioso pouco antes de comprar a futura Fazenda Morumbi – o pedaço de terra agreste que, desafiando o pai, ele estava decidido a domar.

— Só tem um problema, Roberto. Lá naquelas terras existe um ranchinho onde vive um senhor, um pescador, sozinho de tudo... – o alertaram.

Estava implícito que o tal homem criava um impasse aos planos de Roberto: o que fazer com ele? Expulsá-lo da fazenda? Deixá-lo ali, sabe-se lá a qual preço? Não era convencional, para nenhum fazendeiro, deixar um desconhecido vivendo em suas terras. Contudo, bastou que Roberto encontrasse os olhos do homem – claros, como os dele – para compreender que não havia nenhum problema a ser resolvido.

— Otávio de Souza, às suas ordens – apresentou-se o idoso de pele castigada pelo sol e sorriso franco, puxando os erres, pelo sotaque caipira.

A simpatia entre os dois foi imediata. Roberto decidiu que "seu" Otávio continuaria assentado ali, na margem do rio, onde já vivia por um bom tempo sem fazer mal a criatura alguma. Nos anos seguintes, a Morumbi deixaria de ser uma porção selvagem de cerrado para se tornar uma moderna e produtiva fazenda de cana e soja, que Roberto tocava tendo o tio Dide como sócio e cujo solo naturalmente seco era irrigado com a mais moderna tecnologia. Essa realização rendeu a Roberto o título de agrônomo do ano pela Associação dos Engenheiros Agrônomos do Estado de São Paulo. E seu Otávio, no processo, ganhou uma casa nova, de alvenaria, e nova família, os Rodrigues – o que rendeu a Antonio Rodrigues algumas pontadas de ciúme. O rancho do seu Otávio tornou-se o refúgio de Roberto e sua família nos finais de semana. Se de segunda a sábado seus dias eram completamente preenchidos pelo trabalho na fazenda e na cooperativa dos plantadores de cana de Guariba, aos domingos ele se dedicava ao sossego no rancho. Eloísa também havia sido cativada por seu Otávio, e as crianças cresceram vendo nele uma espécie de tio-avô que os ensinou a pescar e contava bons "causos". No silêncio do rancho, só de vez em quando interrompido pelo som estridente de uma revoada de pássaros, Roberto olhava o horizonte e refletia longamente sobre a vida e seus problemas. Era seu lugar de meditação, com o guru seu Otávio.

A natureza de Roberto era ativa, expansiva, incansável. Estava sempre rodeado por gente, conversa, movimento e notícias. Já seu Otávio era de natureza mansa, vagarosa e introspectiva, e com ele o agrônomo aprendeu a exercitar o apreço pelo silêncio e o valor da palavra exata, enxuta e ponderada. O silêncio que cercava Otávio de Souza estendia-se à própria história de vida, que durante algum tempo permaneceu envolta em mistério. Em 1973, ano em que Roberto comprou a Fazenda Morumbi e travou os primeiros contatos com o novo amigo, seu Otávio dizia ter cerca de 70 anos – o que o faria um septuagenário, mais velho ainda que Antonio Rodrigues. E como ter certeza de que, de fato, o homem havia nascido nos primeiros anos do século XX? Seu Otávio dizia que seus documentos não comprovavam sua idade verdadeira, porque mostravam uma data de nascimento falsa. Nenhum cartório jamais lavrou de forma fidedigna sua origem. Entretanto, ainda que carente de comprovação, sua origem veio à tona.

Otávio de Souza era filho do gerente de uma fecularia de mandioca em Cândido Proster, cidade não muito longe de Guariba, e o menino havia crescido na fazenda na companhia de uns três ou quatro irmãos. A cidadezinha minúscula de quando em quando era agitada por um acontecimento fora do comum, como a passagem de um bispo ou de um grupo de tropeiros. Aos 12 anos, Otávio disse adeus à casa paterna e partiu com alguns dos tropeiros. Não era aventura, e sim trabalho: sua função na tropa era conduzir o carro de boi que levava os mantimentos e manter a roda de madeira girando maciamente, evitando o ruído agudo e prolongado característico do carro de boi. Para isso, era preciso manter as rodas sempre lubrificadas com graxa, função geralmente designada aos mocinhos mais jovens, que ainda não tinham a força bruta exigida por outras tarefas. Foi assim que Otávio se tornou tropeiro e sumiu no mundo.

A vida na tropa, viajando, durou até o final da adolescência, quando resolveu voltar para casa. Tal qual o "filho pródigo" da Bíblia, Otávio recebeu um quinhão do trabalho amealhado pelo pai. Com o dinheiro, o rapaz comprou um sítio em Taquaritinga, também na região de Jaboticabal. Plantou algodão, mas não deu certo. Perdeu tudo e precisou vender a propriedade. A partir desse ponto, a história ficava ainda mais nebulosa. Contava a Roberto somente que havia comprado um sítio em Guariba, trabalhando o suficiente para criar os filhos que teve durante seu casamento, e fim. Nunca lhe contou o motivo pelo qual havia terminado sua jornada ali no meio do mato. A impressão que dava era de que, para seu Otávio, pouco importava sua vida pregressa, anterior ao seu estado de ermitão.

Contentava-se mais e melhor com a companhia daquele jovem simpático e expansivo que havia aparecido por lá como novo dono da área e que frequentemente surgia no rancho com o semblante preocupado. Nessas horas, seu Otávio tinha algumas coisas para dizer a Roberto. Uma delas é que não adiantava se debater diante dos problemas e tentar dobrar o mundo a seu bem entender. As coisas aconteciam como tinham de acontecer – anos depois, Roberto identificaria esse mesmo ensinamento dentro da filosofia oriental e do conceito de "*maktub*", segundo o qual tudo já está escrito. E, além do mais, tudo passava. A vida humana e os fenômenos da natureza mostravam-se idênticos, com ventanias, chuvas, secas se revezando de maneira cíclica. Nada era igual para sempre, a vida estava mudando o tempo todo. Por isso, para que se preocupar em excesso? O fim do mundo por acaso estava espreitando detrás de uma árvore? Tudo que Roberto podia e deveria fazer era lutar bravamente quando uma intempérie violenta o ameaçasse. Como daquela vez em que um temporal fez o rio Mogi transbordar, provocando uma enchente no rancho. Roberto estava lá e viu com os próprios olhos o septuagenário Otávio andar no meio da correnteza se agarrando às árvores, sem duvidar da própria força.

Roberto apelidou o amigo e guia de Sidarta. Afinal de contas, o que era seu Otávio, senão uma encarnação do Buda? Ali no rancho, Roberto era *zen*. E ele precisava daquilo, porque, fora do recanto silencioso à beira do rio, seu mundo avançava a toda velocidade.

******

Roberto sempre se enxergou como um sujeito de sorte, de acordo com a sua definição particular do que significa ser "sortudo". Segundo ele, ter sorte é estar preparado para agarrar as oportunidades e fazê-las render, quando elas surgem. Assim foi o seu mergulho no cooperativismo, a partir de 1971. Desde sua entrada na Cooperativa de Produtores de Cana de Guariba, a Coplana, circunstâncias externas e habilidades pessoais de Roberto se combinariam, graças à importância econômica que o álcool combustível ganharia naqueles anos.

Fabricado desde a década de 1930, o etanol vivia temporadas de alta e baixa popularidade. Durante a Segunda Guerra Mundial, quando o Brasil enfrentou o racionamento de gasolina, os carros passaram a ser movidos com gasogênio ou álcool, combustíveis alternativos de fabricação brasileira. O recurso só deu certo graças à adaptação dos motores, porque carro que saía da fábrica pronto para receber álcool jamais existira. Entre as décadas de 1940 e 1960, o etanol nunca deixou de ser produzido – e muito menos estudado. De matéria-prima abundante no País, ele pouco a pouco começou a ganhar espaço dentro da academia e das políticas públicas, por meio do Instituto do Açúcar e do Álcool (IAA). No entanto, seria preciso uma combinação de circunstâncias para que ele explodisse. Essa série de condições começou a se estruturar no começo dos anos 1970, quando o preço internacional do açúcar disparou.

O IAA detinha o monopólio do comércio internacional do açúcar brasileiro, e a partir do começo dos anos 1970, quando terminou a crise de superprodução, pôde acumular uma expressiva reserva monetária. O dinheiro vinha, sobretudo, da diferença entre o preço pago aos produtores pela compra de açúcar – que não era reajustado na proporção das variações do produto nas bolsas de mercadorias mundo afora – e o valor recebido pela venda no mercado externo. Cabe dizer, aqui, que o Brasil não exportava pouco açúcar. Entre os anos-safra de 1961/1962 e 1971/1972, o volume de exportações do açúcar brasileiro aumentou 106%. Em 1971, cerca de 6% do açúcar vendido no mundo era brasileiro – nada menos do que 20 milhões de sacas deixaram o País naquele ano.

O governo tinha interesse em incrementar a cadeia produtiva do açúcar, e em 1971 criou dois programas de fomento à atividade: o Programa Nacional de Melhoramento da Cana-de-Açúcar (conhecido pela sigla Planalsucar) e o Programa de Racionalização da Indústria Açucareira – substituído em 1973 pelo Programa de Apoio à Indústria Açucareira. Os recursos vinham do IAA, e eram repassados a produtores de cana e usineiros. Foi nesse ano que Roberto passou a integrar a Cooperativa de Guariba. Um ano significativo por outros motivos, além da criação do Planalsucar.

Foi também em 1971 que nasceu a nova Política Nacional do Cooperativismo. A Lei n° 5.764/1971 substitui a legislação anterior, de 1966, disciplinando a criação e o funcionamento de cooperativas com um regime jurídico próprio. O marco legal foi fundamental para o amadurecimento dessas organizações, existentes no Brasil desde o final do século XIX, com grande representatividade, sobretudo no setor rural. A lei definia as cooperativas como "sociedades de pessoas, com forma e natureza jurídica próprias, de natureza civil, não sujeitas à falência, constituídas para prestar serviços aos associados", marcando as diretrizes para sua criação e funcionamento. E o Estado fazia valer sua autoridade com mão de ferro: para existir, uma cooperativa precisava de autorização do governo. Sem isso, adeus liberdade de associação – compreensível para um regime que vigiava de perto a população civil.

O fato é que parecia que Roberto e o cooperativismo cresceriam juntos. A Coplana era pequena, e nos seus dois anos como conselheiro ele já havia compartilhado com o grupo as técnicas administrativas e de agricultura implementadas na Santa Izabel, atraindo mais associados e colocando os produtores de cana de Guariba em evidência regional. A saída do agrônomo Rogério Orsi do posto de presidente, em 1973, levou Roberto a assumir a presidência, já com a confiança conquistada entre seus pares. O vice era Arnaldo Morelli, produtor e também advogado. A primeira providência da nova gestão foi discutir e escrever um novo estatuto para a cooperativa, atualizado e detalhado, à altura dos objetivos arrojados que Roberto tinha em vista para os produtores de cana da região.

O novo presidente também tirou do papel a construção de um misturador de fertilizantes. Não foi uma tarefa simples, porque esse misturador custaria um bom dinheiro, que a cooperativa estava longe de possuir. Precisariam de crédito. Por isso, Roberto marcou uma reunião com o gerente da agência do Banco do Brasil em Jaboticabal, Laércio Ceneviva. Explicou a ideia que tinha em mente, sob o olhar atento e algo desconfiado do gerente.

— Qual é mesmo o seu nome? – perguntou o homem, ao final da explicação.

— Roberto Rodrigues.

— Está bem, Roberto. Traga um projeto e poderemos avaliar melhor seu pedido.

Roberto sorriu: já estava com o que o homem havia pedido, incluindo o organograma, os custos de produção, a renda e um projeto arquitetônico da futura fábrica. Apresentou tudo e se calou, cheio de expectativas. Será que ele não estava sendo ousado demais? Embora já fosse pai de três crianças, seu rosto imberbe era o de um rapazinho inexperiente e atrevido. Alguns dias depois, Ceneviva o chamou de volta à agência do banco.

— Examinei sua ideia e você, senhor Roberto. Dei uma olhada na sua ficha e gostei – confidenciou. — Vou apostar em você.

Normalmente eu não poderia liberar esse limite de crédito, mas quero embarcar no seu projeto.

O misturador de fertilizantes saiu do papel, Ceneviva ficou seu amigo e a Coplana crescia dia a dia, robusta, dinâmica e sempre com o olhar no futuro. E tendo o IAA aberto a torneira dos seus vultosos recursos de fomento à cadeia produtiva, por meio do Planalsucar, era mais uma oportunidade para Roberto frutificar suas ideias. Novamente ele estava no lugar certo, na hora certa e com um bom projeto na cabeça. Os recursos do IAA eram repassados aos fornecedores de usinas por meio das cooperativas, como a Coplana. Roberto era presidente de uma cooperativa pequena, de recursos limitados, e ficou assustado com todo aquele dinheiro afluindo ao caixa. "Isso vai dar problema...", pensou. Era preciso garantir uma administração financeira sofisticada, que controlasse o entra e sai de recursos com o mesmo rigor de um banco. Como fechar essa conta? Não foi difícil encontrar a solução na criação de uma cooperativa de crédito. Evidentemente, as cooperativas desse gênero também dependiam do aval do governo para operar, com um agravante: era preciso ter autorização do Banco Central.

Rigidamente controlado, o mercado financeiro nacional era um mar onde nadavam vários espécimes, de tubarões a pequenos peixinhos, de pequenos bancos privados regionais a grandes bancos de desenvolvimento estatais. As cooperativas de crédito eram peixes pequeninos, miúdos e constantemente ameaçados pelas bocarras dos bancos comerciais, que viam nelas um incômodo às suas operações. Afinal de contas, cada produtor rural que pegasse um empréstimo em uma cooperativa de crédito era um cliente a menos para o banco. Apesar de tudo, as cooperativas de crédito resistiam, mesmo cerceadas por aquilo que os cooperativistas denominavam como os "não pode".

A cooperativa de crédito pioneira no Brasil ficava na cidade de Nova Petrópolis, no Rio Grande do Sul. Fundada pelo padre suíço Theodor Amstad em 1902, a cooperativa fora criada para preencher um vácuo significativo, pois o município, na época, não possuía banco. Em 1906 surgiu a primeira cooperativa de crédito destinada ao setor agrícola, também na região Sul. Por que esse destaque do interior gaúcho e catarinense nos primórdios do cooperativismo brasileiro? Esse protagonismo era reflexo da (à época, recente) colonização local por grupos vindos da Europa, sobretudo da Alemanha, berço do cooperativismo de crédito europeu.

A história conta que a primeira cooperativa de crédito moderna surgiu em 1852, pelas mãos de Franz Herman Schulze. O exemplo de Schulze inspirou a criação de outros *Volksbank* ("banco do povo", em alemão), que atendiam pequenos empresários urbanos, como comerciantes e artesãos. Calcula-se que em 1859 já existissem 183 cooperativas nas regiões alemãs da Pomerânia e Saxônia, somando 18 mil cooperados. As cooperativas de crédito voltadas a produtores rurais surgiriam na década de 1860, na região da Renânia, com o nome de *Raiffeisenbank* – em homenagem a Friedrich Wilhelm Raiffeisen, fundador da primeira delas. No início do século XX, já existiam pouco mais de duas mil cooperativas do gênero espalhadas pela Alemanha. Quando os emigrantes dessas terras chegaram ao Brasil, entre o final do século XIX e o início do XX, traziam na bagagem o conhecimento e a prática cooperativista, que vicejou em solo brasileiro.

Quando criou a cooperativa de crédito agrícola rural na região de Guariba, Roberto se sabia tributário dessa história. A experiência da cooperativa de materiais escolares na Esalq, a criação de legislações do cooperativismo em 1966 e 1971 e o surgimento da Organização das Cooperativas Brasileiras (OCB), em 1969, haviam colocado o cooperativismo em evidência para a geração de agrônomos da qual ele fazia parte. Outro exemplo vivo dessa influência era seu colega

Ângelo Petto Neto, formado na turma de 1967 da Esalq, que também havia saído da faculdade carregando o gene do cooperativismo. Petto estava engajado na formação da Cooperativa de Aguardente do Estado de São Paulo, responsável por comprar e distribuir a produção de pequenos e médios alambiques do interior paulista. Por isso, não faltavam interlocutores que trocassem ideias com Roberto sobre modelos de cooperativa, financiamento para produtores rurais e outros temas da crescente pauta do movimento marcado pela máxima: "Quando todo mundo ganha, ninguém perde".

Roberto pediu ao Banco Central autorização para abrir uma cooperativa de crédito, e não demorou para que o Banco liberasse a carta-patente de operação da Cooperativa de Crédito Rural dos Plantadores de Cana da Zona de Guariba. Para muitos, era sorte. Ele sabia que era reflexo de seu preparo. Contudo, nem Roberto esperava tanta agilidade, e precisou correr para estruturar a nova operação. Sua primeira exigência era que a cooperativa fosse gerenciada tal e qual um banco e, por essa razão, correu até uma agência bancária de Guariba, cujo gerente, Antônio Carlos Pongitor, o Cacaio, ele conhecia bem.

— Cacaio, vou montar uma cooperativa de crédito rural. Você quer tocar o negócio? – convidou.

O convite tinha razão de ser. Roberto e Antônio Carlos tinham apenas dois anos de diferença de idade, e se conheciam desde a meninice. Haviam se distanciado nos anos em que Roberto viveu em Campinas e, depois, em Piracicaba, mas retomaram o contato em 1966, quando Roberto retornou para a fazenda. Cacaio havia estudado contabilidade e administração, e estava construindo uma carreira no setor financeiro. Em 1973, a agência bancária da qual ele era gerente foi fechada. Era a oportunidade de firmar mais uma parceria perfeita.

Roberto explicou o negócio. A partir dali ele faria isso muitas e muitas vezes. Na cooperativa de crédito, dizia o agrônomo em suas apresentações, cada sócio tinha uma fração do negócio, e participava das decisões e do planejamento das operações. O capital aplicado na cooperativa rodava dentro da instituição, financiando negócios a taxas de juros menores do que as praticadas em bancos tradicionais. O arranjo funcionava para a cooperativa, que conseguia operar de maneira semelhante a uma instituição financeira convencional, com a diferença de que não visava ao lucro, e para o cooperado, que tinha acesso a linhas de financiamento mais vantajosas para os seus negócios. Era necessário que o cooperado soubesse desde o início que, ali na cooperativa de crédito, da mesma forma como acontecia com a Coplana, o que contava era o compromisso. Ser cooperado envolvia estar a par das discussões do grupo e saber que o interesse coletivo estava acima de vontades individuais.

— Entendi. É um banquinho que não pensa em lucrar. Eu topo, Roberto! – entusiasmou-se Antônio Carlos.

Cacaio disse que precisariam de mais funcionários, e tratou de recrutar pessoal na agência fechada. Roberto foi o sócio número um da Cooperativa de Crédito Rural e os seguintes não demoraram a chegar. A maioria era de cooperados na Coplana, onde a notícia da cooperativa de crédito e dos recursos do IAA para melhorar as plantações de cana se espalhou rápido. Aquela conjuntura unia o melhor de dois mundos: de um lado, os produtores teriam acesso a crédito facilitado e, de outro, dispunham da Coplana para orientá-los quanto ao planejamento e manejo da produção. Era à cooperativa que recorriam para comprar, a bons preços, insumos para a produção de cana-de-açúcar como fertilizantes, herbicidas e mudas tratadas, além de obter descontos em lojas de peças, postos de combustíveis e assistência técnica de máquinas e veículos. E os controles das operações financeiras seriam muito mais rigorosos, para conforto e tranquilidade do jovem líder. E mais estava por vir.

* * * * * *

Em novembro de 1975, o governo do general Ernesto Geisel publicou o Decreto nº 76.593, instituindo o Programa Nacional do Álcool. A iniciativa conhecida como Proálcool traria um alto grau de renovação para a tecnologia e a economia brasileiras, marcando a história da indústria automobilística e do álcool combustível. A primeira condição para o desenvolvimento de um grande projeto de fomento ao álcool já estava de pé alguns anos antes: havia dinheiro e interesse político-estratégico. Faltavam as variáveis mais imponderáveis, representadas pelo episódio que ficou conhecido como primeiro choque do petróleo e pelo arrefecimento do milagre econômico.

O primeiro deles aconteceu em 1973. Naquele ano, a Guerra do Yom Kippur colocou em lados opostos o estado de Israel e a coalizão árabe formada por Egito e Síria. Por esse motivo, o conflito também foi chamado de Guerra Árabe-Israelense. Quando os Estados Unidos decidiram apoiar Israel, a Organização dos Países Árabes Exportadores de Petróleo (Opaep) retaliou proclamando um embargo petrolífero ao ocidente (sobretudo) e a países como Japão e África do Sul. Havia muito tempo que as gigantescas distribuidoras de derivados de petróleo norte-americanas e os produtores da *commodity* no Oriente Médio trocavam farpas. O bloqueio imposto como resposta à posição norte-americana na guerra fez o preço do petróleo subir vertiginosamente. Até março de 1974, quando o embargo terminou, o valor do barril subiu de US$ 3 para US$ 12. No Brasil, o valor pago pela Petrobras em cada barril passou de US$ 3,86, em 1973, para US$ 12,55, em 1974.

As implicações econômicas foram gigantescas. Em 1973, a importação brasileira de petróleo bruto somava US$ 606 milhões, que representavam 11% das importações e exportações do País. Em 1974, o Brasil pagou US$ 2,5 bilhões pelo petróleo importado, equivalentes a 22% das importações e a 32% das exportações. Como resultado, naquele ano a balança comercial registrou déficit de US$ 4,69 bilhões. A taxa anual de inflação, por sua vez, passou de 15,5%, em 1973, para 34,5%, em 1974, ameaçando de morte o milagre econômico. As contas estavam apertadas, o custo de vida subia e a frota de veículos brasileira, cada vez maior, não podia parar. O álcool combustível era a carta na manga do governo, capaz de, em uma só tacada, defender as finanças públicas dos choques de petróleo e continuar alimentando a gigantesca indústria automobilística nacional, menina dos olhos do Estado desde os anos 1950.

Começaram a surgir mobilizações para expandir os programas de fomento ao álcool. A Cooperativa Central dos Produtores de Açúcar e Álcool do Estado de São Paulo (Copersucar) e a Cooperativa Fluminense dos Produtores de Açúcar e Álcool (Coperflu), por exemplo, mobilizaram-se em torno das discussões sobre o tema, em encontros que se estenderam da metade de 1974 até meados do ano seguinte. E o movimento decisivo para o futuro Proálcool surgiu onde, senão na mesa de Antonio Rodrigues Filho, vice-governador de São Paulo e pai de Roberto?

Observador perspicaz da conjuntura política e econômica, Roberto via o entusiasmo dos usineiros com o potencial do carburante feito da cana. No entanto, ele sabia que qualquer mudança nesse sentido deveria partir do Estado, com uma política pública robusta. O IAA mandava na produção de álcool, e as ordens teriam de vir sempre de cima – ou seja, da própria presidência da República. Era preciso falar com o presidente sobre um incentivo maior ao álcool. Conversou a esse respeito com o pai, vice-governador de São Paulo. Antonio o escutou e gostou da ideia, mas pediu mais empenho:

— Parece muito bom, filho, mas preciso de algo formal para levar isso adiante. Um estudo – recomendou Antonio.

Antonio criou uma pequena comissão para elaborar um planejamento rigoroso sobre o assunto, formada por Agenor Pavan, diretor industrial da Usina São Martinho – sucessor de Sérgio Rossetti no posto –, pelo economista Vitor Argolo Ferrão Neto e, finalmente, por Roberto. O trio estudou o álcool em toda a sua cadeia produtiva, do plantio à fabricação, com cifras de investimento, números de produção e de resultados colocados na ponta do lápis. Tomaram como exemplo a modelar Usina São Martinho, indicando quanto deveria ser investido em mão de obra, maquinário e transporte para aumentar a produção de álcool, e qual o retorno financeiro. E sugeriram um plano de médio prazo: até 1984, a gasolina brasileira teria 25% de álcool na sua composição.

Antonio ficou satisfeito com o resultado, composto de 16 páginas. Fez uma carta de apresentação ao estudo e despachou o documento para Brasília, diretamente para o presidente Geisel. Destacou o vice-governador:

> A leitura do estudo revela a grandeza que pode alcançar, no campo econômico e social, a orientação de produzir álcool de cana-de-açúcar para combustível em larga escala. Muitas interrogações surgem sobre que rumo tomar, porém a atual demanda de combustível demonstra que a matéria merece ser estudada com uma visão global do País.

Era novembro de 1974, e o estudo enviado por Antonio caiu sobre a mesa do presidente como um presente dos deuses. Pairavam no ar ameaças de um novo aumento no preço do petróleo, por parte da Organização dos Países Exportadores de Petróleo (Opep), e o estímulo à produção de álcool se tornou matéria urgente para o governo.

Em agosto de 1975, constituiu-se em Brasília um grupo de trabalho para elaborar uma política de fomento à produção de álcool, composto de membros do Ministério da Indústria e Comércio, do Ministério das Minas e Energia, do Ministério da Agricultura e da Secretaria de Planejamento. Em outubro, um pronunciamento presidencial apresentou o esqueleto de um plano de incentivo à indústria alcooleira, fixando em 20% o limite de mistura do álcool à gasolina e prometendo estímulos financeiros às plantações de cana e destilarias. Em novembro, nasceu o Proálcool, cujo decreto de criação enfatizava o "atendimento das necessidades do mercado interno e externo e da política de combustíveis automotivos". Os recursos destinados às destilarias seriam administrados pelo Banco Nacional do Desenvolvimento, pelo Banco do Brasil, pelo Banco do Nordeste do Brasil S.A. e pelo Banco da Amazônia S.A., e o financiamento para produção de matéria-prima ficou a cargo do Sistema Nacional de Crédito Rural. O decreto também criou a Comissão Nacional do Álcool, composta de membros dos ministérios vinculados ao Programa e responsável pelas suas decisões normativas. O Proálcool encontraria os produtores de cana de Guariba prontos para realizar a relevante tarefa.

* * * * * *

Dizia a reportagem, publicada pelo jornal *O Estado de S. Paulo* alguns meses antes do anúncio do Proálcool:

> A Fazenda Santa Izabel, de Antonio José Rodrigues Filho, está situada entre Guariba e Jaboticabal, no vale do Mogi, em terras roxas, de alta fertilidade; nela a produção da cana é bem

maior que a média do Estado, pois normalmente dá mais de 200 toneladas por alqueire.[2]

O longo texto do caderno de agricultura expunha a dinâmica do plantio de soja em paralelo ao cultivo de cana-de-açúcar, enfatizando o papel de Roberto, filho de Antonio Rodrigues, naquela empreitada – inclusive como propagador da técnica, que ganhava espaço na região por meio da Coplana. "O sistema desenvolvido na Fazenda Santa Izabel pode alterar profundamente o sistema de cultivo da cana", concluía a reportagem.

Roberto estava surfando na crista da onda. Quando começou 1976, ano em que completaria 34 anos, ele era presidente da Coplana, comandava a cooperativa de crédito, conhecida como Coopecredi, e havia colaborado com inovações tecnológicas demandadas com o surgimento do Proálcool. O ano anterior também havia sido especialmente significativo para a família, com o nascimento de Rodrigo, o quarto (e último) filho do casal Roberto e Eloísa. A família estava completa.

O trabalho intenso dividia-se em dois turnos. Pela manhã, Roberto cuidava dos assuntos das fazendas (Santa Izabel, Morumbi e, ocasionalmente, Bela Vista). A essa altura, dois gerentes trabalhavam na Santa Izabel para tocar os assuntos do dia a dia da fazenda e da produção. Depois do almoço, ia para Guariba tratar dos assuntos das duas cooperativas, a agrícola e a financeira. Voltava para a fazenda no fim da tarde. Nos dias de verão, quando o sol se punha mais tarde, isso significava jogar bola com Paulo ou brincar com as meninas, que riam das suas imitações até doer a barriga. Marta e Cândida eram unha e carne, e autênticas crianças de fazenda. Os pais as incentivavam a brincar na natureza, subindo em árvores, fazendo guerras de fruta

---

2 *O Estado de S. Paulo*, 1º de julho de 1975.

podre e correndo para lá e para cá. Era comum que Eloísa tirasse um cavalo da cocheira e saísse com as crianças na charrete, passeando pela propriedade e ensinando os nomes de árvores e bichos. A grande diversão acontecia nos finais de semana, quando iam para o rancho de seu Otávio ou recebiam tios e primos, amigos dos pais com seus filhos. Sempre havia muitas brincadeiras, churrascos, partidas de futebol e vôlei e longas horas na piscina. Melhor ainda eram os dias em que o São Paulo Futebol Clube ganhava um jogo. Esses domingos de vitória pareciam festa de aniversário, com cachorro-quente, pipoca, refrigerante e sorvete. Quando o time do pai perdia, não havia lanche especial, nem se mencionava o jogo fracassado. Essa estratégia fez com que os filhos crescessem com a impressão de que o tricolor só ganhava. Era mesmo o melhor time do mundo!

Ver os filhos saudáveis e felizes fazia Roberto sentir que estava cumprindo seu propósito de vida. Também era preciso que estudassem muito e fossem obedientes a ele e a Eloísa, e, nesse ponto, a esposa era a mãe que ele sempre quis para os seus filhos: rigorosa e atenta. Levava e buscava os filhos na escola em Jaboticabal, inspecionava diariamente os cadernos de dever de casa e a organização do quarto das crianças. Paulo, Marta, Cândida e Rodrigo cresceram protegidos e acarinhados pelos pais, mas também sabiam que a autoridade de ambos era inquestionável. Roberto e Eloísa cobravam bom desempenho escolar e não aceitavam preguiça nem desculpas. "Todos têm deveres, e o único de vocês é estudar. Tirar boas notas é consequência", diziam os pais. Por sorte, todos haviam puxado dos pais o gosto pelo estudo, e nunca tiveram problemas de notas ou disciplina. De resto, a vida das crianças era uma brincadeira, e a Santa Izabel era o seu reino de fantasia. A farra era tão boa que Eloísa instalou um chuveiro do lado de fora da casa, porque às vezes os filhos chegavam com as roupas e os cabelos cobertos de lama, carrapichos ou da poeira vermelha característica do lugar.

Era doce a vida do Roberto Rodrigues "pessoa física". No aspecto pessoal e familiar, ele se sentia realizado. Era marido, pai, filho, tio, irmão, sobrinho, padrinho e, sobretudo, amigo. Não lhe faltava nada. O Roberto Rodrigues líder cooperativista sabia que o trabalho estava longe, bem longe, de terminar. Ainda havia muito a conquistar para os seus pares, os plantadores de cana da região e de outros lugares. Nas viagens que fazia por São Paulo e para outros estados, trocava experiências de agronomia e cooperativismo. Na época, havia uma disputa de lideranças no Estado entre as associações cooperativas de plantadores de cana, e Roberto achava que essa dinâmica atrapalhava o desenvolvimento. Começou a sentir falta de uma organização que centralizasse todos os plantadores de cana paulistas, com coesão e estrutura únicas para pleitear seus interesses perante o governo.

No Rio de Janeiro, por exemplo, existia a Federação dos Plantadores de Cana do Brasil, a Fleplana. Os produtores de São Paulo eram maiores do que todos os outros juntos e, unidos, poderiam avançar em grandes pautas nacionais. Amadureceu essa ideia e começou a apresentá-la às cooperativas de cana espalhadas pelo Estado. Conquistou cooperados e lideranças para a causa, e o que era um projeto regional virou nacional. Em junho de 1976, nasceu a Organização de Associações de Plantadores de Cana do Brasil, a Orplana. O objetivo era criar um grupo coeso e colaborativo, sem picuinhas políticas e briga de ego. Com o Proálcool em evidência nacional e os usineiros também buscando se organizar para fazer valer as suas demandas, era preciso que os fornecedores da matéria-prima do etanol fossem pragmáticos e unidos. Por isso, a Orplana precisava ser comandada por alguém experiente e que criasse uma unanimidade entre os associados. Foi assim que Antonio Rodrigues, cujo currículo político era impecável, tornou-se o primeiro presidente da Associação.

O crescimento de Roberto chamava atenção. Era presidente da cooperativa de Guariba fazia seis anos. Tinha introduzido novas variedades de cana, tipos de adubação, melhorias administrativas, mecânicas e de tecnologia, e os resultados dos associados deram um salto. Já era conhecido nacionalmente como líder cooperativista e canavieiro, e em 1978, ano de eleição indireta para governador, seu nome começou a ser ventilado entre a classe política. O primeiro a fazer um movimento direto de aproximação foi Paulo Maluf, candidato da Aliança Renovadora Nacional (Arena). Tudo começou na campanha eleitoral, quando Maluf visitou Guariba. Dias antes do encontro com políticos e lideranças locais, o prefeito Paulo Mangolin procurou Roberto. "O doutor Paulo quer conhecer você", informou Mangolin. Ele não se interessou. Não desejava fazer campanha política para ninguém nem ser associado a esse ou aquele candidato. No domingo em que o político passaria na cidade, partiu para o rancho de seu Otávio com a família. Já tinha pescado e estava no comando da churrasqueira quando o administrador da Santa Izabel, Pedro de Freitas, chegou esbaforido.

— Doutor Roberto, o prefeito está chamando o senhor. Ele quer que o senhor vá para a reunião com o Maluf de qualquer jeito! – avisou.

Roberto entrou no carro zangado, a contragosto. Nem passou em casa para mudar de roupa, e chegou à Câmara Municipal vestindo camiseta desbotada, cheirando a fumaça. O prefeito havia reservado para ele um lugar de honra na mesa, ao lado do candidato a governador. Todos vestiam terno e gravata, e por isso Roberto se apresentou a Maluf com um pedido de desculpas.

— Perdão vir assim, é que eu estava no rancho... – explicou.

Maluf não se fez de ofendido.

— O que vale é o conteúdo! – devolveu.

O conteúdo de Roberto ficaria incógnito naquele dia, porque ele não disse mais nada durante a reunião. Não era preciso. Em 1979, quando Paulo Maluf foi empossado governador de São Paulo, chamou Roberto para compor o governo. Maluf o convidou para presidir uma autarquia à sua escolha: o Ceagesp, fundado por seu pai, ou a Companhia de Agricultura, Imigração e Colonização, conhecida por Caic. A Caic existia desde 1928 e havia desempenhado um importante papel na época da colonização. Em 1979, atuava na área de mecanização agrícola, construção de represas para irrigação e abertura de novas áreas para colonização – trabalho muito parecido com o que Roberto fazia na Fazenda Morumbi. Ele não queria aceitar o convite. Sabia dos riscos de trabalhar com política. No entanto, todas as pessoas a quem ele consultou a respeito da problemática o aconselharam a aceitar. Não era um convite para se declinar. Foi decisivo para Roberto enxergar a questão além da política. A veia de desenvolvimento rural pulsava com força em seu coração, e a perspectiva de estender suas ideias a todo o Estado cativou Roberto. Ele faria parte do governo, presidindo a Caic.

* * * * * *

O discurso de Roberto na transmissão do cargo de presidente da Coplana emocionou. Todos os cooperados fizeram questão de ir à cerimônia, que atraiu também diversos produtores cujas propriedades não estavam localizadas em Guariba, mas que conheciam Roberto por conta da sua atividade. Foi um desses fazendeiros, o já idoso Heitor Carvalho Gomes, que chamou Antonio Rodrigues de canto ao final do evento e fez um prognóstico sobre a ida de Roberto para São Paulo.

— Toninho, seu filho não vai durar nem meio ano no governo – cravou.

Antonio ficou intrigado. Roberto era um bom agrônomo, moço e cheio de boas ideias. O consenso era de que ele faria maravilhas no governo do Estado. Que conversa era aquela? Carvalho Gomes, seu conhecido há uns bons anos e muito desbocado com os amigos, não fez rodeios para se explicar:

— Você por acaso já viu imagem de Nossa Senhora enfeitando puteiro? Pois é o que vai acontecer.

Antonio falou com o filho sobre o episódio. Acharam graça, talvez vendo algum exagero na fala do homem. Afinal de contas, Roberto estava embarcando no governo em boa companhia. A primeira delas era o seu pai. Antonio Rodrigues estava assumindo um posto do Banco de Desenvolvimento do Estado de São Paulo, o Badesp. A instituição era presidida pelo administrador de empresas Guilherme Afif Domingos, já conhecido da família Rodrigues. Seu outro companheiro era Geraldo Diniz Junqueira, novo secretário de Agricultura. Ele e Roberto se conheciam há um bom tempo em razão do cooperativismo e se davam bem, nutrindo uma admiração mútua.

Partiram os três para São Paulo, Antonio, Roberto e Geraldo, e cada um assumiu seu posto. Na Caic, Roberto teve como primeira tarefa a nomeação de um diretor técnico. Escolheu Paulo Penna de Mendonça, um agrônomo amigo seu. Mendonça, por sua vez, escolheu os diretores financeiro e administrativo – o primeiro apontado pelo ministro da Agricultura, o economista Antônio Delfim Netto, e o segundo indicado pelo governador. Nos primeiros dias de governo, Roberto reuniu a equipe e expôs suas ideias para a Caic. Fez um projeto sobre as inovações em tecnologia agrícola e mecanização que seriam bem-vindas no Estado, com as etapas de desenvolvimento do projeto, cifras de investimento e resultados. Embarcou para Brasília e mostrou o projeto para Delfim Netto. O ministro ficou entusiasmado e deu o sinal verde para seguir em frente. Roberto voltou para São Paulo inchado de orgulho e empolgação, e passou os 15 dias seguintes trabalhando sem descanso no projeto.

Tudo ia bem. Até que um dia, ao retornar do almoço, encontrou um desconhecido aboletado na sua cadeira. Antes que Roberto pudesse abrir a boca para perguntar algo, o outro se adiantou.

— Você que é o Roberto? Prazer. Tenho aqui uma carta do Calim Eid falando pra você me arranjar um emprego.

Eid era o chefe da Casa Civil de Maluf – gente graúda, portanto. Roberto conferiu o papel estendido e perguntou ao sujeito que tipo de serviço ele desejava.

— Não estou atrás de trabalho. Quero um emprego – esclareceu, acrescentando que, se valia de algo, ele era cabo eleitoral do deputado Álvaro Fraga.

— Mas isso não é profissão! – disse um Roberto espantado.

Por curiosidade, perguntou que salário ele desejava, e escutou como resposta uma quantia absurda – maior do que o salário do próprio Roberto, que chefiava a autarquia. Disse ao homem que voltasse ao gabinete de Calim Eid e informasse que ali na Caic não tinha emprego para ele. O sujeito saiu da sala furioso. E furioso também estava Roberto, quando entrou no carro e dirigiu até a Secretaria de Agricultura. Pediu para falar com Geraldo. Relatou o caso ao secretário e fez um desabafo: "Eu não vou aguentar esse tipo de coisa". O amigo foi solidário. As politicagens também já estavam enchendo-lhe a paciência, e por isso fizeram um pacto: se precisassem sair do governo, sairiam juntos. Roberto ficou mais aliviado. Retornou ao escritório, na Barra Funda, e, pouco depois de ter colocado os pés na sua sala, o telefone tocou. Era Paulo Maluf.

— Roberto, amanhã vou para Barretos e quero que você vá comigo – disse o governador.

Era uma ordem. Roberto tinha certeza de que o chefe queria aproveitar a viagem para lhe dar um belo puxão de orelha pelo desagrado daquele dia. Que história era aquela de negar emprego ao cabo de um político aliado seu? No dia seguinte, embarcaram no avião para o interior, e, para a surpresa de Roberto, Maluf estava uma seda. No solo, continuaram os agrados. "Esse é Roberto Rodrigues, um grande agrônomo!", assim ele era apresentado. A bronca nunca veio, e Roberto compreendeu aquele gesto. "Esquece isso que aconteceu, estamos bem", era a mensagem cifrada do governador.

As semanas seguintes se desenrolaram. Roberto descobriu que início de governo era um período difícil, mesmo em órgãos técnicos como a Caic. O próprio governador havia lhe dito algo significativo a esse respeito: "Não quero interferir no seu trabalho, mas a política deixa que eu faço". Quando uma nova gestão assumia o governo, a ordem era "limpar" as marcas das anteriores. Isso dizia respeito principalmente a funcionários, e Roberto escutava de Calim Eid que todos os funcionários da Caic ligados às gestões de Laudo Natel e Abreu Sodré precisavam sair. "Vou tirar quem não trabalhar", respondia Roberto. O "pente-fino", que deveria ser rigoroso do ponto de vista político, acabou atingindo apenas um funcionário, irmão do antigo governador. Roberto o demitiu sem comoções e sem alarde, e parou por aí. Isso fez com que começasse a receber olhares atravessados. Além disso, gente era admitida na Caic à revelia de Roberto, e nenhuma decisão vinda dos estratos superiores do governo era acompanhada de uma explicação. Aquilo era política, aprendeu. As semanas seguiram, e na manhã da sexta-feira em que estava completando 91 dias no governo foi chamado por Geraldo Diniz Junqueira. O amigo foi direto ao ponto:

— Roberto, estou com um problema. Mandei o governo à "merda".

O secretário de Agricultura tinha uma discordância incontornável com o chefe, e a única saída era pedir demissão. Queria saber se o pacto com Roberto estava de pé. Como ele também estava infeliz com toda aquela chateação da política, que atravancava o trabalho que desejava fazer, disse que concordava. Sairiam juntos do governo. Naquele dia, à tarde, Maluf tomaria o trem na capital rumo ao interior, em uma ação de gabinete itinerante apelidada de "trem da alegria". Roberto e Geraldo já haviam se comprometido a ir nessa viagem, e combinaram em pedir demissão na segunda-feira, quando já estivessem de volta.

Roberto foi até a casa do pai na capital e avisou que ele e Geraldo sairiam do governo na segunda-feira. Explicou as circunstâncias, o pacto feito semanas antes e, por fim, perguntou se Antonio topava se demitir junto. O diretor do Badesp aceitou a proposta, e no mesmo dia entregou a carta de demissão a Afif. Roberto ficou perplexo. No sábado, quando a equipe do governo se reuniu para dar início ao *tour* do "trem da alegria", Afif lhe perguntou que diabos tinha acontecido com Antonio Rodrigues para que ele se demitisse daquela maneira. O filho, esquivo, disse que não sabia de nada. A viagem aconteceu sem grandes incidentes, e na segunda-feira Roberto apresentou sua demissão.

Ele acabara de comprar um pequeno apartamento no Guarujá, "porta com porta" com a residência de veraneio do seu amigo Ivan Aidar – as duas famílias sempre passavam as férias juntas. Ele e Eloísa deixaram as crianças com os avós paternos e se refugiaram no Guarujá, com a tarefa de limpar o apartamento e fazer os últimos retoques no acabamento. Roberto queria mesmo era "sair de circulação" e evitar perguntas incômodas, e por isso apenas Antonio e Sofia sabiam do seu paradeiro. Isso não impediu que o diretor financeiro da Caic telefonasse para a linha recém-instalada. "O Delfim quer falar com você", disse Isanobo Izu, encarregado de fazer Roberto voltar a

São Paulo para conversar com o ministro da Agricultura – e, é claro, reassumir a empresa. O esforço foi inútil. Roberto saiu falando que não voltava, e não voltou mesmo.

* * * * * *

— Otávio de Souza, às suas ordens.

Roberto sorriu ao testemunhar aquele encontro: de um lado, o seu guru; do outro, o novo secretário estadual de Agricultura de São Paulo, Guilherme Afif Domingos. O inusitado encontro no rancho de seu Otávio tinha o propósito de fazer o secretário de Estado compreender que o Proálcool não ameaçava a produção de alimentos, e Roberto tinha o argumento final para convencê-lo: os campos da Santa Izabel e um passeio pela região, que culminou com o almoço no ranchinho à beira do rio.

Terminada sua experiência na Caic, Roberto voltou para o território onde se sentia em casa: Guariba, ao lado dos plantadores de cana e cooperados. O Proálcool havia acentuado sua defesa dos plantadores de cana-de-açúcar. O ano era 1980, Afif era secretário recém-empossado e estava se familiarizando com aquele tema "quente" que era produzir cana-de-açúcar para a indústria alcooleira. Não era uma discussão nova. Roberto já havia aberto aquela "caixa de Pandora" anos antes, quando decidiu cultivar soja nas áreas de renovação de canaviais. Muitos ficaram contra ele, e agora a polêmica aparecia atualizada. Havia bastante gente – leigos e céticos em geral – propagando que o Proálcool agravaria o problema da fome no Brasil. Para que produzir álcool, quando se podia plantar arroz e feijão? A discussão pressionava Afif, pois os governos estaduais eram os responsáveis por avaliar os pedidos de incentivo do Proálcool. Roberto informou que a polêmica era falsa. Uma bobagem inventada com interesses escusos, que atrapalhava o desenvolvimento daquela agroindústria importantíssima sob diversos pontos de vista, do econômico ao social. E convidou o secretário e sua equipe para conhecer os campos da Santa Izabel, onde se plantava cana-de-açúcar, alimento e onde os trabalhadores viviam com dignidade.

Afif visitou a propriedade. O economista Vitor Argolo Ferrão e Caio Carvalho, presidente do Planalsucar e primo de Roberto, também fizeram parte do *tour*. Filmaram a colheita de soja e depoimentos dos funcionários, que explicaram como funcionava o sistema de meiose e garantiram que, graças a ela, havia trabalho durante o ano todo. E, por fim, Roberto propôs: "Vamos criar um sistema em que, para ter acesso ao dinheiro do Proálcool, o produtor se compromete a também plantar alimento. Alguma leguminosa como feijão ou soja". A fita foi exibida por Afif em São Paulo, junto com as demais ideias de Roberto. Alguns usineiros ficaram ainda mais indignados. Para eles, qualquer outra cultura era uma intromissão desnecessária, uma perda de tempo e dinheiro. O importante é que a tese de que o Proálcool era inimigo da alimentação fora desbancada. Caio Carvalho criou um plano denominado "Cana e Alimentos", para todo o país, e Roberto ajudou a expor o projeto em Pernambuco e Alagoas. O trabalho estava feito.

Outra batalha que Roberto travou naqueles tempos foi pelo pagamento de cana por sacarose. Até então, o produto era pago por peso, o que na prática tornava a qualidade da cana uma variável sem relevância. Aquilo não fazia o menor sentido, do ponto de vista produtivo. Começou a articular os produtores em torno desse tópico, por meio da Orplana, da qual era conselheiro, e levou a reivindicação até o IAA. Tempos depois, a autarquia de fato modificaria as regras de compra de cana-de-açúcar, vinculando a remuneração à taxa de sacarose. Em 1980, como reflexo do seu trabalho na área, Roberto se tornaria conselheiro nacional da Sociedade dos Técnicos Açucareiros do Brasil (Stab).

Havia outro campo com muito trabalho a ser desenvolvido: as cooperativas de crédito. A iniciativa de Roberto em Guariba havia atraído a atenção da Organização das Cooperativas do Estado de São Paulo (Ocesp). O presidente da entidade era Américo Utumi, que propôs uma ideia a Roberto. Ele queria estender as cooperativas de crédito a diferentes locais do estado, para atender produtores de diferentes portes. Roberto ficou entusiasmado com o projeto. Montou uma equipe caprichada na Ocesp e deu início ao trabalho. Entravam em contato com cooperativas agrícolas existentes, apresentavam o conceito de cooperativa de crédito e explicavam seu funcionamento. Se a abordagem frutificasse (e geralmente isso acontecia), davam início aos trâmites legais da abertura da cooperativa, com a permissão do Banco Central. Dependendo da cidade e do poder dos bancos instalados localmente, era uma queda de braço até a cooperativa de crédito receber sinal verde. Roberto peitava os adversários, conquistando simpatias e antipatias. Em dois anos de trabalho, até 1982, 13 cooperativas de crédito foram criadas no Estado de São Paulo. A dedicação intensa à Ocesp o levou ser eleito diretor executivo da entidade. Sabia que, a partir dali, nunca abandonaria o cooperativismo. Era a sua grande paixão.

Mergulhou na Ocesp. Passou a conhecer cooperativas de outros segmentos da economia e a travar contato com lideranças locais de todos os cantos do Estado. Ficou preocupado com a situação financeira da instituição e seu caixa apertado, e decidiu aplicar dinheiro na operação conhecida como *overnight*. Na época, com o milagre econômico já morto e enterrado e a insinuação daquela que ficaria conhecida como "década perdida", as taxas de inflação eram altíssimas. Quem podia, colocava dinheiro no *overnigh*t, uma aplicação financeira indexada à taxa de juros e que rendia de um dia para o outro – daí o nome. O engenho deu certo, e, ao cabo de alguns meses, a renda da Ocesp dobrou. Roberto, cujo nome já tinha ultrapassado os limites da região de Guariba, havia se firmado em escala estadual. Sua próxima etapa era ganhar o Brasil. E nem imaginava que, mais tarde, avançaria pelo mundo.

CAPÍTULO 7

APUROS E DELEITES NA NOVA DEMOCRACIA

— Pai, quando eu crescer não quero ser fazendeiro igual a você.

Roberto achou graça. Que criança de cinco anos falaria uma coisa daquelas? E por quê? A vida de Rodrigo pouco diferia daquela levada pelos irmãos mais velhos. Frequentava a escola, brincava e ganhava paparicos de todos da casa, da avó Sofia às empregadas. Tinha uma rotina tranquila e interiorana, feita de dias compridos e nenhuma pressa de crescer. Roberto perguntou ao caçula por que ele não queria trabalhar com agricultura.

— Porque eu nunca sei se a chuva é boa ou ruim! – justificou o pequeno, exasperado.

Para o menino, o pai tinha certas habilidades extrassensoriais. Entre elas, a de sempre saber quando choveria. "Hoje chove", "Amanhã não teremos chuva", "Agora, só chove daqui a três meses", Rodrigo escutava o pai falando com outros adultos, e, para piorar, às vezes a chuva parecia um fenômeno positivo e, em outras oportunidades, negativo. Assimilou que, na vida de um fazendeiro, a chuva era um dos acontecimentos mais importantes. Era aguardada, comemorada e prevista com dias de antecedência. E pudera! Quando ela finalmente caía dos céus, o ar se enchia de um aroma todo especial e refrescante, de terra molhada, e aquele perfume perdurava no ar por horas. E era seu pai, Roberto Rodrigues, o homem que sabia escrutinar os céus e ler os sinais que prediziam aquela dádiva. Um astrônomo intuitivo da natureza.

A percepção do pequeno Rodrigo era naturalmente pueril, mas guardava semelhanças com os sentimentos de muitos adultos que também conheciam o seu pai. Roberto Rodrigues pensava no futuro, mas estava longe de ser um profeta de discursos, anunciando uma boa-nova vaga e hipotética. Identificava-se mais com a dinâmica prática do fazer futurológico: propor um futuro diferente e convencer as pessoas a trabalhar para viabilizar aquele projeto. Havia sido assim quando se uniu à Ocesp para expandir as cooperativas de crédito agrícola pelo estado de São Paulo, e foi assim na sua escala e missão seguinte: trabalhar com a Organização das Cooperativas Brasileiras (OCB) e criar cooperativas financeiras em todo o País.

A sua missão na Ocesp já estava se completando quando chamou atenção de José Pereira Campos Filho, mineiro de Abaeté que presidia a OCB. Ele acompanhou a criação das cooperativas de crédito paulistas e convidou Roberto para uma conversa. Queria que ele reproduzisse aquele trabalho em escala nacional.

— Eu faço, mas desde que o Mário Kruel venha junto – pediu Roberto.

Trabalhar ao lado de Kruel era um sonho do líder cooperativista. O gaúcho Mário Kruel Guimarães era presidente da Cooperativa Central de Crédito do Rio Grande do Sul, considerado o "papa do cooperativismo de crédito" no Brasil. Seu trabalho era uma das fontes da qual Roberto bebia, e sem a qual ele acreditava que o trabalho não daria certo. Outro nome que Roberto queria na missão era o do engenheiro agrônomo Guntolf van Kaick, do Paraná. Kruel e Van Kaick eram veteranos do cooperativismo, com ampla experiência na atividade. A OCB articulou o trio. Formada toda a equipe, o trabalho começou.

Juntos, eles criaram as unidades estaduais de crédito cooperativo, uma malha de cooperativas de crédito com extensão nacional.

Em 1985, esse trabalho estava a pleno vapor, e as cooperativas de crédito eram uma esperança. O clima no Brasil era de mudança e expectativa por novos tempos. Depois de mais de vinte anos, o País havia retornado à democracia. No ano anterior, aconteceram as primeiras eleições diretas para presidente desde 1962, e o mineiro Tancredo Neves, um veterano da política nacional ligado aos movimentos pela redemocratização, foi eleito pelo voto indireto para assumir o poder executivo federal. Pouco antes da data de posse, a surpresa: o primeiro presidente civil em décadas declarou que estava doente, e foi internado com fortes dores abdominais. Em 15 de março, dia da posse oficial, Tancredo estava hospitalizado, e seu vice, o maranhense José Sarney, também político escolado, assumiu o Palácio do Planalto, em Brasília. Tancredo morreu no dia 21 de abril. Sarney seria o presidente da nação até o início de 1990.

A doença e a morte de Tancredo projetaram uma sombra naquele início de redemocratização, mas logo os humores voltaram a se ajustar. As eleições, um presidente civil e a promessa de uma nova Constituição Federal foram uma verdadeira injeção de adrenalina no cenário político brasileiro. Os movimentos sociais ganharam fôlego, e com o cooperativismo não foi diferente. Aquele era o momento certo para o movimento se expandir e se fortalecer, após os anos de regime militar. A OCB, no entanto, tinha outros problemas para lidar. Naquela hora crucial para a história, a associação estava rachando.

O dilema dizia respeito ao nome que sucederia a Pereira Campos na presidência. As eleições estavam marcadas para maio e projetavam uma indissolúvel queda de braço entre dois candidatos. De um lado estava o agrônomo paranaense Benjamin Hammerschmidt; de outro, o "senador biônico" José Martins Filho. Os estados do Sul, do Sudeste e do Centro-Oeste estavam com Benjamin, e o Norte e o Nordeste, com Martins Filho. Cada regional – eram 23 em todo o País – detinha um voto, e os ânimos estavam acirrados. A polarização era tamanha que se especulava que, se o candidato de um lado fosse eleito, os partidários do nome derrotado sairiam da OCB, sem mais nem menos. Era uma ameaça à sobrevivência da jovem organização, com potencial para comprometer toda a cadeia cooperativista nacional.

Pereira Campos era um político habilidoso e observador, e matutava um jeito de, como último serviço prestado à OCB, abrir caminho para um presidente que garantisse a sobrevivência da organização. Convocou um encontro com as lideranças estaduais em Belo Horizonte, e viu Roberto conduzir uma reunião lotada. O tema eram as cooperativas de crédito, e Pereira Campos, que já sabia que Roberto era bom com a mão na massa, descobriu que o agrônomo de Guariba tampouco fazia feio ao conversar com grandes grupos e expor ideias.

Dias depois, telefonou para o presidente da Ocesp, Rubens de Freitas. Queria sondá-lo para saber mais sobre as inclinações de Roberto. Freitas falou bem do seu diretor-executivo, assegurando que as novidades de gestão administrativa e financeira por ele implementadas tinham dado vida nova à Ocesp. Pereira Campos gostou e, no encontro seguinte na sede da OCEMG, propôs que a OCB tivesse um terceiro candidato à eleição. Foi a primeira vez que o nome de Roberto foi cogitado para a presidência da OCB. Em Brasília, dias depois, apresentou novamente a ideia. Conversou com Rubens de Freitas e falou que ele e outros nomes da OCB, no Distrito Federal e em Minas Gerais, queriam que Roberto saísse candidato. Rubens correu para dar a notícia ao seu diretor, e escutou uma resposta inesperada:

— Nem pensar! Sequer conheço as coisas de OCB e Brasília – retrucou Roberto.

Comentou com Eloísa a respeito da sugestão recebida. O casal decidiu que era melhor que Roberto "saísse de circulação", fugindo daquilo que, para ambos, era considerado uma tremenda encrenca. A eleição da OCB era um grande vespeiro onde ele queria evitar tocar. Resolveram antecipar, em alguns meses, uma viagem já planejada à Europa. Queriam ficar 40 dias fora, e apenas Antonio e Sofia, como sempre, sabiam o paradeiro do filho e da nora. Embarcaram sem fazer alarde. Em cerca de um mês de descanso, visitaram um punhado de países, distraindo-se em museus, teatros e parques. Para Roberto, que, graças ao empenho de dona Sofia, falava razoavelmente tanto o francês quanto o inglês, os passeios eram regados a muita conversa com o povo local. A última parada era Roma, onde ficariam hospedados no Hotel Flora. No dia da chegada, Roberto foi informado pela recepção de que havia um telegrama destinado a ele. Pegou o documento e mal pôde acreditar no que leu. "Volte para o Brasil, precisamos de você na eleição da OCB", dizia o telegrama, assinado pelos presidentes de 16 das 23 seções estaduais. Roberto ficou assustado.

Já de volta a São Paulo, dias depois, procurou saber que história era aquela. Foi informado de que, na sua ausência, o movimento em torno do seu nome tinha ganhado adeptos. As OCEs foram conquistadas pelo argumento de que o cenário eleitoral então posto enfraqueceria a OCB, e o nome de Roberto era uma chance de união e fortalecimento. Um consenso saudável e necessário. Naquele momento, apenas os estados do Nordeste e outros dois estavam mais resistentes. "Mas calma, porque o Nordeste virá. O presidente da OCE cearense, José Apolônio Filgueiras, está conosco e vai trabalhar com o pessoal da região", disseram seus interlocutores na OCB. Fora esses, havia dois estados com os quais as pontes não estavam construídas: Rio Grande do Sul e Amazonas. Roberto recebeu a missão de ganhar esses estados para a causa. "Achamos que você é o único que pode conversar com esse pessoal e convencê-los a construir, desde já, essa coesão nacional", afirmaram. A ideia era que as lideranças locais resistentes fossem incorporadas à nova gestão no posto de vice-presidentes regionais.

A essa altura, Roberto já estava resignado, e queria apenas terminar logo com aquela novela. Antes de tudo, tratou de conversar com Hammerschmidt, o candidato que ele próprio desejava ver na presidência da OCB.

— Benjamin, você é meu candidato natural e eu só aceitaria concorrer se você não estivesse na corrida. Eu renuncio à eleição por você. E, se for para eu ser candidato, só vou em frente se você aceitar ser superintendente da minha gestão – avisou.

Hammerschmidt renunciou à candidatura e aceitou ser o executivo da OCB. O senador José Martins Filho, em Brasília, também se encontrou com Roberto para discutir a eleição. "Você vai passar vergonha. Eu tenho o apoio de 16 OCEs, já estou eleito", disse o oponente. Era um blefe, passível de ser desmontado com um cálculo muito simples: eram 23 OCEs, e 18 delas já haviam apoiado Roberto. De que maneira 16 poderiam estar junto a outro candidato? A conta não fechava, e alguém estava faltando com a verdade.

Faltava dissolver as rusgas com Amazonas e Rio Grande do Sul. Roberto decidiu que liquidaria aquele assunto em um mesmo dia. Saiu de São Paulo de madrugada, com destino a Porto Alegre. Nem precisou tomar um táxi até a sede da OCE gaúcha, porque o presidente da regional o aguardou no aeroporto, com a carta de apoio em mãos. Adelar da Cunha era um homem de poucas palavras, e selou a aliança sem precisar de muita conversa.

— Sei quem você é. O Kruel trabalhou com você e falou "pode votar no rapaz". Então aqui está o meu apoio.

Roberto agradeceu e embarcou no voo para Manaus. Enquanto o avião cortava o céu brasileiro, um Roberto moído pelo cansaço e pela tensão percebeu que sua vida nunca mais seria a mesma. As semanas tranquilas em Guariba – ou, quando muito, na capital paulista ou em outra cidade do interior – tinham terminado. Aquela seria sua realidade dali em diante, viver de aeroporto em aeroporto, cruzando o Brasil. Já era começo de noite quando desceu no aeroporto de Manaus. Ele estava vestido segundo a norma formal, de terno e gravata, mas o clima do Amazonas em maio rejeitava o figurino. Roberto se dirigiu à casa do presidente da central amazonense local sob um calor modorrento, mesmo às 19 horas. O sujeito, que era médico, ainda não havia retornado do trabalho. Após um telefonema e alguns minutos de espera, Salvador chegou, cumprimentou Roberto e deu mostras de que, também no Amazonas, a situação estava ganha. "Conversei bastante com o pessoal. Estou a par da situação e pronto para apoiá-lo, senhor Roberto", afirmou.

Era maio de 1985, e Roberto tornou-se novo presidente da Organização das Cooperativas Brasileiras, por unanimidade. Talvez não soubesse ainda com exatidão, mas estava criando um novo setor: "Agromineração". Ou seja, ia tirar leite de pedra... tinha 42 anos e seus negócios familiares iam bem, administrados por dois gerentes que haviam crescido na própria colônia da Fazenda Santa Izabel. Seu filho mais velho, Paulo, era aluno do segundo ano de Agronomia. Estava em Piracicaba, estudando na mesma Esalq que havia formado seu avô, tios-avôs, pai e mãe. O futuro da família Rodrigues e dos campos de cana-de-açúcar e soja em Guariba estava, portanto, muito bem assegurado. Infelizmente, o mesmo não podia ser dito a respeito da atividade cooperativista, nem da agricultura brasileira. A crise econômica e os movimentos políticos da redemocratização já começavam a exigir agilidade e iniciativa por parte das lideranças interessadas em fortalecer o cooperativismo rural e urbano. Dali em diante, Roberto se tornaria uma das principais vozes dessa luta.

* * * * * *

Tão logo assumiu a presidência da OCB, a mudança de vida que Roberto havia intuído se impôs. Em primeiro lugar, começou a passar os dias úteis em Brasília. Voltava a Guariba nos finais de semana, mas nunca se desligava do trabalho na OCB. Estava sempre ao alcance de um telefonema quando secretários e membros de cooperativas Brasil afora precisavam discutir alguma demanda importante. Conhecia pelo nome cada um dos presidentes das 23 OCEs de cada estado, além de um punhado de lideranças regionais.

Tão logo criou intimidade com o Distrito Federal, Roberto percebeu que, nos anos seguintes, as disputas setoriais se dariam no âmbito político *stricto sensu*. Após duas décadas de interdição, os partidos políticos estavam robustos e bem-organizados, e os diferentes setores sociais queriam colocar representantes seus no Congresso Nacional. O cooperativismo e a agropecuária não poderiam ficar atrás, pensou. E tratou de estudar o cenário. Quais eram as lideranças do setor? Havia conversa entre elas, existia um projeto comum a esse mundo de gente? Descobriu que nem um, nem outro. Os líderes da agricultura e suas entidades representativas viviam isolados e desarticulados.

Acostumados a muitas décadas de forte controle estatal sobre sua atividade – exercido por ferramentas como o Plano de Safra e o tabelamento dos preços agrícolas –, eles mal sabiam por onde começar a buscar mais liberdade, naqueles tempos pós-ditadura. É verdade que, em âmbito nacional, grandes fazendeiros eram historicamente fortes na política. Essa classe, afinal, legitimara governantes desde os tempos de Império e havia aberto caminho para a República.

No entanto, apesar dos grandes barões e dos velhos sobrenomes que mandavam e desmandavam na política regional, não havia um projeto nacional que unisse toda a categoria. E muito menos que integrasse os agricultores de médio porte, ou os empresários ligados a outras faces da ampla cadeia produtiva da agricultura. Até então, havia reinado a máxima da "farinha pouca, meu pirão primeiro".

No primeiro ano como presidente da OCB, além de estudar o cenário político de forma estratégica, Roberto preparou a Instituição para as batalhas que viriam. Ele queria que, antes e acima de tudo, a OCB fosse uma instituição saudável – isto é, bem gerida, com as contas em dia e sustentável. Isso era feito com controle e gestão inteligente das finanças internas, e também com funcionários engajados e interessados. Roberto gostava de comunicar suas grandes linhas de pensamento, ensinar e, após essa etapa, delegar as tarefas do dia a dia à sua equipe. Foi ali na OCB que começou a exercitar o estilo de liderança que o caracterizaria pelo resto da vida: criativa e democrática, com pouco apreço a formalismos vazios e muito espaço para a troca de ideias e inovações benfazejas. Pouco discurso, muita ação.

Em junho de 1986, quando completava um ano como presidente da OCB, ele deu o que seria um dos passos mais significativos da sua gestão. Em 15 de junho, um domingo, *O Estado de S. Paulo* publicou:

> Roberto Rodrigues, presidente da OCB, reúne nesta terça-feira, dia 17, em Brasília, representantes de 19 entidades da agropecuária nacional para criar a Frente Ampla da Agropecuária Brasileira.

A ideia manifesta era apresentar ao governo, de maneira unificada, um plano para a safra 1986/1987, além de uma proposta de política agrícola global e de longo prazo. A informação do jornal finalizava:

A OCB vai sugerir ainda que esses documentos sejam discutidos num grande congresso de agricultores, previsto para julho, também em Brasília. "Podemos reunir de dez a 20 mil produtores", prevê Rodrigues. No seu entender, está na hora de o setor rural, a exemplo de outros segmentos, começar a trabalhar com mais união.

A Frente Ampla tinha se tornado viável mediante articulação entre Roberto, Antônio Ernesto de Salvo (presidente da Federação da Agricultura do Estado de Minas Gerais), Alysson Paulinelli (ex-secretário de Agricultura de Minas Gerais e ex-ministro da Agricultura do governo Geisel), Guntolf van Kaick (Presidente da Ocepar) e Flávio Telles de Menezes (presidente da Sociedade Rural Brasileira). Roberto, Paulinelli e Flávio formaram o triunvirato de comando da Frente Ampla. Cada um morava em um canto do País, e Roberto era, como se dizia, o "carregador de piano", porque ficava a semana toda em Brasília. Talvez tenha sido o passageiro mais viajado nos antigos aviões "Bandeirante", fabricados pela Embraer. Tomava o avião para Brasília toda segunda-feira cedo em Ribeirão Preto e voltava na sexta-feira à noite. Os amigos brincavam com ele: "Vai pegar a bicicleta voadora?".

O Manifesto de Constituição da Frente Ampla da Agropecuária Brasileira, redigido em junho de 1986, consolidava os princípios do grupo, assim apresentado: "os signatários deste Manifesto (são) representantes da classe rural, atuando nos mais diversos ramos da agropecuária, em todas as regiões do País, reunidos no melhor propósito de debater os problemas de natureza econômica, social e política". A proposição de uma Frente Ampla levava em conta aspectos como o advento da Nova República, na qual "se faz necessária uma profunda revisão dos conceitos que têm norteado as relações entre o governo e a sociedade". Além do objetivo imediato de formular uma proposta política para a safra de 1986, a Frente colocava como compromisso de longo prazo a função de fórum permanente de debates de temas importantes para os destinos do setor agrícola e da classe rural.

A Frente Ampla da Agropecuária teve grande adesão desde o início. Roberto entusiasmou as lideranças que já tinham certeza de que aquele momento exigia união, e convenceu os que demonstravam descrença. De 19 entidades na primeira reunião, tempos depois o grupo agregaria 72 delas. Por onde passava, o texto agregava novas subscrições. A Frente Ampla estava ramificada em todo o País, com representatividade em diversos setores – da soja ao leite, passando por laranja, pecuária, trigo, café e cana-de-açúcar. O grupo teve atividade intensa também desde o início. Em agosto de 1986, a Frente Ampla se reuniu com os ministros da área econômica e com o titular da pasta da Agricultura, Íris Rezende, para discutir pontos como a reformulação do seguro agrícola (conhecido como Proagro), a criação de um Fundo Nacional Agropecuário, o plano de municipalização e a poupança rural.

O ministro Íris Rezende era "figurinha carimbada" nas movimentações da Frente Ampla e nas falas públicas de Roberto, que não poupava puxões de orelha e críticas a ele. Por essas e outras, os jornalistas de Brasília começaram a acompanhar Roberto de perto, com bloquinhos de anotações e gravadores sempre a postos para pegar uma das suas contundentes declarações. Disse, por exemplo, que o Ministério da Fazenda era um órgão conduzido por gente ultrapassada, um "cemitério de políticos". "É preciso que o governo pare de ouvir a Unicamp para ouvir o 'unicampo' em questões da agricultura brasileira", disse de outra feita. Referia-se ao fato de a Universidade de Campinas (Unicamp), renomado celeiro de economistas de orientação heterodoxa, ter grande influência na condução da política econômica nacional. Roberto era a grande voz do setor agrícola, que não tinha medo de colocar a boca no trombone.

As críticas ao ministro Íris podiam parecer duras, mas o goiano sabia que essa era uma forma política de agir. Na verdade, ao criticá-lo, Roberto aumentava o cacife do Ministro junto ao Governo, em especial junto à área econômica, liderada pelo carismático Ministro Dilson Funaro. Ele entendia e admirava os esforços de Roberto à frente da OCB e da Frente Ampla. Os dois haviam se conhecido assim que Íris assumiu a pasta. "Temos muito em comum. O senhor fez mutirões no seu estado, e eu sou do cooperativismo. E o cooperativismo nada mais é que um mutirão formal", explicou Roberto na ocasião. O ministro sabia que, sem uma posição pública forte, as pautas do setor não iriam em frente. Era preciso se mexer e colocar o dedo na ferida, doesse a quem doesse – mesmo que o doído fosse o próprio ministro da Agricultura. E havia uma espécie de acordo entre os dois: Roberto "batia" em Íris porque não queria atacar diretamente Dilson Funaro, o ministro que, de fato, emperrava as reivindicações da Frente Ampla. Funaro era o ministro da Fazenda de Sarney em 1986, e o grande responsável por colocar "poréns" no orçamento da Agricultura. Roberto sabia que estava andando em campo minado, e que um ataque errado poderia colocar tudo a perder. Quando criticava Íris Rezende, com o conhecimento deste, o presidente ficava alerta e tratava de mobilizar forças para atender às pautas da Frente Ampla. E assim o setor foi conquistando suas primeiras vitórias.

No entanto, a primeira grande dor de cabeça do setor agrícola era outra, e atendia por Plano Cruzado. Lançado em fevereiro de 1986 pelo ministro Funaro, o conjunto de medidas buscou atacar a inflação – no acumulado de 1985, os preços haviam subido 235,11%. O plano instituiu o congelamento do câmbio, de preços e salários. A correção monetária foi extinta e se criou uma moeda nova, o Cruzado (Cz$), que equivalia a mil Cruzeiros e trouxe de volta os centavos. O congelamento dos preços colocou uma corda no pescoço dos produtores agrícolas. A ponta da cadeia de produção de alimentos se viu ainda mais amarrada às determinações produtivas e financeiras do governo. Logo ficou visível que era impossível que qualquer um saísse bem daquele cenário, posto que seria impossível sequer cobrir os custos de produção. Em novembro, veio o Plano Cruzado II, que congelou os salários. O mercado consumidor andava na corda bamba, e os víveres simplesmente desapareciam das prateleiras. Roberto, no comando da Frente Ampla, convocou uma grande manifestação do setor. Os produtores agrícolas iriam às ruas de Brasília, para marchar contra o governo e expor sua insatisfação com o plano econômico. Algo impensável dez anos antes.

A Frente Ampla da Agropecuária tinha como peculiaridade o fato de ser uma quase unanimidade. Apenas duas entidades não quiseram entrar no time: a Contag (Confederação Nacional dos Trabalhadores na Agricultura) e a UDR (União Democrática Ruralista). A primeira era um movimento de viés esquerdista, e a segunda se alinhava à direita. Por congregar entidades de centro – ainda que pendendo para a esquerda ou para a direita, como é natural do jogo democrático – e muitas cooperativas, a Frente Ampla era um grupo que fomentava debates e, ao mesmo tempo, naturalmente repudiava radicalismos. E tampouco poderia ser chamada de "Centrão". Sua ideia era que todas as suas decisões fossem fruto de conversas, discussões e, ao fim, pudessem representar a maioria dos seus membros. Foi assim com a decisão de fazer uma manifestação pacífica para pressionar o governo.

Roberto, Flávio e Paulinelli redigiram a carta de princípios da Frente, ouvindo com atenção os conselhos de Alberto Veiga, grande e sensato economista chefe do grupo. As reivindicações foram aprovadas e publicadas na imprensa, através de um jornal editado no Rio de Janeiro, chamado *Indicador Rural*, tocado pelo jornalista gaúcho Ismar Cardona. Ele e Roberto se tornaram amigos (mais tarde Ismar viria a ser o chefe da Assessoria de Comunicação do ministro RR) e *o Indicador Rural* passou a ser uma espécie de "Diário Oficial" da Frente Ampla.

Foi então organizada uma grande manifestação para o dia 12 de fevereiro, em Brasília. Na ocasião, era generalizada a opinião de que a Confederação Nacional da Agricultura (CNA), presidida pelo senador amazonense Flávio de Brito, já não representava a agropecuária brasileira em evolução, e a Frente Ampla teve o papel central de assumir essa representação, com uma variável nova: nela estavam as Federações Estaduais de Agricultura, as entidades nacionais generalistas como OCB, SRB, SNA e também as representativas de produtos específicos (café, cana-de-açúcar, grãos, carnes, frutas, hortaliças, oleaginosas etc.) ou cadeias produtivas organizadas, aí incluídos setores agroindustriais produtores de insumos (fertilizantes, sementes, defensivos, máquinas e equipamentos), além de indústrias de transformação (como a Associação Brasileira das Indústrias de Óleos Vegetais e a Associação Brasileira da Indústria de Alimentos), *tradings* e até mesmo bancos, via Febraban. Era um esforço realmente formidável para unificar e empoderar o agronegócio integral. E a manifestação seria a primeira grande marcha a Brasília de produtores rurais de todo o País.

Roberto pediu a Íris Rezende que marcasse uma reunião com o presidente Sarney durante a manifestação de 12 de fevereiro de 1987. Pretendia dar ao governo a chance de se adiantar e atender o grupo. Se o presidente atendesse a determinado número de exigências estabelecido pela direção da Frente Ampla, a marcha se dispersaria. Um dia antes do grande encontro, Roberto recebeu um alerta de Ney Bittencourt, seu amigo próximo, então presidente da Associação Brasileira de Milho e Sorgo e integrante da Frente Ampla:

— Tenha cuidado amanhã. Eu soube que o Caiado não vai ficar ao lado da Frente.

Ronaldo Caiado era médico e proprietário rural de Goiás, líder da UDR. Embora não integrasse a Frente Ampla, a União havia convidado a UDR para se juntar à manifestação. No dia seguinte, Íris Rezende fez o mesmo alerta a Roberto. O serviço de inteligência do governo havia apurado que a UDR queria fazer mais do que marchar tranquilamente por Brasília, e que não estava nos planos do grupo se dispersar segundo as ordens da Frente Ampla.

Pela manhã do dia 12, o governador do Distrito Federal, José Aparecido de Oliveira, emitiu um pedido. Assustado com o tamanho do grupo que chegava a Brasília para a manifestação e calculando os esforços que a Polícia Militar precisaria dispender para garantir a ordem, ele pediu ao grupo que não saísse às ruas. Em vez disso, deveriam se concentrar no Ginásio de Esportes, junto ao Eixo Monumental. Ali, as lideranças poderiam discursar enquanto aguardavam o resultado das negociações com o presidente. Roberto e os demais líderes aceitaram, e assim orientaram as cerca de 35 mil pessoas presentes para o ato.

Ao meio-dia, telefonaram para Roberto. Sarney havia concordado em receber o grupo, desde que Ronaldo Caiado não estivesse presente. Era conhecido que o presidente e o goiano nutriam antipatia mútua. Roberto já estava no ginásio, diante de milhares de pequenos, médios e grandes produtores rurais vindos de todo o Brasil. A combinação entre o calor que fazia dentro do ginásio e a adrenalina que corria em seu sangue fazia Roberto transpirar enquanto falava ao microfone. Entusiasmado diante daquele mar de gente, ele lembrava a todos por que estavam lá, animando-os a permanecer firmes nos princípios da Frente Ampla – entre eles, o bem comum, a democracia e a paz social, no campo e na cidade. Foi interrompido quando um porta-voz veio lhe avisar que Caiado fazia questão de ir ao encontro com Sarney. Caso contrário, os membros da UDR desobedeceriam às orientações de Roberto, saindo às ruas de Brasília e fazendo muito barulho.

Roberto ainda tentou negociar, mas não teve jeito. Caiado, cujo perfil de líder não passava perto da conciliação, iria junto. Às duas da tarde, os quatro bateram no gabinete do presidente. Quando soube qual era a composição do grupo, Sarney atendeu o grupo de pé na porta de seu Gabinete, recebeu o documento de reivindicações de Roberto e nem o olhou: entregou ao ministro Íris Rezende, que o acompanhava, pedindo que cuidasse do assunto. Dito e feito: com Caiado presente, ele não queria negociar. Roberto e os demais ficaram com cara de tacho, sem saber que caminho tomar. Tiveram uma curta reunião em outra sala do Palácio com Íris, que lhes disse que os temas seriam considerados, mas o governo não cederia no calor da manifestação. Surgiu um impasse. Se abrissem o jogo para as 35 mil pessoas que esperavam no Ginásio de Esportes, os ânimos poderiam se alterar, e a situação fugiria do controle – e a última coisa que desejavam era que o setor rural ficasse com fama de baderneiro. Se houvesse uma chance de o presidente levar em conta os pedidos do grupo, ela iria por água abaixo caso os manifestantes reunidos no ginásio se tornassem uma turba raivosa pelas ruas de Brasília. Decidiram contar que o presidente havia tomado conhecimento das reivindicações da Frente Ampla, mas que nenhum acordo pôde ser costurado naquele momento. Nos próximos dias, as lideranças seriam chamadas para conversar com Sarney. Naquele momento, portanto, o melhor era que os manifestantes se dispersassem. A marcha seria encerrada dessa forma. Ficou então combinado entre eles que Roberto daria o recado para a pequena multidão, tendo Caiado, Paulinelli e Flávio a seu lado. Os quatro subiriam juntos no palanque, dando uma clara demonstração de unidade.

Foi quando veio, de vez e de fato, a má surpresa. Caiado se separou do comboio, chegou primeiro ao ginásio, subiu ao palanque e, antes que os outros três chegassem, tomou o microfone e bradou, dirigindo-se aos manifestantes:

— Fomos traídos por esse governo! Vamos às ruas! – conclamou.

A multidão se levantou, com Roberto e os demais chegando quando o pandemônio já estava em formação. Atônitos, buscaram as lideranças estaduais e informaram a situação. O presidente da Federação da Agricultura do Estado de Minas Gerais, Antônio Ernesto de Salvo, corajosamente, correu para o microfone e chamou seus conterrâneos:

— Mineiros, fiquem! Não sejamos inconsequentes!

Em seguida, o mesmo pedido foi direcionado aos paranaenses por Guntolf van Kaick, e depois outros. Alguns líderes conseguiram conter a saída de manifestantes, e outros não. Ao fim e ao cabo, a situação terminou em empate. Boa parte dos manifestantes saiu do ginásio, seguindo Caiado, e outra ficou. A Polícia Militar foi acionada para conter o grupo que estava na rua, que foi parado na região da rodoviária da cidade. Sem ímpetos de continuar, a multidão aceitou recuar para o ginásio, onde se dispersou. Chegava ao fim a primeira grande agitação pública organizada pela Frente Ampla sob a coordenação de Roberto Rodrigues no âmbito da jovem democracia brasileira, e que ficou conhecida como "O alerta do campo à nação", título de dois documentos, um escrito por Roberto e outro assinado pela Frente Ampla da Agropecuária Brasileira, ambos amplamente veiculados à época.

No primeiro deles, escrito logo após a manifestação em Brasília, de início, a união nacional foi posta em evidência:

> Vindos dos mais distantes rincões do País, enfrentando o desconforto de noites maldormidas, 30.000 agricultores brasileiros deslocaram-se a Brasília animados pela firme disposição

de alertar a sociedade brasileira para a situação de absoluta insolvência a que foi levado o setor agrícola (...) Encerrada essa primeira mobilização da classe rural, um evento histórico de significado inquestionável no processo de organização do agricultor brasileiro, a Frente Ampla da Agropecuária Brasileira vem prestar contas à Nação.

E foram listadas três reivindicações: o realinhamento dos preços mínimos agrícolas, produto por produto; a garantia de recursos para a safra de verão; e a fixação de taxas de juros para o crédito rural compatíveis com a lucratividade e os riscos da atividade agrícola.

Em seguida, foram elencadas as oito primeiras conquistas da frente, obtidas após o movimento. Entre elas, a correção pelo IPP dos preços mínimos de todos os produtos, a exportação de excedentes de arroz e milho e a liberação da cobrança de correção monetária entre março de 1986 e fevereiro de 1987 dos empréstimos com prazo superior a 12 meses. "Avançamos em nossas conquistas, mas retornamos aos nossos lares com o sentimento de estarmos apenas no começo de uma jornada", pontuava o texto em seguida, destacando a crise para a qual um governo federal insensível empurrava a agricultura brasileira. Crise no abastecimento, desemprego no campo, perda tributária nos municípios, êxodo rural e "reforma agrária às avessas, pela inviabilização da pequena propriedade, estimulando a concentração fundiária" eram alguns aspectos do sombrio futuro que os espreitava, caso nada fosse feito.

O último dia 12 de fevereiro será marcado na história da agropecuária nacional como o ponto de partida do que, até então, parecia um sonho impossível: a união dos produtores rurais do Brasil.

Assim começava o texto escrito por Roberto, também retrospectivo da data. Ele e seus companheiros sabiam que estavam fazendo história, e que ela ainda estava no início: "Passada a emoção do dia mágico, é preciso analisar os fatos e verificar as consequências do movimento", pontuou Roberto mais adiante.

Por isso, elencou os aspectos positivos daquele "alertaço": o ato em si, seus resultados e a constituição, no Congresso Nacional, da Frente Parlamentar da Agricultura. E previu:

> Cerca de 46 deputados e quatro senadores, impressionados com a grande mobilização, criaram o primeiro bloco suprapartidário da Assembleia Nacional Constituinte, um bloco que defenderá os legítimos interesses da agropecuária brasileira.

Era momento de transformar: mais do que acordos pontuais, Roberto desejava que, com base na negociação e no diálogo, as estruturas fossem movidas em favor da maior produtividade no campo – sem deixar de lado a responsabilidade social, econômica e ambiental. E assim finalizou:

> O conhecimento de nossa força e a solidariedade da sociedade urbana são, ambos, uma revelação que nos impulsiona inexoravelmente para um ponto onde a responsabilidade fica potencializada. Agora, devemos, mais do que nunca, manter o equilíbrio e buscar as soluções permanentes para o campo. Vamos, construtivamente, abrir um espaço para negociação. Vamos tocar essa portentosa força do campo, em benefício da Pátria, em parceria com cada brasileiro.

Ele havia descoberto que construir consensos em um País do tamanho do Brasil era uma tarefa e tanto. Trabalho intenso e complexo, que exigiria doses alternadas de pulso firme e maleabilidade, de voz grossa e de doçura. A frutificação daquele esforço parecia utópica. Ao mesmo tempo, outra grande batalha se desenhava: estava sendo convocada uma nova Constituição Federal, escrita com o auxílio do povo que elegeria a Assembleia Nacional Constituinte. Ali, Roberto e seus companheiros viram que podiam transcender a pura utopia.

* * * * * *

Anos de vivência no cooperativismo levaram Roberto a exercer, de maneira cada vez mais altruísta, as suas funções. O trabalho na presidência da OCB não era remunerado, e a cooperativa de Guariba tampouco havia lhe trazido alguma compensação financeira. Algo que ele considerava correto, uma vez que, na sua visão, o cooperativismo era mais do que um modo de produção, era uma filosofia de vida. Era seu grande propósito e vocação, que havia se entrelaçado a outro chamado: a educação.

O desejo de ensinar havia sido despertado anos antes, como consequência do adoecimento que Roberto experimentara no final do seu ano de calouro da Esalq. As experiências dos desmaios, das convulsões e da falta de saúde física o tinham assustado, trazendo consigo questões espirituais e existenciais. É verdade que ele havia crescido em um lar religioso, sendo educado na catequese católica e indo à missa sempre que possível. Dona Sofia havia ensinado Roberto e Anita a rezarem todos os dias, hábito que Roberto carregou para a vida. Ao acordar, sempre fazia uma oração a Deus, agradecendo por mais um dia e pedindo proteção para o próximo. Ao ficar doente, aos 19 anos, ele começou a meditar mais sobre o sentido da vida e percebeu que precisaria descobrir sozinho o propósito para o qual havia sido criado. Começou a ler livros de filosofia, processo que se desenrolou pelos anos seguintes, conforme a rotina de trabalho e de marido e pai permitia. Depois de muito pensar, concluiu que jamais conseguiria entender – fora da fé – qual o sentido da existência. No entanto, acreditando que a vida era uma dádiva divina recebida através dos pais, muito mais importante que discutir sua razão de existir, seria dar um sentido à sua vida. Se quisesse que sua existência tivesse sentido e não fosse algo "passado em branco", era preciso criar um impacto positivo no mundo. Esbarrou, então, no problema do poder. Ele por acaso era o Papa, ou o presidente dos Estados Unidos, para inspirar milhões de pessoas a praticar o bem ou, de um só golpe, impedir guerras? De que maneira um simples agrônomo de Guariba poderia impactar a vida de alguém?

A resposta chegou após um tempo meditando profundamente sobre a questão: "Vou ensinar tudo que sei para o maior número possível de pessoas", pensou. Quase ao mesmo tempo, recebeu o convite para ser professor. A proposta para ministrar uma disciplina de cooperativismo veio de Ricardo Carvalho, agrônomo esalqueano que Roberto conhecia desde a juventude – Ricardo, alguns anos mais moço, havia sido seu calouro e era diretor da Faculdade de Ciências Agrárias e Veterinárias de Jaboticabal, incorporada à Universidade Estadual Paulista, a Unesp, em 1976. O agrônomo havia se diplomado na Esalq em 1968, e no ano seguinte já assumira um posto de docente em Jaboticabal. Como a Fazenda Santa Izabel ficava na região e a atuação de Roberto no cultivo de cana e soja era conhecida, ele começou a convidar o colega para fazer palestras sobre a cultura. Depois que Roberto se destacou no meio cooperativista por meio da Coplana, veio o novo convite: lecionar uma disciplina de cooperativismo para os alunos de Agronomia. A matéria não fazia parte do currículo obrigatório. Era optativa, bem encaixada nas tardes de sexta-feira. O arranjo permitia que, mesmo quando passou a viver em Brasília, Roberto pudesse se deslocar para São Paulo e cumprir suas aulas, ao final da semana de trabalho.

Roberto teve a liberdade de estabelecer as diretrizes da disciplina, tendo como base a literatura cooperativista, a história do cooperativismo no Brasil e, finalmente, a realidade do segmento – temperada com muitos dados econômicos e indicadores sociais, que davam dimensão real ao trabalho das cooperativas. Graças a isso, e ao jeito dinâmico do professor, as aulas de Cooperativismo atraíam a atenção dos alunos. E, aos poucos, a disciplina foi ficando afamada. "O princípio cooperativista é essencialmente democrático", afirmou Roberto em entrevista ao jornal *O Estado de S. Paulo*, ao qual falou como professor da Unesp. "Tudo está convergindo para o cooperativismo. A própria crise forçará o agricultor a organizar-se em cooperativas, especialmente os pequenos", previu na ocasião, animado com a evolução do segmento – que, no entanto, ainda precisava superar algumas distorções, como a de que a cooperativa seria simplesmente "uma lojinha" para os cooperados, e não um órgão de união.

A Coplana, a OCB e a sala de aula haviam lhe dado uma visão holística do cooperativismo, deixando-o ainda mais convencido do papel que essas organizações teriam no Brasil do futuro. E, em 1987, o assunto da nação era o seu futuro. A criação da nova Carta Magna era uma promessa de Tancredo Neves, levada adiante por Sarney. Em novembro de 1986 aconteceu a eleição dos deputados e de dois terços dos senadores que comporiam o grupo da Assembleia Nacional Constituinte. Foi a primeira vez que o Brasil teve um sufrágio universal, com o direito ao voto estendido aos analfabetos – direito garantido pela Emenda Constitucional nº 25, de 1985. A Assembleia Constituinte, composta de 599 congressistas, tomou posse em fevereiro de 1987. O presidente da casa era o paulista Ulysses Guimarães, professor de Direito, ministro do Desenvolvimento, Indústria e Comércio Exterior no governo João Goulart e ex-deputado em diversos mandatos nas décadas de 1940 e 1950. "Doutor Ulysses", como ficou conhecido, pertencia ao Partido do

Movimento Democrático Brasileiro (PMDB), nova configuração do antigo MDB, que fazia oposição ao Regime Militar – e que, nos anos de bipartidarismo da ditadura, era o único partido com permissão para funcionar, ao lado da Arena. O PMDB compunha aquele que, na Constituinte, ficaria conhecido como "Centrão" – um grande grupo de partidos que pertenciam ao centro da esfera política, com grande poder de influência e decisão.

Roberto, como presidente da OCB, viu na Constituinte a chance de colocar o cooperativismo na Constituição Federal, garantindo seus direitos na nova era democrática. Para isso, começou a trabalhar tão logo a Assembleia foi anunciada. José de Campos Melo, assessor jurídico da OCB, recebeu a missão de explicar a novidade.

— Preciso de um favor – pediu-lhe Roberto. — Escreva uma cartilha explicando o que é a Constituição e qual a função da Assembleia Constituinte. Algo bem curto e claro.

Foram impressas cinco mil cópias da cartilha, despachadas para todas as cooperativas do Brasil. Ao documento, Roberto anexou uma carta pessoal aos presidentes de todas as cooperativas. Primeiro, dizia, será preciso eleger candidatos comprometidos com a causa do cooperativismo. Em segundo lugar, que as cooperativas estudassem e enviassem à OCB os pleitos que cada uma considerava merecedores de espaço na legislação. Ele queria um processo aberto e democrático, de baixo para cima, sem insinuações ou decisões tomadas atrás de portas fechadas. Passadas algumas semanas, as respostas vindas do Brasil já passavam das 350. Era um número considerável, e a leitura das correspondências gerou contentamento e alguns momentos de incredulidade. Houve, por exemplo, quem propusesse que as cooperativas tivessem direito a operar com "caixa dois" – "a única maneira de competir com o comércio convencional", foi a justificativa. As boas sugestões foram separadas, e Roberto deu uma nova missão a Campos Melo:

— Doutor, crie uma comissão jurídico-constituinte, com representantes de cada região do País. Preciso que vocês peguem todas as sugestões que foram dadas e as condensem em alguns pontos essenciais.

Essa etapa do trabalho durou dois meses. Ao final, a OCB tinha resumido todas as demandas em cinco pleitos para emplacar na redação da Carta Magna. O primeiro era a autogestão, pondo fim à exigência de autorização de funcionamento. O segundo pedia que o Estado estimulasse o cooperativismo por meio de áreas especializadas dentro do aparato estatal. O terceiro ponto pedia o reconhecimento de que as cooperativas de crédito faziam parte do sistema financeiro, em pé de igualdade com os bancos. A quarta demanda era a de que as escolas ensinassem os princípios e as práticas do cooperativismo desde o primeiro grau. E a quinta e última sugestão estabelecia que o Ato Cooperativo teria tratamento tributário adequado. Havia ainda um sexto tema, que transcendia o cooperativismo, mas que a OCB também defenderia: a criação de uma lei agrícola à imagem das que já existiam nos países desenvolvidos.

Consolidada a redação dos cinco pontos, Roberto fez novos despachos. Dessa vez, pediu aos presidentes de cada uma das OCEs que aprovassem aquelas diretrizes em assembleia. Com a aprovação unânime, Roberto enviou cartas para todos os partidos políticos, em que escreveu:

> O cooperativismo brasileiro deseja que existam os seguintes artigos na Constituição Federal. Os candidatos que se comprometerem terão o apoio da OCB, contanto que tenham em sua vida pregressa alguma ação associativa.

Centenas de candidatos a uma cadeira na Assembleia demonstraram interesse, e a OCB selecionou alguns deles, em cada estado, com base nas trajetórias de cada um. Os nomes dos candidatos comprometidos com o cooperativismo foram enviados às OCEs, e, ao final da eleição, 41 deputados e um senador da lista foram eleitos. O senador era José Richa, ex-prefeito de Londrina e governador do Paraná.

Roberto ficou satisfeito, mas também preocupado. Ele era um neófito em Brasília e não conhecia pessoalmente nenhum dos nomes que havia ajudado a eleger. Pediu ao amigo Íris Rezende que agisse como catalisador e agendasse uma reunião entre ele e os parlamentares nas dependências do Ministério da Agricultura e Pecuária. Quando chegou o dia, o ministro foi lisonjeiro ao apresentar o presidente da OCB:

— Eu conheço bem esse rapaz que conversará com vocês, e o considero um dos grandes líderes do Brasil. Ele tem um projeto, que é coisa rara – contou Íris aos presentes.

A apresentação animou os deputados e o senador, que prestaram muita atenção à fala daquele paulista. Descobriram que ele tinha grandes planos e muito pragmatismo.

— Preciso da ajuda dos senhores – disse Roberto. — Gostaria que cada um dos aqui presentes trouxesse mais três membros da Assembleia Constituinte para a Frente Parlamentar do Cooperativismo, suprapartidária, que esperamos criar a partir de hoje.

Roberto sabia que, para fazer passar os cinco pontos da OCB, era preciso ter o máximo possível de apoio. Ele sonhava congregar 160 deputados na nova Frente Parlamentar, de um universo de 550. Tal era a paixão de Roberto que suas ideias impressionaram os congressistas. O grupo deixou a reunião convertido à causa cooperativista, e tratou de passar a mensagem adiante. O nome Roberto Rodrigues começou a correr de boca em boca no recém-revitalizado Congresso Nacional, e, algum tempo depois, 217 deputados estavam alinhados na Frente Cooperativista. O presidente eleito pelo grupo foi o catarinense Ivo Vanderlinde, do PMDB.

Era preciso ter alguém para dialogar com toda aquela gente, com a profundidade que a matéria exigia. Foi então que o gaúcho Vergílio Perius entrou em campo. Formado em Direito e com uma visão do cooperativismo que abarcava a esfera prática e a academia, ele foi convidado para ser assessor parlamentar de Roberto no processo da Constituinte. Vergílio, Roberto e Vanderlinde passaram a se reunir todos os dias, na sede da OCB ou no Congresso Nacional. Nos meses seguintes, Roberto circularia intensamente pelos corredores da casa, a ponto de muitos funcionários tomá-lo por deputado. A agenda da Frente do Cooperativismo comportava reuniões, visitas entre lideranças e muitas apresentações da causa cooperativista. O grupo, liderado por Roberto, sempre buscava mostrar a importância do cooperativismo para as economias regionais em diferentes cantos do Brasil, de Norte a Sul, e suas implicações na esfera social.

A cada semana, Roberto recebia líderes cooperativistas de todo o País, convocados pela OCB, que vinham pressionar seus representantes eleitos, se informar sobre o andamento das discussões e os avanços da pauta e fazer contribuições. Afinal de contas, aquela era a primeira vez na história da política nacional que as cooperativas tinham um grande canal para expor suas ideias e necessidades. Houve o presidente de uma cooperativa de produtores de vinho do Rio Grande do Sul que desembarcou em Brasília com uma cestinha de vinho a ser entregue a cada membro da Frente: eram três garrafas, uma de vinho tinto, outra de branco e uma terceira de *rosé*. No rótulo, estavam impressas cinco propostas do cooperativismo na constituinte. Os presentes foram distribuídos entre os congressistas, e esse tipo de agrado fazia os cooperativistas e Roberto Rodrigues se tornarem cada vez mais conhecidos. No entanto, os relacionamentos com os membros da Assembleia eram os mais variados. Os paulistas Mário Covas e José Serra, por exemplo, torciam o nariz para a bancada cooperativista, por conta das defesas que faziam da questão agrícola e do mercado. Só um tema de entendimento pessoal.

Um dia, o deputado Michel Temer pediu para falar com Roberto. O paulista do PMDB era presidente da Comissão de Constituição e Justiça, e queria fazer uma observação prática quanto a um dos pontos defendidos pela bancada.

— Roberto, temos um problema. Essa proposta de ensino cooperativista não vai passar – afirmou.

O deputado explicou que, se um setor conseguisse o direito de ganhar uma disciplina no currículo escolar, todos os outros automaticamente mereceriam o mesmo tratamento. E então, além de educação para o cooperativismo, a meninada teria de estudar dezenas de disciplinas específicas – educação sexual, educação climática, educação no trânsito, entre outras – tornando a escola impraticável. Ele queria que Roberto retirasse aquele ponto das propostas, o que levaria outros setores a fazer o mesmo e tornar a Assembleia mais eficiente. Roberto ponderou e decidiu que era mais inteligente e produtivo ceder àquela questão. Ficaram quatro pontos, sendo centrais a autogestão e a validade das cooperativas de crédito. Nesse último tema, a OCB redigiu o artigo, que foi apresentado ao Parlamento pelo deputado Paulo Roberto Cunha, de Goiás. Era aquele um ponto especial para a OCB e Roberto. Se o cooperativismo em geral era fortemente tutelado pelo governo, na questão do crédito as limitações eram maiores. A vigilância do Banco Central era tanta que, na prática, acabava por inviabilizar a operação das cooperativas – elas não podiam emitir talões de cheque, por exemplo. As interdições da autoridade monetária eram conhecidas no ramo como os "Não Pode do Banco Central", e era fundamental que a Constituinte trouxesse avanços na questão, decisiva para o futuro do cooperativismo. E assim as pautas iam andando.

Certa tarde, quando a Constituinte já estava bastante avançada, Roberto estava fazendo um dos seus típicos almoços brasilienses – um sanduíche comido às pressas no próprio escritório da OCB, que era o que sua agenda permitia. O deputado Paulo Roberto Cunha (PDC-GO) entrou atarantado na sala, sem sequer pedir licença:

— O Zé Lins tirou do texto o nosso artigo sobre as cooperativas de crédito, e vai à plenária amanhã. Vamos perder tudo!

José Lins era relator da Comissão de Ordem Econômica. E agora? – pensou Roberto, angustiado. Os meses de andanças e convivência no Congresso já o haviam calejado, e ele farejou bem rápido que aquele golpe era puramente político. Alguém desejava derrubar o artigo à surdina. Como impedir? O único jeito era atacar utilizando a mesma arma da política. Roberto pegou o carro e correu para o Hospital de Base de Brasília, onde Roberto Cardoso Alves, conhecido como Robertão, líder do "Centrão", estava internado após um acidente de equitação. Ele e Cardoso Alves se conheciam e se gostavam, e Roberto achou por bem pedir ajuda ao deputado paulista. O deputado pediu que seu assistente telefonasse naquele momento para José Lins. Em poucos segundos, estava falando ao telefone com o colega de plenária:

— Olha aqui, seu filho da mãe. Eu sei que você tirou o artigo das cooperativas de crédito sem avisar ninguém. Ou você coloca de volta ou eu coloco a boca no trombone! – e desligou.

Roberto assistiu à cena perplexo. Agradeceu e retornou ao escritório. No dia seguinte, o artigo estava de volta ao texto, e foi aprovado. Coisas parecidas aconteceram aos demais artigos propostos pela OCB. A Constituição Federal de 1988 trazia ainda outro artigo relativo ao cooperativismo, proposto por Raquel Cândido e Silva, deputada por Rondônia. O ponto dava prioridade às cooperativas de garimpeiros nas concessões de garimpo. Roberto havia brigado para que o artigo não fosse aprovado. Ele não desejava que cooperativas tivessem privilégios em atividade alguma, e sim equidade. Brigou e perdeu. Após um ano e meio de trabalhos, sentia-se já batizado nas águas da política nacional.

E as vitórias do cooperativismo ficaram marcadas no texto da Constituição Federal de 1988. Entre os Direitos e Garantias Fundamentais, Capítulo I, artigo 5º, parágrafo XVIII, assim ficou registrado o princípio da autogestão: "a criação de associações e, na forma da lei, a de cooperativas independem de autorização, sendo vedada a interferência estatal em seu funcionamento". No capítulo sobre Ordem Econômica e Financeira, artigo 174, parágrafos de 2 a 4, foi registrado o compromisso do Estado brasileiro com o cooperativismo:

> § 2º: A lei apoiará e estimulará o cooperativismo e outras formas de associativismo.
>
> § 3º: O Estado favorecerá a organização da atividade garimpeira em cooperativas, levando em conta a proteção do meio ambiente e a promoção econômico-social dos garimpeiros.
>
> § 4º: As cooperativas a que se refere o parágrafo anterior terão prioridade na autorização ou concessão para pesquisa e lavra dos recursos e jazidas de minerais garimpáveis, nas áreas onde estejam atuando, e naquelas fixadas de acordo com o artigo 21, XXV, na forma da lei.

Estes dois últimos, vale dizer, não estavam no escopo original da Frente, que desejava isonomia no setor cooperativista. Mesmo assim, entrou na Constituição.

No Capítulo II, Da Política Agrícola e Fundiária e da Reforma Agrária, o cooperativismo foi inserido entre os principais planejadores e executores das políticas do setor, conforme redação do artigo 187:

> A política agrícola será planejada e executada na forma da lei, com a participação efetiva do setor de produção, envolvendo produtores e trabalhadores rurais, bem como dos setores de comercialização, de armazenamento e de transportes, levando em conta, especialmente: (...) VI – o cooperativismo.

As cooperativas também foram lembradas na Constituição em matéria tributária, segundo o artigo 146 do Capítulo I, do Sistema Tributário Nacional, segundo o qual caberia a uma legislação complementar "adequado tratamento tributário ao ato cooperativo praticado pelas sociedades cooperativas".

Por fim, o trabalho da Frente pelo Cooperativismo fez com que a nova Constituição finalmente reconhecesse o papel das cooperativas de crédito no sistema financeiro. No Capítulo IV, Do Sistema Financeiro Nacional, ficou registrado: "o funcionamento das cooperativas de crédito e os requisitos para que possam ter condições de operacionalidade e estruturação própria das instituições financeiras".

* * * * * *

Roberto tinha ainda mais dois anos à frente da presidência da OCB, de onde sairia em 1991. Após a vitória na Constituinte, seu nome ganhou ainda mais relevo, dentro e fora do País. No Brasil, tomou posse em órgãos como o Alto Conselho Agrícola do Estado de São

Paulo, Conselho de Crédito Rural e Agroindústria (CCRA) e Conselho da Associação Brasileira de Produtores de Milho e Sorgo (ABMS). Em janeiro de 1991, participou da fundação do Conselho Nacional de Política Agrícola (CNPA), ocasião na qual também se estabeleceu a Lei nº 8.174, a chamada Lei Agrícola – texto redigido com apoio da OCB. No mês seguinte, durante a gestão de Zélia Cardoso de Mello à frente do Ministério da Fazenda, tomou parte na Comissão Empresarial de Competitividade, onde aconteceriam debates sobre estratégias nacionais, planos e programas que tornariam a economia brasileira mais competitiva. Nesse conselho, Roberto atuava em nome da agricultura. Pouco depois de ter saído da OCB, Roberto tomou parte em mais uma instância de aconselhamento político-econômico nacional: no Conselho Monetário Nacional (CMN), onde era o único representante do setor agrícola. Aceitou o convite apenas após a aprovação e o apoio dos colegas da área. No CMN, estava na companhia de seis representantes dos setores financeiro, do comércio e dos trabalhadores, entre outros.

Seguia administrando a Fazenda Santa Izabel a distância, visitando a esposa e os filhos menores em São Paulo, para onde haviam se mudado, e dando aulas na Unesp de Jaboticabal. Uma vez por ano, embarcava em viagens de pescaria no Pantanal, suas férias prediletas. Eventualmente organizava partidas de futebol entre os professores da Faculdade de Jaboticabal. Geralmente, os acadêmicos jogavam contra os médicos da cidade. Roberto conhecia uma porção deles, já que seus dois cunhados mais moços, irmãos de Eloísa, também eram médicos.

Havia ainda a agenda internacional. Roberto, por ser presidente da OCB, era vice-presidente nato da Organização Cooperativa das Américas. Tão logo assumiu o cargo, procurou se inteirar da participação do Brasil no órgão, e ficou conhecendo, aos poucos, a realidade das cooperativas dos países vizinhos. Recebia estrangeiros e viajava muito, gastando o espanhol aprendido na juventude e sempre renovado pela verdadeira paixão que nutria pelo tango e pelo bolero. Vários países vizinhos que também haviam passado por golpes de Estado nos anos 1960 e 1970 estavam retornando ao regime democrático. Esse processo incluía, como no caso do Brasil, uma reforma constitucional ou o estabelecimento de legislações específicas do cooperativismo. Roberto era convidado a realizar palestras a respeito da articulação da OCB e da Frente Parlamentar do Cooperativismo no processo da Constituinte. Falou em organizações nacionais de cooperativismo e em parlamentos. Peru, Colômbia, México, Argentina, Paraguai... enfim, começou a correr a América Latina. Também viajou para Estados Unidos, Canadá e Europa, lugares onde sempre fazia questão de divulgar a agricultura e o cooperativismo brasileiros. Verificou que, apesar de suas qualidades, o País era pouco conhecido no exterior em termos produtivos – quando muito, havia a visão engessada e ultrapassada de exportador de café, e nada mais.

Roberto queria levar o cooperativismo e a agricultura brasileiros para o mundo. Sabia que o Brasil podia ganhar muito se fosse mais ousado e proativo no plano internacional, para além dos mecanismos da diplomacia oficial. Acontece que, em 1991, ele não parava de ser procurado pelos seus compatriotas. Um deles, que o sondou pedindo ajuda, foi o paranaense Brasílio de Araújo Neto. Ele era presidente da Sociedade Rural do Paraná e havia retornado de uma viagem aos Estados Unidos com uma ideia: realizar uma "feira dinâmica" no Brasil. Brasílio havia se encantado com a norte-americana Farm Progress Show, um grande evento de exposição de máquinas agrícolas no qual os equipamentos eram vistos em pleno funcionamento, trabalhando em campos reais. Ele achava que o Brasil poderia se beneficiar de um evento do gênero, e consultou Roberto sobre a possibilidade de a OCB trabalhar na execução do projeto. Roberto achou a ideia formidável. Só havia um problema: ele já estava de saída da presidência da Organização e não podia se comprometer. Disse ao rapaz que procurasse a Sociedade Rural Brasileira (SRB). E, de fato, as duas sociedades, Brasileira e do Paraná, juntaram-se para apoiar a primeira feira agronômica dinâmica do País, em 1992. Brasílio foi o grande organizador e patrono financeiro do evento, que foi realizado na própria fazenda, em Londrina. Teve prejuízo.

Em 1993, Roberto foi eleito presidente da Sociedade Rural Brasileira (SRB). Aquele seria um ano atribulado em sua vida. Em março, assumiu a presidência da SRB, uma das mais tradicionais organizações de produtores agrícolas do País. Meses depois, na companhia de alguns líderes com uma visão arrojada da agricultura brasileira, Roberto se uniria a eles para criar a Associação Brasileira de Agronegócio (Abag). A nova associação era presidida por Ney Bittencourt de Araújo, dono da Agroceres. Ney e Roberto eram amigos de longa data, que haviam trabalhado juntos nos anos da Frente Ampla da Agropecuária. Tinham em comum o amor pelo campo, unido à tecnologia. A Abag foi criada em consonância com essa visão, segundo a qual o negócio agrícola estava longe de ser uma indústria arcaica, e sim um conjunto dinâmico de produtores, fornecedores e intermediários, em que a agricultura andava de mãos dadas com a inovação científica. Ney ficou na presidência da Abag, mas, como andava cheio de problemas na própria empresa, Roberto, eleito seu vice-presidente, começou a tocar os assuntos das duas entidades (SRB e Abag), ao mesmo tempo que continuava acompanhando a agenda cooperativista e comparecendo a eventos da causa.

Foi em uma dessas viagens de negócio, em junho de 1993, que o acaso lhe apresentaria outra oportunidade peculiar. Ele estava em Roma quando recebeu um telefonema internacional. Era Luiz Antônio Fleury Filho, governador de São Paulo. Contou que estivera com o novo presidente da República, Itamar Franco, e que seu nome fora considerado para assumir o Ministério da Agricultura. Fleury, na condição de conterrâneo, tinha a função de sondá-lo. Roberto dispensou a proposta, mas o governador não desanimou.

— Seria importante para São Paulo. Por favor, não feche essa porta. Pense um pouco e amanhã conversamos novamente – pediu.

No dia seguinte, um novo telefonema, com uma novidade que Roberto recebeu com uma pontada de gratidão, porque permitiria se esquivar de vez da proposta: para assumir o Ministério seria preciso se filiar ao PMDB, partido do presidente.

— Pois agora minha resposta é definitivamente não. Não vou me filiar a nenhum partido! – devolveu Roberto. A independência política era uma forte convicção sua.

Fleury não insistiu, mas ficou com aquela ideia na cabeça: ter Roberto no governo. Se não podia ser na esfera federal, quem sabe na estadual? A articulação política começou mudando algumas peças de lugar. O secretário de Agricultura de São Paulo, José Antônio Barros Munhoz, aceitou trocar de partido e ir para o PMDB. Virou ministro. A titularidade da pasta paulista da Agricultura ficou vaga, e Fleury voltou a abordar Roberto. Queria que ele fosse secretário. Não era preciso se filiar a partido algum. Essa observação fez Roberto prometer que pensaria na proposta.

Levou a questão a amigos de confiança e ao conselho da Sociedade Rural Brasileira. Queria a opinião dos colegas a esse respeito. Tanto os conselheiros quanto os amigos tinham a mesma opinião. Ele, Roberto, não era cheio de ideias para melhorar a agricultura? Não era essa sua grande causa e vocação? Que lugar era melhor para realizá-las do que no Estado? Uma vez secretário, ele poderia estudar, elaborar e colocar em prática novas políticas públicas para a cadeia produtiva. Ele pensava como produtor rural, pelo fato de ser um, e nada melhor para os produtores rurais de São Paulo do que ter um dos seus conduzindo a política do Estado. Era uma oportunidade coletiva. Roberto decidiu dizer sim a Fleury.

Consolidava-se o já mencionado surgimento do complexo setor da "Agroindústria". Roberto Rodrigues seguia, corajoso, na sua já recorrente missão de "tirar leite de pedra".

CAPÍTULO 8

DEZ MESES E ALGUMAS TEMPESTADES

Deu na coluna "Direto da Fonte", de Sonia Racy, no jornal *O Estado de S. Paulo*: "A mudança de Roberto Rodrigues, da Sociedade Rural Brasileira para a Secretaria de Agricultura do governo Fleury, quase deixa a SRB acéfala". A data era 9 de julho de 1993, e a ausência de Roberto na entidade era bastante discutida. Embora os conselheiros tivessem sido unânimes em aconselhá-lo a aceitar o posto no governo, era fato que sua partida seria profundamente sentida. Além disso, a vacância do cargo de presidente criou um impasse dentro do órgão, e a solução foi licenciar-se do posto, em vez de simplesmente se demitir. Com essa solução, a Rural voltou a ser presidida pelo anterior líder, Pedro Camargo Neto, e as coisas entraram nos eixos de maneira tranquila. Ao que tudo indica, aquela movimentação de cargos serviria a um bom propósito. O próprio Roberto acreditava que os anos de experiência em Brasília, tendo vivenciado o frenesi da Constituinte, o haviam preparado para exercer funções ligadas à política não partidária. Ele estava ciente de que não ganharia todas as brigas, mas estava disposto a combater o bom combate da fé em suas convicções. E, além delas, pela consciência das realidades da agricultura e da política.

A essa altura, ele sabia também que as batalhas se davam no dia a dia, centímetro por centímetro, em nível pessoal. Cinco dias depois de ter tomado posse como secretário de Agricultura e Abastecimento do Estado, Roberto desembarcou na Fazenda Santa Izabel tendo ao lado ninguém menos que o governador de São Paulo. O aniversário de Jaboticabal seria comemorado naquele final de semana, e, além de levar Luiz Antônio Fleury Filho à festa, o novo secretário queria que a ocasião servisse para que os dois se conhecessem melhor. Os ares da Santa Izabel proporcionavam o ambiente ideal para uma conversa reservada e franca a respeito dos desafios da Secretaria. E, acima de tudo, o empreendimento da família Rodrigues era uma verdadeira vitrine das ideias de Roberto para a agricultura. Mecanização, tecnologia agrícola, rotação de culturas, preservação ambiental, pesquisa científica na prática, assistência educacional e de saúde para os filhos dos funcionários, vida no campo: a Santa Izabel apresentava um sólido conceito sobre todos esses temas, essenciais para a vitalidade da Secretaria. Resultado do trabalho não só do novo secretário, mas de toda a família, que ele apresentou a Fleury cheio de orgulho: seu pai, o lendário Toninho Rodrigues; a esposa, Eloísa; e o filho mais velho, o jovem Paulo, diplomado há pouco mais de dois anos e já labutando na fazenda. E havia ainda as inúmeras famílias de colonos. Algumas delas trabalhavam na fazenda há duas ou mais gerações, e todas formavam, entre si e para os Rodrigues, uma segunda família. Era, enfim, uma amostra do que era possível realizar no agronegócio, com uma perspectiva técnica e tecnológica, sem deixar de ser humana.

De volta a São Paulo, Roberto lançou-se ao trabalho. Ainda em julho, fora anunciado que as principais lideranças agrícolas nacionais estavam preparando um projeto de reforma tributária. O trabalho conjunto entre a Confederação Nacional da Agricultura, a OCB e a SRB (Sociedade Rural Brasileira) versava principalmente sobre o futuro do Imposto sobre Circulação de Mercadorias e Serviços (ICMS) – um imposto recolhido pelo Estado e, portanto, tema que cairia sobre as mesas de Roberto e Fleury. Em setembro, a Secretaria sob o comando de Roberto anunciou preparar uma proposta de política pública para a alimentação: o subsídio estatal da cesta básica para a população de baixa renda. Assim explicou Roberto à imprensa:

> Com subsídio, a demanda por alimentos aumenta e, como consequência, cresce a produção do campo e a compra de produtos do campo e a compra de produtos como adubos, fertilizantes, tratores etc., elevando a demanda da indústria.

Suas ideias animavam a equipe, formada por técnicos com muitos anos de casa. No dia a dia, seu estilo podia destoar bastante dos padrões de uma secretaria de Estado. Nos anos de presidência da OCB, por exemplo, Roberto realizava um serão informal a cada 15 dias, reunindo todos os funcionários. Sentados por toda a sala de Roberto, os integrantes da equipe trocavam informações sobre indicadores agrícolas e econômicos, sobre política em geral e a respeito do andamento das pautas do cooperativismo. Foi esse estilo despojado que ele levou à Secretaria, surpreendendo e conquistando os servidores acostumados aos protocolos sisudos que vigoravam na casa.

O novo secretário chegava cedo para o expediente, e ninguém da equipe ficava sem um caloroso "bom dia, tudo bem?". As numerosas secretárias adoravam suas mesuras e o modo como ele sempre se mostrava preocupado com o bem-estar das moças. Entretanto, por mais cortês que fosse com todos, não significava que ele fizesse vista grossa aos erros. Muito pelo contrário: doutor Roberto, como era chamado na Secretaria, era muitíssimo exigente, minucioso e perfeccionista. Uma vez acordadas quais eram as tarefas de cada um, ele não voltava à baila, deixando cada funcionário conduzir o trabalho de maneira autônoma. O resultado que ele esperava era o mais bem realizado possível. Por isso, o clima da Secretaria era de camaradagem e leveza, mas também de seriedade e comprometimento. Roberto amava contar histórias e recheava os dias de trabalho com "causos" deliciosos, nos quais episódios engraçados mesclavam-se às lições sobre a agricultura e a vida. Todos os funcionários sabiam que Antonio Rodrigues, pai do chefe, também havia ocupado o posto de secretário da Agricultura – exatamente 30 anos antes do filho, segundo o próprio dizia, cheio de satisfação. Toninho era uma figura usual em suas preleções e, quando queria ilustrar algum problema ou solução, sempre tinha na ponta da língua uma história real, ocorrida no tempo do seu pai, ou antes, ou depois. A escola de Piracicaba, os campos de Jaboticabal e Guariba e suas andanças pelo interior paulista eram assuntos constantes. Roberto também lançava mão de desenhos e inúmeras metáforas para explicar as questões do dia a dia da Secretaria. As suas histórias e aulas informais ensinavam e motivavam, entusiasmando todos aqueles que as escutavam. "Quem não anda, desanda!", era uma das suas frases costumeiras para elevar a moral da equipe. Se alguém ali não era apaixonado pela agricultura, tornou-se após o convívio com Roberto.

Essas tertúlias eram mais comuns para o pessoal que o acompanhava nas viagens pelo interior do Estado. Eram técnicos, assessores, secretárias e funcionários do cerimonial da casa, como Miriam Longo, funcionária com anos de casa, que via Roberto conduzir suas falas públicas com a mesma naturalidade com que falava com o pessoal do escritório, sem suar frio e sem exigir grandes acessórios. Quando as viagens incluíam um pernoite fora da capital, eles conheciam um chefe mais informal, que adorava pedir suas músicas preferidas nos restaurantes e cantar. Eram peças antigas, "do tempo do onça": tangos, boleros, velhas canções de Frank Sinatra, Nat King Cole, Edith Piaf e Maurice Chevalier, que evocavam a vitrola de dona Sofia e as matinês de Campinas. Vinham então as histórias sentimentais do seu amor pela música. Falava do "Tumba trio" dos tempos de faculdade e dos rapazes do "Último Gole", bar cujas serestas ele frequentava nos dias da cooperativa de Guariba. Suas andanças internacionais eram particularmente recheadas de episódios musicais. Puxando assunto em restaurantes e nos bares dos hotéis onde se hospedava, Roberto cortejava os músicos e, com frequência, tinha seus pedidos musicais atendidos, não raro com o convite para "dar uma canja" no palco.

Havia acontecido numa viagem a Chicago, em 1987, quando ele e o pianista do hotel, que era mexicano, fizeram a noite da comitiva organizada pela Bolsa de Valores de São Paulo (Bovespa). Meses depois, em um evento em Ribeirão Preto (SP), um dos presentes na plateia, vendo que Paulo era filho de Roberto, que estava no palco discursando, perguntou: "Ele é seu pai? Eu juro que já o vi cantando num hotel em Chicago no fim do ano passado!". "O tempo é a verdadeira prisão do ser humano. Por isso, o único homem livre é o boêmio, que não sabe nem quer saber que horas são!", filosofava Roberto, explicando seu amor à boemia – para irritação de Eloísa, que esperava até altas horas o marido voltar das noites de cantoria. O clichê dizia que Paris era uma festa; para Roberto, qualquer bodega em um canto qualquer do mundo poderia sê-lo. Bastava que houvesse música.

* * * * * *

O secretário foi franco ao expressar sua descrença:

— Será que isso funciona mesmo? – provocou sua equipe.

Ele teve dificuldade em imaginar a cena: um trabalhador paulistano entrando em um vagão lotado de um trem ou do metrô, em horário de pico, carregando uma sacola com laranjas, mel, ovos e outros produtos alimentícios. Era assim que funcionava o programa Estação Economia, criado no início da década de 1990. No projeto, quiosques espalhados em diversas estações do Metrô de São Paulo, da Empresa Metropolitana de Trens Urbanos e das Ferrovias Paulistas S.A. vendiam produtos agrícolas a preço de custo. À primeira vista, Roberto pensou que o programa não dava pé. A demanda devia ser pouca, e sabe-se lá em quais condições de armazenamento os produtos eram vendidos. Apenas pela descrição da equipe, ele não sabia se a ideia era boa – para a população e para a Secretaria. "É ver para crer", concluiu.

Um dia, fez um *tour* por estações que possuíam os pontos de venda, e se surpreendeu com o que viu. A realidade endossava os dados oficiais: muita gente comprava, a qualidade dos produtos era excelente e o preço era realmente baixo para o consumidor, sem deixar de ser lucrativo para a Secretaria. Gostou daquele modelo de entreposto, e disse à equipe que o programa deveria ser expandido. Mais estações, mais fornecedores, mais variedade, com o mesmo preço vantajoso. Na época, o brasileiro ainda convivia com as altas taxas de inflação herdadas da década anterior. O novo ministro da Fazenda, Fernando Henrique Cardoso, havia assumido o compromisso de reduzir drasticamente a inflação, mas ainda levariam alguns meses até que a população pudesse, de fato, enxergar os resultados da nova reestruturação monetária. Por enquanto, persistiam as iniciativas dos estados e municípios para mitigar os efeitos da inflação sobre o orçamento doméstico – sobretudo em relação aos alimentos. Era o que a Secretaria desejava realizar cada vez mais, tanto quanto fosse possível.

Roberto tinha opiniões e iniciativas que não seguiam nenhuma cartilha fechada e preestabelecida. Seguindo o princípio de escutar o campo ao criar políticas públicas, ele defendia propostas que funcionassem para os produtores de todos os tamanhos e que se refletissem na melhoria da oferta de alimentos. Em sua visão, o Estado deveria fomentar boas iniciativas e dar asas às boas práticas do setor privado. Em novembro de 1993, em fala à imprensa, enumerou:

> Na Secretaria da Agricultura vamos privatizar o que for privatizável. O setor de sementes está pronto para ser entregue a

particulares, e o Ceagesp é outro setor onde os particulares já podem entrar. Para o Parque da Água Branca, a ideia é transformá-lo numa vitrine da agropecuária paulista.

Além da eficiência administrativa, sua gestão se pautava pelo amor à ciência e ao cooperativismo. Roberto brigou para aumentar o orçamento de órgãos como Instituto Agronômico, Instituto Biológico e Instituto de Economia Agrícola. A Secretaria contava com uma porção de subdivisões dedicadas à pesquisa, e o secretário entendia que deixá-las sem recursos suficientes era um tiro no coração da agricultura paulista e brasileira. Situação semelhante era a das Câmaras Setoriais, modelo de fóruns entre o setor público e o privado. A gestão anterior havia reduzido as Câmaras, que voltaram com tudo com Roberto. Na área cooperativista, Roberto reforçou o Instituto de Cooperativismo e Associativismo do Estado de São Paulo (ICA), primeiro órgão governamental da América do Sul dedicado a prestar assessoria às cooperativas.

Dando vazão à sua missão de habilitar as cooperativas como agentes produtivos de peso, Roberto colocou o cooperativismo paulista em rota internacional. Ele havia coordenado a fundação da Eximcoop S/A, importadora e exportadora de cooperativas brasileiras. Como secretário, um dos alvos de novos negócios foi Cuba – que, assim como outros países latinos, passava por um período de reformulação produtiva e financeira, apesar de as rédeas do estado ainda estarem bem atadas às mãos de Fidel Castro. Em dezembro de 1993, Roberto presidiu uma missão ao país socialista, carregando os presidentes da Ocesp, da Cooperativa dos Agricultores da Região de Orlândia (Carol) e da Cooperativa Nacional Agroindustrial (Coonai), entre outros empresários e líderes setoriais. No ano anterior, a ilha havia visto o nascimento de nada menos do que 1,4 mil cooperativas, muitas delas no setor agrícola. "Cuba está no caminho certo ao abrir sua economia, principalmente no setor agrícola e, por isso, as possibilidades de o Brasil participar desse processo serão maiores", explicou o secretário na ocasião. O governo de São Paulo assinou, em Havana, um acordo de cooperação técnico-científico na área de biotecnologia, e Roberto palestrou para os cooperados cubanos, contando a experiência brasileira e indicando os próximos passos para o fortalecimento do setor no país. Os cubanos, por sua vez, manifestaram interesse por insumos e tecnologias agrícolas brasileiras ainda indisponíveis no mercado local. Do lado brasileiro, chamaram atenção os projetos com derivados de cana – cultura fortíssima em Cuba há mais de um século – e de algumas vacinas para o setor pecuário, fruto do trabalho em universidades locais. Roberto também estava de olho na importação do *grapefruit* cubano, cítrico bastante consumido nos Estados Unidos e na Europa e ainda desconhecido no Brasil.

Experimentando dali, perguntando aqui e inovando acolá, Roberto trabalhava arduamente na Secretaria. Além dos técnicos concursados, contava com um pequeno *staff* selecionado por ele para ajudá-lo na missão. O cabeça dessa equipe era um antigo colega de Esalq, Ivandro Sanchez. Logo após a formatura da F-65, turma da qual fazia parte, Sanchez havia retornado à sua Santo Anastácio, na região de Presidente Prudente. Exercia a profissão de agrônomo na propriedade da família e se envolveu com a política partidária, ainda nos anos de ditadura militar. Entrou para as fileiras do MDB e começou a militar. Foi prefeito da sua cidade entre 1982 e 1989, quando também exercia a função de delegado na convenção nacional do PMDB. Quando terminou o mandato, decidiu pendurar as chuteiras da política. Três anos depois, recebeu o telefonema:

— Ivandro, o Roberto foi chamado para assumir a Secretaria de Agricultura. Só tem um porém: seria interessante ter na equipe alguém do PMDB... você aceita ser o chefe de gabinete?

Ivandro chefiou o gabinete do colega de turma durante todo o período em que Roberto permaneceu na Secretaria. Com formação parecida, os dois amigos afinavam-se no trabalho e na vida, contribuindo para a coesão de toda a equipe. Essa coesão era necessária, sobretudo porque Roberto havia decidido tirar do papel, e desta vez pra valer, uma ideia que anos atrás um jovem paranaense havia lhe apresentado.

※ ※ ※ ※ ※ ※

Tradicionalmente, uma feira de equipamentos agrícolas apresentava o seguinte perfil: caminhões, tratores, colheitadeiras e demais máquinas eram expostas em um grande galpão. Todas elas brilhavam de tão novas, e nunca haviam tocado no chão de fazenda alguma. Bonitas promotoras das marcas ficavam ao pé de cada uma, distribuindo panfletos, revistas, e havia muita conversa entre comes e bebes. E terminava aí. As feiras dinâmicas, por outro lado, tinham o poder de exibir, na prática, a potência e a utilidade de cada novo equipamento do mercado. As feiras tradicionais enchiam os olhos, mas não fechavam tantos negócios quanto poderiam e deveriam. Na feira dinâmica, os compradores poderiam analisar o maquinário e fazer novas e pertinentes perguntas aos fabricantes. Mais interesse, mais negócios. Além disso, a mecanização da agricultura havia evoluído de maneira extraordinária desde os anos 1970. Era simplesmente anacrônico apresentar equipamentos moderníssimos da mesma forma que se fazia na década passada. Se a agricultura tinha espaço para evoluir, os eventos precisariam acompanhar essa realidade. Foi o que Roberto havia matutado nos últimos anos, desde que Brasílio Araújo Neto havia lhe falado da feira dinâmica norte-americana. Na época daquele encontro, Roberto estava prestes a deixar a OCB. Agora, por outro lado, ele era secretário de Agricultura de São Paulo. Decidiu que o governo estadual seria o principal apoiador da primeira grande feira dinâmica da agricultura brasileira. Colocou as mãos à obra.

A grande contribuição do governo do Estado seria ceder o local para o evento. Roberto escolheu Ribeirão Preto, já consagrada como a "Califórnia brasileira". A cidade contava com uma grande Estação Experimental pertencente ao Estado, cujos campos poderiam ser utilizados na demonstração de máquinas. O município também contava com ampla infraestrutura, com aeroporto e inúmeros hotéis, garantindo a estada e o deslocamento de pessoas vindas de vários cantos de São Paulo – e, com sorte, de estados vizinhos, como Minas Gerais e Mato Grosso. Com essa condição, a feira tinha tudo para pegar. O passo seguinte foi conversar com Ney Bittencourt, que presidia a recém-criada Abag. Roberto explicou que o governo cederia a Estação Experimental e que a Abag, com sua proposta de fomentar o agronegócio, poderia assumir a realização da feira em si – buscar patrocínio, vender espaços a expositores. Ney topou, e criou-se uma comissão organizadora, formada pela Secretaria de Agricultura, pela Abag e por diferentes órgãos representativos. Foi realizada uma licitação para contratar uma empresa produtora de eventos que cuidasse dos detalhes da feira. Venceu uma firma de Ribeirão Preto, o que deixou Roberto chateado – ele desejava que a empresa de Brasílio, o autor intelectual da ideia, fosse a responsável pela realização. Estabelecido o comando, começou a trabalheira propriamente dita.

Em primeiro lugar, o pessoal do Instituto Agronômico de Campinas, ao qual pertencia a Estação Experimental de Ribeirão Preto, demonstrou certa resistência à ideia. Os cientistas da casa não viam com bons olhos o que enxergavam como uma feira direcionada ao mercado, sem conexão com o campo dos estudos. "Pessoal, será antes de tudo uma feira de tecnologia!", explicou Roberto nos encontros com as equipes de agrônomos. Convenceu-os, e a feira ficou na Estação Experimental. Faltava, agora, a infraestrutura física para transformar a fazenda em um espaço apto a receber milhares de pessoas por dia – linhas de telefone, eletricidade e estradas. Não havia estrutura pública, e o setor privado não investiria em algo definitivo que, afinal de contas, pertencia ao Estado. A saída era convencer o prefeito de Ribeirão Preto a embarcar na feira batizada como Agrishow. Se ele abraçasse a ideia, tudo seria mais fácil.

O médico Antônio Palocci governava Ribeirão Preto em seu primeiro mandato pelo Partido dos Trabalhadores (PT). "O PT, apoiando um evento do agronegócio? É mais fácil chover canivete...", comentou o pessoal, quando soube que Roberto planejava uma parceria com a prefeitura. A principal figura do partido era o ex-líder metalúrgico Luiz Inácio da Silva, o Lula, conhecido por sua língua ferina com o capital. Lula havia perdido a eleição presidencial de 1989, no segundo turno, para Fernando Collor de Mello – que seria alijado da Presidência da República por um processo de *impeachment*, em 1992. Quando Roberto assumiu a Secretaria e começou a projetar a Agrishow, o ano de 1993 já ia pela metade, e no seguinte haveria novas eleições presidenciais. Era certo que Lula estaria novamente no páreo, de modo que, naquela altura, ninguém achava prudente "mexer com o PT". Foi o que o próprio Fleury aconselhou a Roberto, na conversa em que o secretário contou seus planos de buscar uma parceria com a prefeitura petista de Ribeirão Preto.

— A Telerp, empresa de telefonia, é municipal. Sem telefone, não tem feira – sintetizou Roberto.

— Concordo. Mas, se possível, não vá à prefeitura. Não gosto de parceria com o PT – devolveu o governador.

Roberto não conhecia os políticos do PT, e pagou para ver. Ricardo Gorayeb, presidente da Telerp, era seu conhecido. Pediu que ele servisse de intermediário e conseguisse um encontro com Palocci.

— Tudo certo, Roberto! A reunião será sábado, aqui na sede da Telerp – informou Gorayeb.

Nas primeiras duas horas da reunião, apenas Roberto falou. Explicou ao prefeito como era uma feira agrícola tradicional, como seria uma feira dinâmica, e o encheu de dados a respeito do pujante agronegócio paulista, mostrando a necessidade da participação da municipalidade que seria beneficiada durante o evento, sobretudo hotéis, restaurantes e bares. Ao fim da explicação, Palocci se manifestou:

— Eu sou médico sanitarista e entendi muito pouco do que você falou – confessou. — Mas o Gorayeb é meu amigo e me falou muito bem de você, então estou tranquilo e você também pode ficar. A prefeitura apoiará o evento.

A batalha estava ganha. Quatro grandes fabricantes de equipamentos embarcaram imediatamente no projeto: Jacto, Marchesan, Baldan e Jumil. O grupo representava a Associação Brasileira de Indústria de Máquinas e Equipamentos (Abimaq). Outras empresas e associações aderiram rapidamente ao projeto. Tudo arranjado com os setores público e privado, a comissão organizadora foi responsável por tocar o projeto. De quando em quando, Roberto ia a Ribeirão Preto para participar de alguma reunião e conferir o que andava sendo plantado na fazenda da Estação Experimental – as estrelas eram a soja, a cana e o milho, compondo um bom panorama das principais variedades do mercado. Conforme maio de 1994 se aproximava, ficava mais claro que aquele trabalho pioneiro teria resultados espetaculares. E assim aconteceu. Uma reportagem publicada em 4 de maio pelo jornal *O Estado de S. Paulo* informava:

> Começa hoje em Ribeirão Preto (SP) o Agrishow 94, 1ª Feira de Tecnologia Agrícola em Ação. O evento deve dar origem a

negócios no valor de US$ 300 milhões, segundo os organizadores e empresas participantes.

O Banco do Brasil, outro apoiador de peso, havia criado uma linha de crédito especial para atender os produtores rurais interessados em comprar novos equipamentos na feira. Ao todo, 200 expositores compraram espaço no evento, vendendo desde tratores e colheitadeiras até fertilizantes, sementes e defensivos. Cinquenta hectares cultivados estavam prontos para cerca de 400 sessões de demonstrações de maquinário, agendadas para uma semana de evento. Naquele ano, o Brasil previa uma safra recorde de grãos, o que tornou a Agrishow ainda mais atrativa para o setor.

Na inauguração da feira, Roberto assinou com 122 prefeitos do interior paulista um convênio para a municipalização da agricultura. Desde 1992, o governo vinha, aos poucos, passando algumas funções da administração da agricultura para os municípios. A assinatura coletiva na Agrishow elevou para 213 o número de cidades participantes do novo modelo. Segundo reportagem da *Folha de S.Paulo*, com a assinatura do convênio, os 122 prefeitos dividiriam uma verba anual de CR$ 1,2 bilhão.

Em 1994, os eleitores escolheriam o novo governador de São Paulo. O PMDB queria emplacar um sucessor a Fleury, e o escolhido para concorrer pelo partido da situação foi José Antônio Barros Munhoz, cuja bandeira era o fomento ao agro – Munhoz fora secretário da Agricultura – e que compareceu à cerimônia de inauguração da Agrishow. Roberto, que desejava ficar bem longe dos quiproquós da política, viu-se em um palco que muitos viram como "palanque eleitoral". Aquela era uma fonte de desgosto com sua posição de secretário, e estava longe de ser a única.

Uma das suas primeiras iniciativas assim que chegou à pasta era uma reforma administrativa. Ele acreditava que a Secretaria perdia em eficiência e recursos por conta de algumas estruturas criadas em gestões anteriores. "Em termos de funcionamento geral a Secretaria da Agricultura pode ser comparada a um fusquinha 69. Para andar bem hoje precisamos de um Gol 1.8, pelo menos. O ideal seria um Monza, mas isso é demais", definiu certa feita. A desejada reforma empacou quando foi levada a instâncias superiores do governo estadual, e seus planos de tornar o órgão mais enxuto fizeram água. Roberto não se sentia afinado com Fleury, um político muito convencional para o seu gosto. Ainda no último trimestre de 1993, ele começou a se sentir tolhido. Outro grande projeto que ele tinha em mente era a criação de um fundo, alimentado por entidades privadas, que colocasse dinheiro nos órgãos estaduais de pesquisa. Era alarmante que os Institutos Agronômico e Biológico estivessem perdendo seu histórico protagonismo no desenvolvimento da ciência, e o setor privado poderia ser um aliado. A ideia foi barrada na Assembleia Legislativa.

Para completar, houve a surpresa do orçamento para 1994, decidido em dezembro do ano anterior. No projeto, o Estado destinaria à Secretaria de Agricultura apenas 0,9% do montante disponível – o pior índice dos últimos 15 anos. Roberto ficou inconformado. Reclamou com Fleury e levou o assunto à Assembleia Legislativa, por meio de Barros Munhoz, que era deputado. Ganhou e brigou: a Secretaria de Agricultura levou 1,4% do orçamento para 1994, ainda muito pouco, dada a contribuição do agronegócio paulista aos cofres estaduais. Roberto não ficaria na casa por muito mais tempo. Insatisfeito, pediu demissão a Fleury poucos dias depois do encerramento da Agrishow. Em nove meses à frente da Secretaria, sua missão terminava ali.

* * * * * *

Otávio de Souza deixou a vida no mesmo silêncio que envolvera suas últimas décadas de vida. O ano era 1995. No ano anterior, após deixar a Secretaria de Agricultura e Abastecimento, Roberto havia retornado à presidência da SRB. Além disso, era vice-presidente da Sociedade Nacional de Agricultura e presidente do Comitê Agrícola da Aliança Cooperativa Internacional (ACI), associação não governamental do cooperativismo mundial. Acabara, ainda, de assumir a vice-presidência da Associação Comercial de São Paulo (ACSP). Sua vida estava concentrada na capital, embora acompanhasse atentamente os negócios e a vida das fazendas da família Rodrigues e do empreendimento rural que tinha em sociedade com Ivan Aidar, em Minas Gerais. Os melhores amigos de Esalq se tornariam sócios em 1973, e em 1994 expandiram a parceria. Atraídos pelo solo fértil e por uma série de estímulos, venderam suas propriedades rurais de Minas Gerais e compraram uma fazenda no Maranhão, onde planejavam cultivar soja. Colocaram o novo empreendimento nas mãos dos filhos, Paulo Rodrigues e Fábio Aidar. Os dois rapazes cresceram como se fossem irmãos, e foram responsáveis por começar o empreendimento do zero, em um meio de mundo pouquíssimo familiar a ambos.

Por intermédio de seu filho mais velho, Paulo, Roberto sabia de tudo que se passava em Guariba. Assim que seu Otávio ficou doente, foi avisado por ele. Estava se preparando para ir ao interior visitar o velho guru quando recebeu um novo telefonema:

— Pai, o seu Otávio morreu.

Roberto chegou a Guariba horas depois do enterro. Um dos filhos que Otávio deixou, Luiz, era funcionário aposentado da Usina São Martinho. Foi ele quem cuidou do enterro de seu Otávio, cujo descanso perpétuo não se localizava muito distante do rancho no qual vivera as últimas décadas.

A partida de seu Otávio era mais uma manifestação da lei universal que o guru sempre havia pregado: tudo passa. A lei da vida era a de nascimentos e mortes, com novos começos se atando a cada fim. Aos 53 anos, Roberto se considerava vivido o bastante para compreender aquela lei. Quantas coisas ele já não tinha visto nascerem e minguarem? Sua irmã mais velha, Marina, falecera na casa de saúde onde vivia, em São Paulo. Antonio e Sofia eram senhores de cabelos brancos e rostos enrugados, figuras cada vez mais distantes do jovem e vigoroso casal que havia topado viver na remota Cordeirópolis. E eram bisavós dos dois netos de Roberto e Eloísa. A primeira a nascer foi Mariana, em 1994, primogênita de Paulo. Em 1995, veio Pedro, filho de Cândida. E sabe-se lá quantos ainda viriam, dos quatro filhos que o casal criou e que agora tinham suas vidas estabelecidas. Paulo era agrônomo; Cândida, psicóloga formada pela USP; Marta estudou Direito na Pontifícia Universidade Católica de São Paulo (PUC-SP) e advogava, e o caçula, Rodrigo, seguia os passos da família, ao ser mais um "esalqueano" do clã. Todos eram profissionais, casados com boas pessoas, levando adiante os bons princípios aprendidos em casa.

Outro sinal da passagem do tempo era que Roberto não era mais o "cabeça" da Santa Izabel. Paulo diplomou-se na turma de 1989, e desde antes de sua formatura tinha para si um plano traçado pelo pai. Roberto jamais se esqueceu do duro tratamento recebido de Antonio em seu primeiro ano como agrônomo profissional. Queria que sua relação com o próprio filho fosse diferente. Queria que, desde o começo, Paulo pudesse abrir as asas e voar, conduzindo o negócio da família com autonomia. Sabia que, para isso, o rapazinho precisava ter aquelas terras na palma de sua mão. Como? Conhecendo absolutamente tudo que se passava ali dentro. Ele queria que Paulo entendesse os aspectos econômicos e contábeis do negócio, dominasse a mecânica das máquinas e soubesse de cor e salteado como os produtos locais eram cultivados. Antes mesmo da formatura, ele já havia deixado Paulo responsável pelo cuidado com o gado de leite que criavam na Santa Izabel. A princípio, Roberto ofereceu ao pai aquela responsabilidade. Antonio estava cada vez mais debilitado, física e mentalmente, e o filho pensou que aquela tarefa o animaria. Ele não aceitou, mas sugeriu o nome do neto. Paulo assumiu o trabalho, sendo supervisionado e aconselhado pelo avô.

Em 1990, Roberto criou uma espécie de "programa de *trainee*" personalizado, que pudesse completar a formação acadêmica do filho. Na primeira fase, ele o enviou para uma temporada de um mês trabalhando em uma fazenda de citros. Queria que o filho entendesse a cultura. Depois, vieram alguns meses como aprendiz de mecânico em uma oficina de usina de açúcar longe dali. Ninguém saberia quem ele era, e sua missão era saber montar e desmontar um motor de trator. O rapaz voltava para casa nos finais de semana com as unhas sujas de graxa e cara de poucos amigos. Eloísa ficou ao lado do filho, e reclamou com o marido:

— Seu filho é nosso colega de profissão, um agrônomo! Dê um serviço para o qual ele estudou! – pedia a esposa.

Roberto manteve a decisão, e ao fim daquela tarefa Paulo havia cumprido a missão. O terceiro estágio externo seria para aprender tudo sobre irrigação, mas o Plano Collor frustrou os projetos da família, e Paulo precisou retornar à Santa Izabel, onde foi trabalhar no escritório de administração.

— Mas, pai, isso não é serviço de agrônomo! – queixou-se quando recebeu a incumbência de fazer um inventário da fazenda, que elencasse desde a máquina mais cara ao menor parafuso do estoque.

Fez mesmo assim. A última missão? Medir a fazenda. Sim, já havia um mapa, conforme o rapaz lembrou. No entanto, o pai respondeu que os mapas eram velhos e muitas vezes se contradiziam. Eles tinham de saber as medidas exatas da propriedade, conhecer seus limites com a precisão de centímetros. Paulo fez, e viu a fazenda em suas mãos. De assistente agrícola, virou gerente. Havia outros dois gerentes, nas áreas financeira e de suprimentos. Depois de quatro anos como gerente, em 1995, recebeu de Roberto o bastão de comando em definitivo: foi promovido a gerente-geral e responsável por toda a operação do negócio. A mudança consolidou o que há anos era realidade. Roberto ficava pouquíssimo tempo em Guariba, e até mesmo no Brasil. Viajava muito, e era o filho competente e super-responsável, quem assinava os papéis, por meio de uma procuração.

Paulo aprendeu a conhecer a Santa Izabel com aqueles que a conheciam melhor. Esse grupo era formado não apenas pelo pai e pelo avô, mas também pelo dedicado pessoal da fazenda. Funcionários como José Roberto de Melo, José Biscio e Joaquim Ferreira, com décadas de trabalho dedicado à Santa Izabel. José Roberto chegou à fazenda bem jovem e viveu ali durante trinta anos. Começou trabalhando na lavoura, e depois que aprendeu a mexer com as máquinas virou tratorista e motorista de caminhão; casou-se com uma moça que também morava na colônia, e ali criaram os três filhos. Em 1992, tornou-se administrador da Fazenda Morumbi. Joaquim cresceu na fazenda, aonde o pai, seu Aparecido, chegou no ano de 1953, para trabalhar na roça. O menino frequentou a escolinha da colônia e, aos 14 anos, tornou-se ajudante de serviços gerais. Passou pelo almoxarifado, oficina e, em 1985, ganhou da fazenda uma bolsa de estudos para se graduar em Química Industrial. Quando completou 21 anos, foi morar na cidade. Enquanto seguia com os estudos, era pouco a pouco promovido na fazenda, até alcançar um cargo de supervisão.

Um dos funcionários mais antigos, e que mais perto trabalharia com Paulo nos primeiros tempos, era José Biscio. Seu primeiro contato com a Santa Izabel se deu no remoto ano de 1939. Ele ainda era um bebê de colo, e a fazenda pertencia a Bento de Abreu Sampaio.

Aos 10 anos, como não era incomum na época com as famílias de trabalhadores, começou a cortar cana. Ganhava 11 cruzeiros por dia, a metade do pagamento dos adultos. Nunca mais parou de trabalhar. A família Biscio mudou-se da Santa Izabel e foi para outras bandas, mas José retornou em 1969, como fiscal de turma de colheita. Ele era responsável por receber a cana e registrar a quantidade que cada cortador colhia em seus respectivos talhões. Em 1970, Roberto convidou-o para tomar conta da Fazenda Bela Vista. Ali, ele plantou e colheu cana, cuidou do solo, cultivou arroz, milho, soja e os preciosos figos. Sabia calcular mentalmente quanto cada pedaço de terra renderia em frutas ou cana-de-açúcar, e, muito disciplinado, gozava da plena confiança de Roberto e Antonio. "Zé, se você está dizendo que está tudo em ordem é porque está. Eu não preciso ir até aí para ter certeza", dizia Roberto quando telefonava para Biscio para saber do andamento da fazenda. Ele e a esposa, Idalina, criaram os quatro filhos na região.

Em 1992, Biscio foi convidado para voltar a viver na Santa Izabel. "O Paulo se formou e vai assumir as coisas por aqui. Queria que estivesse aqui para ajudá-lo", pediu o patrão. O homem retornou à Santa Izabel e começou a trabalhar ao lado da terceira geração da família. Ele tinha muita experiência em algo para o qual Paulo não havia estudado: lidar com as variadas pessoas que trabalham em uma fazenda. Era versado na distribuição de serviços, alocava funcionários em novas atividades e explicava o funcionamento da empresa aos recém-chegados. "Você está entrando em um lugar muito bom de trabalhar. Se fizer tudo certo, fica aqui até se aposentar", assegurava aos recém-chegados. O veterano também sabia avaliar as dificuldades e aptidões de cada um na lida, habilidades que o jovem Paulo exercitaria a partir dali.

De geração em geração, todos (o pessoal da roça, da oficina, motoristas, funcionários do escritório e membros da família Rodrigues) aprendiam e ensinavam uns aos outros. E festejavam uns com os outros, porque as festas promovidas no velho terreirão de café eram sem igual na região. O Dia do Trabalho e o final das safras enchiam os olhos, e as festas juninas eram a grande estrela do calendário. São João, São Pedro e Santo Antônio eram comemorados com muita fartura de comida, brincadeiras típicas, música, fogueira e fogos de artifício. As crianças da fazenda, filhos dos colonos, eram bem cuidadas pela administração, jovens aprendiam a cultivar mudas de espécies tropicais e de árvores frutíferas. Na casa sede, era Jaíza quem comandava o trabalho da cozinha. Ela também chegou à fazenda pequena, com toda a família, porque o pai, seu Antônio, fora contratado como cocheiro. Cresceu na colônia e quando era mocinha começou a ajudar Eloísa com a casa, logo após o nascimento de Paulo. Aprendeu a cozinhar com dona Sofia, cujo talento e arsenal de utensílios culinários eram vastíssimos. Aprendeu a temperar o feijão do jeito que Roberto gostava, e a fazer os doces típicos da roça – goiabada, compotas, doce de leite. Também se casou ali, e criou os filhos na Santa Izabel. Seus irmãos e irmãs igualmente trabalhavam na fazenda.

O dia a dia da administração da Fazenda e do departamento de pessoal também era tocado por "crias da casa". Isabel Menezes era filha de seu David, que chegou à Santa Izabel quando ela e os irmãos eram pequenos. David foi administrador da fazenda por muitos anos, braço direito de Roberto. Nos anos 1970, foi convidada por Roberto para trabalhar na recepção do escritório, substituindo a própria irmã, que havia se casado e pararia de trabalhar. A jovem tinha 18 anos, e sempre estudou na região. Pouco depois de assumir o novo posto, ganhou uma bolsa de estudos da Fazenda, e ingressou na faculdade de Serviço Social, em Ribeirão Preto. Uma vez formada, começou a trabalhar em sua profissão. Sandra Zanbon era uma das raras funcionárias que não cresceram na fazenda. A moça de 18 anos trabalhava em uma gráfica de Guariba, e foi convidada pelo gerente

Pedro França, em 1987, para trabalhar no departamento de pessoal. Foi avisada logo de princípio que Roberto, embora viajasse muito a trabalho, gostava de ter os assuntos da fazenda na palma da mão. Era um chefe cioso, que exigia que toda a contabilidade, feita à mão, fosse absolutamente perfeita.

As equipes de Recursos Humanos e Assistência Social tinham um trabalho variado, que envolvia desde os pagamentos dos funcionários até acompanhar suas demandas de saúde e educação. Foram eles, também, os responsáveis pelo processo de dissolução física da colônia. A melhoria das condições de vida dos empregados e o desenvolvimento de Guariba levaram as famílias a, pouco a pouco, buscar residência na cidade. Paulo, já no comando passado por Roberto, optou, então, por desmanchar as casas da fazenda, dando assistência aos funcionários que quisessem construir as próprias casas na área urbana. A colônia da Santa Izabel terminou, mas continuou na memória coletiva. E a fazenda continuou crescendo, acompanhando e antecipando as tendências. A Santa Izabel fez sua primeira colheita mecanizada parcial, sem queima, em 1992. Em 1997, 90% da cana era colhida dessa forma. Anos depois, o método viraria lei, e as históricas queimas de cana foram proibidas em todo o Estado de São Paulo.

* * * * * *

Entre 1993 e 1995, Roberto esteve na presidência da Sociedade Rural Brasileira e na presidência do Comitê Agrícola da ACI, que lhe exigia muitas viagens – uma agenda internacional que ele cumpria desde os tempos de presidência da OCB e que ocupava uma fatia cada vez maior de seu tempo. Presidia também o Conselho Continental da ACI, que funcionava em São José da Costa Rica. Na SRB, mesclou à equipe local alguns jovens talentos. Entusiasta da inovação, ele acreditava que aquelas instituições tradicionais, repletas de profissionais com décadas de experiência, se beneficiariam com a presença de sangue novo. Uma dessas pessoas era Mônika Bergamaschi, que foi sua aluna na Unesp de Jaboticabal. Nos quatro primeiros anos estudando Agronomia, a jovem decidiu seguir a carreira de geneticista. Queria estudar melhoramentos na soja, até que Roberto e a disciplina de cooperativismo cruzaram seu caminho. Foi ali que ela e os colegas conheceram um lado mais humano da agronomia, cujo foco não estava no cultivo de espécies, e sim no que acontecia com o alimento depois que ele era colhido. Como era comercializado, a quais preços e de que maneira essa cadeia poderia agregar valor às matérias-primas e ser mais produtiva e justa. Todos sabiam que o professor que amava contar histórias era muito viajado – grande parte dos enredos que ele utilizava para ilustrar suas explicações eram suas experiências das viagens.

Naquele início dos anos 1990, um jovem universitário de Jaboticabal tinha pouca perspectiva do que era o mundo lá fora. Os mais abastados até haviam conhecido outros países com a família, mas nada era parecido com o olhar analítico e curioso que o professor de cooperativismo os ensinava a ter sobre o mundo. Roberto incentivava os alunos a estudar idiomas e consultar a secretaria da Faculdade sobre estágios em São Paulo ou mesmo intercâmbio em outros países. Graças a isso, alunos passaram temporadas de estudo ou trabalho em países como Estados Unidos, Israel e Austrália. Mônika ficou encantada com o novo mundo descortinado pelo professor. Fez um intercâmbio de dois meses na Alemanha e, em vez emendar a graduação com um mestrado em Genética, como era seu plano, decidiu partir para São Paulo logo depois da formatura. Começou a trabalhar como analista de crédito rural em um banco.

Roberto acompanhava como podia a carreira profissional da sua jovem pupila. Vindo de um tempo em que eram raríssimas as mulheres que estudavam Agronomia, ele gostava de incentivar o desenvolvimento das alunas. Sabia, por experiência pessoal, que as mulheres possuíam pontos de vista mais criativos e humanos a respeito dos problemas do dia a dia e que o mercado só se beneficiaria com a presença delas. Foi quando decidiu que, a partir dali, suas equipes seriam montadas de maneira equânime entre os gêneros: se possível, metade seria formada de homens, e a outra, de mulheres. Mônika começou a frequentar o escritório da SRB nas horas vagas, ficando amiga de todos e ajudando no que podia. Revisava relatórios e estudos, digitava documentos, ajudava a organizar encontros e até auxiliava no preparo das aulas de cooperativismo de Roberto na Unesp, muito bem colocadas nas sextas-feiras do segundo semestre. Foram três anos nessa toada de aprendizagem fora da sala de aula. Em 1996, aconteceram mudanças. Roberto convidou a ex-aluna para produzir um programa semanal de entrevistas que ele apresentaria, no *Canal Rural*. Meses depois, quando Roberto chegou à vice-presidência da Abag, pediu à Mônika que o assessorasse.

A mudança para a Abag tinha razão de existir: a Agrishow paulista estava por um fio. A edição de 1995 não havia sido satisfatória, e a desorganização nas finanças e na produção do evento levou-o a "cair no conceito" de patrocinadores, fornecedores e expositores. Em outubro de 1995, foi convocada uma reunião entre todas as instituições do conselho da Agrishow, na sede da Abimaq. O presidente da associação era Sérgio Magalhães, que logo disparou:

— Houve uma incompetência muito grande na feira deste ano. Queremos recuperar a feira e assumir a sua organização. Assumimos as dívidas, e em troca queremos 80% da feira.

O desconforto na sala foi geral quando foi levantada mais uma exigência: se fosse para a Abag continuar no time organizador, que Ney Bittencourt fosse substituído na presidência do evento. A Abimaq considerava que o presidente da Abag estava marcado pelo fiasco da feira de 1995, e só aceitava continuar trabalhando naquele grupo se o próximo evento fosse presidido por Roberto.

— Nem pensar! – objetou Roberto.

Foi quando encontrou o olhar do amigo, que era de aflição. Ney pediu licença para conversar em particular com Roberto.

— Por favor, assuma! – pediu o presidente da Agroceres, explicando a confusão em que havia se metido.

Ele, como presidente da feira, havia assinado toda a papelada, acreditando que tudo estava nos conformes. Agora, a feira estava devendo R$ 1,5 milhão para diferentes fornecedores, e era na porta de Ney que os credores batiam. Era seu nome que ia parar na Justiça. A Abimaq assumir as dívidas o livraria de um problema e tanto. Voltaram para a reunião. O governo do estado de São Paulo disse que poderia assumir a feira, mas os demais não aceitaram. Ao final, chegaram a um acordo: Ney sairia da presidência da Agrishow, Roberto tomaria a frente do evento e a Abimaq assumiria as dívidas e 80% da Agrishow de 1996. Os outros 20% foram distribuídos entre Abag, SRB, Associação Nacional para Difusão de Adubos (Anda) e Associação Nacional de Defesa Vegetal (Andef). Era preciso, ainda, levantar um milhão de reais para viabilizar a feira. A Agrishow estava marcada para abril de 1996, dali a seis meses.

Fazer a Agrishow 96 acontecer virou matéria de vida ou morte para Roberto. Sua primeira parada foi em Brasília. Marcou uma reunião com o ministro da Agricultura, José Eduardo Andrade Vieira, e contou toda a história. Disse que precisavam de recursos do governo e que o Banco do Brasil e a Caixa Econômica deveriam liberar recursos para financiar a compra de máquinas. Em troca, entidades federais como Embrapa e Conab seriam expositores de honra na feira. O ministro concordou e disponibilizou R$ 500 mil. No mesmo dia, foi à sede do Banco do Brasil. Reuniu-se com o presidente da instituição, contou a mesma história e conseguiu a liberação de mais R$ 500 mil. Em um dia, havia levantado a quantia necessária para tirar a Agrishow do papel. A alegria, porém, durou pouco. O retorno a São Paulo o tirou das nuvens...

A Associação Nacional dos Fabricantes de Veículos Automotores (Anfavea) não queria mais expor na Agrishow e estava se mobilizando para promover a própria feira dinâmica, em Campinas. Roberto sabia que, se eles saíssem, o evento iria por água abaixo. Pediu uma reunião com o diretor da entidade, Pérsio Pastre, e um punhado de representantes de grandes fabricantes, como Ford, Fiat e New Holland.

— Senhores, Ribeirão Preto é a Califórnia brasileira! Ninguém pensa em Campinas como centro do agronegócio – cravou.

O grupo decidiu recuar da decisão de abandonar a Agrishow, dando a Roberto um voto de confiança: comprariam estandes maiores na feira de 1996. Em uma semana, os demais espaços foram vendidos. A antiga empresa organizadora foi dispensada, e Roberto, como presidente, assumiu a parte política da feira. Falava com a imprensa, mantinha relacionamento com apoiadores, animava o setor do agronegócio e as cooperativas para conferir o evento. E os grandes executivos do evento, que passaram meses trabalhando mais de doze horas por dia, foram Mônika, sua aprendiz, e Antônio Ermínio Pinazza, superintendente da Abag, que teve um papel central no reerguimento da Agrishow.

Nos primeiros dias de 1996, Roberto voltava da viagem de comemoração do Ano Novo. Foi quando o rádio deu uma nota inesperada: o empresário Ney Bittencourt de Araújo fora encontrado morto em seu apartamento. O choque o fez brecar o carro no meio da estrada. A determinação da morte ainda não havia sido definida, mas a hipótese de suicídio soava plausível a quem havia conhecido a agonia dos últimos meses de Ney. Roberto quis homenagear o amigo. Nos dois meses seguintes, escreveu a todos os nomes do agronegócio que haviam convivido com Ney. Foram 150 cartas, pedindo que contassem um caso memorável do presidente da Agroceres. Recebeu mais de uma centena de respostas, e as reuniu no livro *Ney Bittencourt, o dínamo do agronegócio*, que seria lançado na abertura da Agrishow. O atribulado ano de 1996 estava apenas começando, e Roberto ainda teria de enfrentar mais uma grande batalha pessoal.

* * * * * *

Poucas semanas antes da Agrishow, Roberto descobriu um câncer na próstata. O tumor foi percebido em um *check-up*, que Roberto só marcou por insistência dos filhos, que temiam que a correria em que o pai vivia, entre aeroportos, reuniões e eventos sem fim, pudesse trazer algum problema cardíaco. O diagnóstico caiu como uma bomba sobre Eloísa. Seu pai havia morrido de câncer quando ela era jovem. A possibilidade de perder o marido da mesma forma a deixou arrasada. Os quatro filhos ficaram igualmente apreensivos, ainda mais porque, de acordo com o médico, o tumor era muito agressivo e deveria ser retirado quanto antes.

— Mas eu estou no meio de um trabalho importantíssimo! Não posso me ausentar – queixou-se Roberto ao especialista.

Passado o choque da notícia, ele decidiu que precisava ser pragmático. Queria honrar as responsabilidades assumidas e conhecer bem seu inimigo. Sabatinou o médico a respeito do câncer: sua localização, como seria o tratamento e quais os riscos envolvidos. Foi informado de que o risco de ter sequelas, entre elas uma metástase óssea, era de 30%.

— Com essa chance, sairei ileso e curado disso tudo – pensou Roberto. Decidiu encarar o assunto.

Marcou a cirurgia de remoção do tumor para a segunda-feira seguinte ao encerramento da Agrishow. E informou aos conselheiros da Sociedade Rural Brasileira e da feira que estava com câncer na próstata e que seria operado logo após o evento.

A notícia correu o Brasil, e as cartas começaram a chegar a São Paulo. Vinham de amigos, conhecidos e desconhecidos. Gente de cooperativas, produtores rurais, empresários e anônimos com quem havia cruzado em algum momento naquelas décadas de vida pública. Em comum, todos diziam a mesma coisa: Roberto sairia daquela. Entre todas, ficou mais emocionado com duas cartas. De uma sitiante de Rio do Sul, em Santa Catarina, e de uma recepcionista de Brasília, que havia assistido a algumas palestras suas, escapulindo da recepção para o salão de eventos. A primeira agradecia os conselhos ouvidos em uma palestra de Roberto há muitos anos, e a segunda dizia: *"Gostaria de dizer que sou sua fã, e que o senhor vai vencer o câncer. Pois plantou amor, e agora vai colher."*.

Na Agrishow, ele mal pôde caminhar. Todos queriam lhe dar um abraço e transmitir uma mensagem de esperança. A feira foi lançada com emoção e sucesso de público. As palavras de apoio, escritas e faladas, injetaram-lhe ânimo e coragem. No domingo que antecedeu a abertura da feira, havia ido para São Paulo. Chamou o advogado e cuidou dos trâmites legais da herança, estabelecida no testamento previamente escrito. Passou as fazendas para os filhos. Cada bem e cada alfinete que possuía em seu nome receberam um destino certo, e sobre a escrivaninha do escritório não havia uma folha por assinar. Temor? Não. Responsabilidade para consigo mesmo e todos os demais. Estava pronto para enfrentar um novo desafio.

CAPÍTULO 9

RODANDO O MUNDO (DE CORPO E ALMA)

Roberto acordou da cirurgia para a retirada do tumor na próstata e ficou feliz por encontrar o mundo tal qual havia visto pela última vez. Eloísa, os filhos e os amigos mais próximos, liderados por Ivan, estavam no hospital, ansiosos pelo fim da cirurgia. Na véspera da internação, ele obteve mais uma demonstração de que os laços do afeto podem ser sentidos mesmo quando estamos separados por centenas de quilômetros. Estava no apartamento em São Paulo quando recebeu um telefonema de *João* Paulo Koslovski, presidente da Organização das Cooperativas do Estado do Paraná (Ocepar).

— Roberto, estamos rezando uma missa pela sua saúde aqui em Curitiba. Todos os presidentes das cooperativas do Paraná estão presentes, e gostaríamos que você rezasse o Pai-Nosso conosco – disse João Paulo.

Participando da cerimônia a distância, unido aos companheiros de cooperativismo por meio da oração que fazia todas as noites desde a infância, Roberto não conteve a emoção. E chorou. Não sentia mais medo – um sentimento estranho que, no decorrer daquela véspera da cirurgia, havia provocado o coração e inquietado a mente. Algo tentando minar os alicerces da confiança que construiu aos poucos, desde o diagnóstico. Com o telefonema inesperado, a apreensão cessou e deu lugar à gratidão. Sentia-se grato pelas oportunidades que a vida lhe havia oferecido naqueles anos todos. Foi ali que soube, de uma vez por todas, que sobreviveria ao câncer. Ainda tinha muito tempo pela frente, e muito a fazer.

A recuperação da cirurgia se deu sem grandes sobressaltos. Apesar da pressa em se ver livre da sonda e dos curativos, e dos movimentos cuidadosos daqueles dias de cicatrização, Roberto seguiu à risca as instruções do médico. Ao cabo de pouco mais de um mês, estava recuperado, e não apresentou nenhuma das sequelas que podem acometer homens que tiveram câncer de próstata. Aos poucos, retomou as atividades de costume. Coisas simples, das quais sentia falta: ir ao escritório, reunir-se com os companheiros de cooperativismo e agronegócio e receber os amigos na fazenda. Eram muitas atividades, compromissos e vontades, que, após a doença, ele sentia o dever de intensificar ainda mais. Começou o ano de 1997 com muito apetite pela vida.

Voltou às atividades como vice-presidente da Abag. Além de trabalhar pelo agronegócio brasileiro, Roberto há muito estreitava suas relações com o ambiente cooperativista internacional, dando continuidade ao trabalho iniciado nos anos em que ocupou a presidência da OCB. Depois de ter filiado a OCB à Aliança Cooperativa Internacional (ACI), em 1988, passou a representar o Brasil na esfera internacional. Como falava razoavelmente alguns idiomas, começou a atuar como intérprete entre latinos e europeus. Enquanto traduzia, aproveitava para meter a colher no tema em discussão e opinar – essas interferências poucas vezes passavam despercebidas. Além de divulgar a experiência brasileira com a Assembleia Constituinte, ele assumiu a presidência do Comitê Mundial de Cooperativas Agrícolas, braço da ACI dedicado às cooperativas do campo. Desde 1992, era também presidente do Conselho Continental das Américas da ACI. O convite havia partido das demais lideranças cooperativas do continente, durante um congresso sediado na Cidade do México.

O presidente da estadunidense *National Cooperative Business Association* (NCBA) explicou que seria criado um conselho internacional em cada continente, e que o presidente da divisão americana seria automaticamente o vice-presidente da ACI, em Genebra. Na avaliação do grupo, embora o Brasil fosse o país que há menos tempo participava da Aliança, a liderança de Roberto no cooperativismo nacional e regional teria muito a agregar.

— Queremos uma figura de centro, e não da esquerda ou da direita, que nos represente na Europa, e você é o homem para isso – cravou o norte-americano.

Foi assim que Roberto iniciou suas andanças pelo mundo, colocando o Brasil no mapa-múndi do cooperativismo. Já na primeira reunião da ACI à qual compareceu, em Genebra, fez questão de mostrar a que viera: falou em português, inglês, italiano, francês e espanhol, mostrando que o Brasil estava pronto para abraçar o mundo, debater e contribuir com a pauta cooperativista internacional. Como afirmara o presidente da NCBA, a escolha de Roberto para o posto de representante das cooperativas do continente tinha uma motivação política estratégica. O brasileiro era conhecido pela sua independência partidária e pelo diálogo franco tanto com a esquerda quanto com a direita. Em tempos pós-Guerra Fria, aquela habilidade era tida como cada vez mais necessária. A cortina de ferro havia caído fazia pouco tempo, e os dois lados do jogo político mundial começavam a se reencontrar e reconhecer após décadas de tenso distanciamento. O diálogo entre o mundo capitalista e o antigo bloco socialista se intensificava. Roberto, com seu interesse e habilidade para a formação de consensos, seria um canal importantíssimo para a formação de pontes no mundo cooperativista.

Desde 1992, quando foi eleito presidente do comitê americano da ACI, Roberto comparecia às duas reuniões anuais da Diretoria da ACI

– uma obrigatoriamente na Suíça e a outra em localidade variável. Em fins de 1996, depois de ter superado o câncer, Roberto foi liberado para retornar à agenda de viagens de longa distância, bem a tempo de acompanhar os preparativos para a eleição da próxima diretoria da Aliança Cooperativa Internacional. A essa altura, sua presença nos encontros era celebrada. Sua visão doutrinária a respeito do cooperativismo era admirada por representantes de todo espectro político. Segundo sua definição – explicada de maneira metafórica, como ele bem gostava –, o cooperativismo era um rio cuja foz era o bem comum. As duas margens eram o capitalismo e o socialismo, e todas as vertentes políticas podiam se beneficiar das cooperativas. Para o capital, elas asseguravam uma compreensão humana do trabalho e do lucro, pondo de lado a injustiça, a exploração e até mesmo prevenindo falhas de mercado, como o monopólio. No socialismo, ou em nações recém-saídas dele, as cooperativas asseguravam ao cidadão o direito de planejar seus esforços e se apropriar mais diretamente do fruto de seu trabalho, sem o intermédio do Estado.

Todas essas concepções eram conhecidas dos líderes que, em 1995, haviam participado de uma histórica reunião em Manchester, na Inglaterra. O longo encontro, com uma semana de duração, teve como resultado uma redefinição das características e dos valores e princípios do cooperativismo, indo ao encontro das mudanças provocadas pela queda do Muro de Berlim, em 1989. Um dos comandantes do trabalho era o canadense Ian MacPherson, acadêmico brilhante ao qual Roberto e outros líderes cooperativistas se uniram a fim de pensar os rumos daquela atividade que, mais do que nunca, surgia como uma "terceira via". Um sistema econômico à parte.

Roberto era reconhecido não apenas por suas posições políticas e ideológicas, mas também pelo bom humor e pelo tratamento próximo que dispensava aos colegas de ACI – um espírito que destoava, sobretudo, daqueles europeus mais sisudos. Por isso, não foi surpresa quando se elegeu presidente da Aliança Internacional. A decisão foi unânime, e consolidou um movimento que vinha se desenhando desde pelo menos um ano antes. Não eram poucos os presidentes de cooperativas nacionais que vinham inquiri-lo sobre a possibilidade de assumir o leme da ACI. Por isso, quando seu nome entrou na eleição de janeiro de 1997, a decisão já estava tomada. Foi uma festa em Genebra: presidentes de cooperativas espalhadas pelo Brasil fizeram questão de viajar à Suíça para assistir à cerimônia de posse de Roberto, em setembro. Mais de 150 colegas de cooperativismo brasileiro estiveram presentes no evento. "A Aliança Cooperativa Internacional (ACI), entidade que reúne todas as cooperativas mundiais, tem em seus 102 anos de história seu primeiro presidente não europeu, o brasileiro Roberto Rodrigues", divulgou *O Estado de S. Paulo*, acrescentando que a ACI representava nada menos que 700 milhões de cooperativados em todo o mundo. A festa de posse aqueceu ainda mais o final do verão europeu. Tomada por brasileiros, a festa teve muita conversa, dança, música e as famosas cantorias de Roberto. A animada comemoração deu o tom de como seriam os anos seguintes: repletos de agitação e paixão pelo cooperativismo, mas com clima de amizade. Ao final da festa, o vice-presidente da Aliança, o sueco Lars Hillbon, chamou Roberto em um canto e fez uma observação que sintetizava aquele dia:

— Antes, a ACI tinha apenas corpo. Agora tem também alma!

* * * * * *

Como todo trabalho associativo e não remunerado, o posto de presidente da ACI era exercido seguindo métodos diversos e graus variáveis de comprometimento de agenda. Tradicionalmente, por exemplo, o presidente, que não era suíço, sequer dava expediente na sede da Aliança, salvo em ocasiões especiais. Sabendo que ele mesmo precisaria impor um novo ritmo à instituição, na cerimônia de posse Roberto reuniu a equipe que atendia a sede da ACI. Avisou que chegaria ao escritório no dia seguinte, às oito da manhã, e que precisaria da equipe para lhe apresentar a rotina e as demandas locais. No dia seguinte, quando ele chegou ao edifício, a maioria dos funcionários de fato já estava lá. Ele fez uma ronda pela sede da ACI, inteirando-se a respeito da rotina de trabalho de cada um. Eram poucos funcionários. Houve quem chegasse após as dez da manhã, mas o executivo-chefe, que tinha o posto mais alto, não apareceu. Roberto saiu para almoçar com a família – Eloísa, filhos, noras e genros –, que dali seguiria para passear na Itália. Despediu-se deles sem saber em quantos dias voltariam a se ver. Quando retornou ao escritório, perguntou a Maria Helena Chavez, a secretária chilena que tinha nas mãos o funcionamento da ACI, onde estava o tal diretor.

— Se ele não chegou até agora é porque não vem mais – informou a moça.

Explicou que o tal sujeito não trabalhava após o almoço, porque muitas de suas tardes eram ocupadas por partidas de golfe. Roberto ficou aborrecido, e antes de sair avisou ao pessoal que o expediente começava impreterivelmente às oito. Na manhã seguinte, para sua surpresa, não foram todos que chegaram no horário combinado. Foi assim que ele descobriu, com desgosto, que a máquina da ACI era tocada sem firmeza. O planejamento apresentava falhas, a comunicação entre os poucos setores era ruim, e o orçamento era gasto de maneira pouco rigorosa. Politicagens rasteiras dominavam as relações entre a ACI e diferentes países, em um "toma lá dá cá" que desagradou o novo presidente. Conforme os dias passavam e Roberto percebia como o barco era tocado, ele decidiu que havia mais trabalho a ser feito do que pensava antes. Naquele prédio em Genebra, que oficialmente representava os ideais do cooperativismo em todo o mundo, a doutrina filosófica, política e econômica formulada com tanta atenção apenas dois anos antes já era pouco praticada. Roberto decidiu mudar aquilo.

Alugou um quarto de hotel na cidade e informou à família que passaria algum tempo indo e voltando para a Suíça. Queria colocar a ACI em ordem e também ficar geograficamente mais próximo das localidades onde o cooperativismo era um tema urgente – entre elas, o Leste Europeu, a África e a Ásia. Logo percebeu que precisava trocar os antigos funcionários da instituição que, por sua ética distorcida, consumiam os recursos e pouco contribuíam para o fortalecimento das cooperativas ao redor do mundo. Concluiu que precisava demitir o diretor-executivo e mais um punhado de gente. Não foi tarefa simples, uma vez que ele era muito bem relacionado, sobretudo com os movimentos dos países mais pobres cujos líderes eram beneficiados com passagens para eventos internacionais. O que aquele brasileiro recém-chegado a Genebra estava pretendendo? Roberto, porém, sustentou sua decisão: disse ao presidente do Comitê Europeu que o canadense já não atendia às novas demandas da instituição. A notícia vazou, e o diretor-executivo ficou sabendo que o novo presidente da ACI não estava contente com o seu trabalho. Assim que pôde, confrontou Roberto – mas de maneira velada.

— Soube que você está querendo mexer na diretoria... – começou sondando o terreno.

Roberto resolveu atacar de frente.

— É verdade. Eu pretendia discutir isso no conselho, mas, já que você levantou o assunto, informo que será demitido – devolveu.

O homem ficou uma fera e sumiu da ACI. Roberto instalou uma auditoria externa, e os contadores chegaram à conclusão de que os diferentes setores da instituição escondiam as contas uns dos outros e havia casos de uso indevido de dinheiro. Em paralelo à investigação, começou-se a montar nova equipe. Na maior parte eram pessoas de Genebra, mas algumas cooperativas de destaque de outros países também enviaram candidatos experientes em diferentes áreas – administração, finanças e pesquisa. Metade dos antigos funcionários foi demitida e substituída por novas cabeças. O arejamento deu resultado. Um ano depois, o balanço da ACI reportou lucro. Roberto acompanhava a equipe, entre as viagens que fazia. E elas eram muitas.

Um de seus primeiros destinos, que ele estava particularmente curioso para rever, era a ex-União Soviética. O florescimento das cooperativas no antigo bloco socialista havia começado durante a presidência de Mikhail Gorbachev, entre 1988 e 1991 – os últimos três anos de existência do país, conforme estava constituído desde 1922. Durante o regime socialista, o presidente havia enxergado nas cooperativas um mecanismo para transferir aos cidadãos a produção de determinados bens, entre eles os gêneros alimentícios. Gorbachev desejava abrir a economia soviética, de forma gradual e planejada. A essência desse programa de reestruturação do socialismo já havia sido descrita em 1987, e previa medidas como a redução de subsídios estatais e a abertura para importações. As cooperativas já eram um mecanismo conhecido daquele regime, previstas pelo próprio Vladimir Lênin, líder da revolução de 1917 e primeiro presidente do país. Na legislação soviética, três pessoas poderiam formar uma cooperativa. Na prática, era uma maneira de permitir a existência de pequenas empresas sem, no entanto, liberar empreendimentos nos moldes capitalistas.

Na União Soviética, a produção das cooperativas era coordenada pelo Estado, da mesma forma que as fazendas coletivas, as *kolkhoses* – que também eram, em teoria, cooperativas agrícolas. Nesse modelo, que vigorou por décadas, a combinação entre metas de produção planejadas com anos de antecedência, preços fixados pelo governo e remuneração desvinculada da produção criou uma série de distorções no mercado, que se refletiram, na ponta da cadeia, com a baixa produtividade. Nos anos de Gorbachev, foi aberto um novo flanco para a operação das cooperativas: vender a produção que superasse a encomenda do governo diretamente aos consumidores através de cooperativas de consumo, a preços de mercado, reais, em geral muito superiores aos preços pagos pelo estado. Não demorou para que a produção sobressalente se tornasse simplesmente *a maior parte* da produção, incluindo aquela parcela que deveria ser comprada pelo governo. Era mais vantajoso vender diretamente aos consumidores. Como resultado, as tais fazendas coletivas passaram a vender quase toda a produção diretamente ao mercado, sonegando a parcela que deveriam entregar ao estado. A sensação, para o povo, era de que as cooperativas operavam um "mercado negro" de itens básicos. Quando acabou a União Soviética, muitos russos, poloneses, húngaros, búlgaros, ucranianos e seus vizinhos desconfiavam das cooperativas. Roberto tinha a missão de reabilitá-las perante a opinião pública e os novos governos.

Roberto viajou para países como Rússia, Polônia, Bulgária, Hungria, Eslováquia, República Tcheca e a antiga Iugoslávia. Esse último bloco era um grupo à parte, com o próprio e violento processo de desintegração, de onde emergiram países como Croácia, Bósnia e Eslovênia. Nas andanças pelo Leste Europeu atarantado com o fim do socialismo e por vezes imerso em conflitos separatistas e étnicos, Roberto tentava abrir uma brecha de luz. Visitava cooperativas locais e centrais, conversando com os cooperados e buscando auxiliar nos problemas que cada um deles enfrentava. Também era convidado para realizar palestras em associações civis e universidades, onde tinha a oportunidade de explicar o papel do cooperativismo na construção de uma economia forte e justa. Por vezes, também dava entrevistas a órgãos de imprensa locais, e essas aparições nos jornais contribuíam para desmistificar e resgatar a figura do cooperativismo naquelas bandas.

Todos os países tinham suas particularidades, apresentando variados graus de complexidade e desafio. Algumas vezes eram as cooperativas locais que pediam a orientação da ACI, e em outras era o próprio governo, como no caso da Hungria e da Bósnia-Herzegovina. Na Hungria, por exemplo, as cooperativas foram reformuladas, recebendo novas diretrizes operacionais e estatutárias, varrendo as regras que valiam nos tempos de influência soviética. Já a cidade de Sarajevo enfrentava as consequências da Guerra da Bósnia, finalizada em 1995. O território estava destruído e sua população drasticamente reduzida. Muitos adultos, idosos e jovens haviam morrido nos anos de conflito. Os que sobreviveram, especialmente os jovens, foram tentar a vida em outros países da Europa. A capital da Bósnia-Herzegovina era uma terra arrasada, ocupada, sobretudo, por idosos. A equipe da ACI viajou a cidade para estudar meios de ajudar na sua recuperação, e auxiliou na criação de cooperativas habitacionais, fundamentais diante do número de desabrigados no pós-guerra. Nessas andanças, Roberto observava com entusiasmo como as jovens lideranças cooperativistas, apesar de todas as dificuldades e traumas recentes, se erguiam e contornavam os problemas. Era a confirmação de que o cooperativismo era um instrumento valioso de fomento à atividade econômica, indissociável de uma sociedade civil organizada e interessada.

E havia também os casos curiosos. Roberto teve a oportunidade de conhecer, por exemplo, a pequenina Stavropol, terra natal de Gorbachev (que era engenheiro agrônomo), onde floresciam as cooperativas rurais. Também na região, conheceu uma boate que funcionava em sistema de cooperativa. O empreendimento existia desde os dias de União Soviética, quando a tradicional vodca e outras bebidas podiam ser vendidas a preços fora da tabela do governo.

Desnecessário dizer que a ideia fez sucesso entre a juventude moscovita do início dos anos 1990, sedenta por liberdade e por uma vida diferente daquela de seus pais e avós.

O caso mais sensível com o qual Roberto se deparou foi em sua viagem à Polônia. O cooperativismo havia entrado em franca decadência no país no início dos anos 1990, até que o Congresso decidiu propor uma lei proibindo a atuação de cooperativas em solo polonês. Os produtores, organizados em cooperativas que resistiam a todo aquele movimento de desacreditação, acionaram a ACI, e Roberto foi até o país tentar contornar a situação. Marcou uma audiência com o presidente Aleksander Kwaśniewski e rumou para Varsóvia. Foi direto ao ponto:

— Presidente, quero falar sobre essa lei que pretende acabar com as cooperativas. Entendo que a população polonesa não confia nelas, mas o cooperativismo é uma doutrina, tal qual o cristianismo – comparou. "O instrumento do cristianismo é a igreja e o da doutrina cooperativista é a cooperativa", dizia.

E com essa comparação foi adiante: tanto a Igreja quanto as cooperativas eram conduzidas por pessoas, e essas sempre podem errar ou agir de má-fé. O que não significava, em absoluto, que a doutrina fosse a fonte dessa má-fé. "Um padre sem-vergonha não pode denegrir o cristianismo, e um dirigente de cooperativa mau caráter não pode fazer o mesmo com o cooperativismo", raciocinou. E arrematou trazendo à tona o exemplo do polonês Karol Józef Wojtyła, o Papa João Paulo II.

— O Papa é polonês! Em quem vamos acreditar para representar o catolicismo, nele ou em um padre que faz coisas erradas? Esse padre mau caráter invalida o Papa ou o cristianismo? – questionou Roberto.

O presidente entendeu a mensagem e agradeceu a conversa. Três semanas depois, Roberto estava no escritório em Genebra quando atendeu a uma ligação. Era o presidente da organização das cooperativas da Polônia. O homem disse que uma tragédia estava em curso no país: o Congresso havia aprovado a lei anticooperativismo, e agora só faltava a sanção presidencial.

— Ligue para o presidente, pois, caso contrário, ele pode assinar a lei! – pediu.

Depois de alguma hesitação, telefonou para Kwaśniewski. O presidente lembrava-se dele e da conversa que tiveram semanas antes. Roberto repetiu os argumentos daquele dia, e reforçou seu pedido, em nome dos milhares de bons cidadãos poloneses que trabalhavam reunidos em cooperativas. A polêmica lei acabou arquivada, e dos arquivos não saiu.

Meses depois, Bratislava, a capital da Eslováquia, recebeu um congresso de cooperativas europeias. Roberto precisou ir, pois era tradição que o presidente da ACI fizesse um discurso na abertura do encontro. O presidente do comitê europeu e o presidente das cooperativas da Eslováquia também discursaram. Terminada a sessão solene, uma surpresa: os poloneses presentes na plateia ergueram-se dos seus assentos e falaram que desejavam quebrar o protocolo. Subiram no palco e contaram a história da luta que seu país havia travado nos meses anteriores, quando o cooperativismo polonês ficou por um fio e foi salvo graças à intervenção de Roberto, nominado ali como o "libertador do cooperativismo na Polônia". A salva de palmas veio, e aumentou quando o presidente da ACI recebeu das mãos dos colegas poloneses uma espada, símbolo da luta daqueles dias. Roberto estava muito emocionado para discursar de maneira elaborada, ainda mais de improviso, e por isso proferiu poucas palavras, que se tornariam sua marca registrada na ACI: "Cooperativismo, democracia, liberdade e paz!". O caso polonês produziu um efeito dominó em outros países do Leste Europeu. Cooperativas foram reformuladas e modernizadas, servindo de ferramenta para a redemocratização do bloco. Pois era fato que o socialismo havia caído, mas um capitalismo selvagem tampouco era bem-visto ou desejado. Se o socialismo havia ensinado algo de perene à humanidade, era que nenhuma pessoa deveria se ver desprovida de absolutamente tudo enquanto outras acumulavam mais bens do que era preciso. Sonhar era necessário. As cooperativas, por sua vez, apontavam para um novo caminho de igualdade e oportunidades para toda a sociedade. Era um novo sonho possível.

Nesse meio tempo, Roberto ia e voltava do Brasil e, por isso, instalou base da ACI em São Paulo, de onde pudesse trabalhar em suas passagens pela terra natal. Esse posto avançado ficou na sede da OCESP, por especial determinação de seus presidentes. Durante os anos em que Roberto ficou na presidência da ACI, José Osvaldo Galvão Junqueira, Carlos Coelho Neto e Márcio Lopes de Freitas foram sua retaguarda em São Paulo. O posto ACI em solo brasileiro consistia em duas salas na sede da OCESP, onde Roberto contava também com o apoio de Américo Utumi, seu chefe gabinete. Destacado líder cooperativista, Utumi seria eleito para o Conselho de Administração da ACI, sucedendo Roberto, e lá permaneceria por três mandatos. Também prestava sua colaboração a eficientíssima secretária Sandra Mattos.

* * * * * *

Roberto estava cansado de só ver homens nas lideranças cooperativistas mundo afora. Aonde quer que fosse, no continente europeu, ou em suas andanças pela Ásia e pelas Américas, encontrava homens que presidiam as maiores associações de cooperativismo. Eram deles as cadeiras nos conselhos e órgãos de representação governamental. Ele sabia, por intuição, que essa preponderância masculina não poderia ser natural, e ansiava pela participação feminina na direção das entidades. Tinha consciência de que as mulheres mantinham forte presença dentro de cooperativas, rurais e urbanas. O caráter essencialmente colaborativo do cooperativismo atraía de maneira natural a força feminina para o setor. Era bem menos agressivo e masculino do que o mundo corporativo convencional, voltado para o lucro e a competição. Por qual motivo, então, elas não apareciam em posições de liderança nacional? Por que ainda não se enfatizava, em nível institucional e político, quão relevantes as mulheres eram para a construção do cooperativismo? O que faltava para que elas conquistassem o destaque que mereciam?

Quanto mais Roberto rodava o mundo como presidente da ACI, mais intrigado ficava com a falta de mulheres em posições de comando. E percebeu que precisava incentivar a maior representatividade feminina, criando instrumentos para que as mulheres passassem a compor mais conselhos e direções, e também colocando as cooperativas femininas no holofote da opinião pública. Quando assumiu a presidência da ACI, apenas um dos 20 assentos no conselho da instituição era ocupado por mulher. Então declarou que desejava pelo menos uma mulher de cada continente, indicada por um comitê continental, fazendo parte da diretoria da ACI. Quando escutou que não existiam mulheres para ocupar os postos, sugeriu a criação de um conselho de mulheres na ACI. A economista Diva Benevides Pinho, da Faculdade de Economia e Administração (FEA) da USP, estudiosa do cooperativismo na academia e fonte de inúmeros estudos que Roberto lia, ocupou o cargo de presidente do comitê feminino. Dentro desse conselho feminino, seriam eleitas as representantes para o conselho internacional, em Genebra. Deu resultado: dois anos depois, o conselho já contava com quatro mulheres – ou seja, 20% dos assentos. E daí em diante a participação feminina na ACI não parou de crescer.

O processo de ampliar as vozes femininas do cooperativismo, naquele final dos anos 1990, passou também por um continente em especial: a África. A doutrina do cooperativismo afirma, amparada na experiência, que o grau de sucesso do sistema é diretamente proporcional à coesão da sociedade civil. No continente africano, bem se sabe, as fronteiras entre os países foram impostas segundo os interesses de colonizadores, nos séculos XVIII e XIX. O traçado geométrico que distinguia um território de outro atendia ingleses, belgas e franceses, mas passava longe da organização preexistente nas tribos que compunham países como Zâmbia, Namíbia e Botsuana. O reflexo era que nessas localidades o cooperativismo havia se desenvolvido de maneira muito diversa, sem atingir seu potencial de desenvolvimento econômico e social. Ocorre, no entanto, que diversas sociedades tradicionais africanas se caracterizam pela sua tradição matriarcal, e Roberto concluiu que essa inclinação cultural poderia fortalecer o cooperativismo. Bastava que as duas pontas fossem atadas, e a doutrina cooperativista, como concebida e aplicada no restante do mundo, moldada à realidade africana.

O fortalecimento do cooperativismo local esbarrava em questões materiais fundamentais: acesso a crédito e terra. Mudar essas estruturas dependia menos do acaso e muito mais de empenho político, e por isso Roberto percebeu que, nas suas viagens à vasta e plural África, era fundamental dialogar com governantes. Apesar de todas as dificuldades, fruto de séculos de colonização e da política posterior, as cooperativas africanas resistiam. Um dos lugares que o presidente da ACI conheceu, e com particular interesse, foi Benim. Território espremido entre o Togo e a Nigéria, e com abertura para o Atlântico Sul por meio do golfo da Guiné, o país tem uma longa história de ocupações estrangeiras. No século XVII, os portugueses estabeleceram um porto comercial, a Feitoria de Ajudá. A aliança com o povo Fon se deu em torno da comercialização de pólvora e de prisioneiros de guerra do interior, remetidos para o Brasil e para o Caribe para serem escravizados. A influência portuguesa na região do Reino do Daomé foi tamanha que uma de suas cidades, por onde os escravos eram enviados ao Brasil, foi batizada de Porto-Novo, em português mesmo, e assim ficou, mesmo após a dominação francesa – estabelecida por guerra em fins do século XIX.

Foi nessa mesma época que alguns descendentes dos iorubás capturados séculos antes resolveram retornar à pátria dos antepassados, após a abolição da escravidão no Brasil. Esses africanos que voltavam da diáspora traziam nomes portugueses, impostos pelas famílias das quais haviam sido propriedade. Sobrenomes populares no Brasil, como Silva, Alencar ou Rodrigues. Roberto desembarcou na principal cidade daquele país, Cotonou, sabendo que as mulheres eram as protagonistas do comércio e da produção de artesanato. Visitou cooperativas de pescadores no litoral e constatou que, de fato, eram as mulheres que tomavam as gigantescas cestas de peixes e se dirigiam ao mercado local, e eram elas que negociavam e tomavam conta do dinheiro. Ocorre que muitas dessas pescadoras moravam a certa distância do continente, e no percurso os peixes podiam perder qualidade. Roberto estava acompanhado do ministro da Agricultura de Benim, e orientou o governo a ajudar aquelas pessoas na logística. As cooperativas precisavam de *freezer* para armazenar os peixes, e de bons barcos para fazer o caminho até o continente.

Seu maior interesse era um caso real que mais parecia fábula, a das mulheres amazonas. Contava-se muito a respeito de uma vila, a 300 quilômetros de distância do litoral, onde as mulheres eram grandes guerreiras. A história contava que, quando da dominação francesa sobre o território, todos os homens da pequena vila se dirigiram para a guerra. As mulheres ficaram para proteger o território, e também se envolveram no esforço de batalha. Tiveram o seio esquerdo amarrado junto ao corpo por um pedaço de pano, que lhes permitia manejar o arco e flecha, e foram à luta. Os franceses, diante da visão de mulheres armadas e belicosas, as chamaram de amazonas – *les amazones*. Esse passado guerreiro era o grande orgulho do povo local, que a comitiva de Roberto conheceu após três horas de trajeto selva adentro. As mulheres eram as grandes figuras da região, cujo trabalho artesanal tinha uma parte que era vendida na forma de cooperativa. No centro da vila estavam armadas duas grandes tendas, uma para o rei e as demais reservadas para os visitantes. Naquela tarde, eles almoçaram e escutaram os discursos e depoimentos da população local. Roberto entendia tudo graças ao ministro da Agricultura de Benim, que lhe servia de intérprete, traduzindo a fala local para o francês. O vice-presidente da ACI na África, Osseniou Dieng, de Senegal, também fazia parte da comitiva.

Foi uma festa. Além dos discursos, houve canto e dança. Roberto sentiu-se em casa, e foi o último a falar. Sua fala foi curta, pontuando o passado e o futuro daquele povo.

— Há 500 anos esse país foi varrido pela invasão, e o povo lutou pela sua nação e resistiu, sob o comando de um corajoso rei. Hoje, há um novo comando, o cooperativismo, que permite seu progresso e sua paz – pontuou.

As conversas continuaram, em clima de amizade. Roberto visitou o pequeno museu da vila, e já estava de saída quando um rapazinho adolescente se aproximou.

— Primo, eu quero falar com você – pediu o jovem.

Cousin? Aquele menino chamara-o de *primo*? O secretário explicou: aquela família, cujos ascendentes haviam retornado do Brasil após 1888, tinha o sobrenome Rodrigues. Segundo os costumes da região, Roberto seria, supostamente, membro da família. Intrigado, o presidente da ACI recebeu um pedido peculiar, que nunca havia escutado naqueles anos de andanças pelo mundo:

— Meu sonho é fazer um curso de corte e costura na capital. Custa 500 dólares. O senhor paga para mim?

Roberto não sabia o que dizer. Foi avisado de que seria uma imensa descortesia negar o pedido daquele jovem. Afinal, ele era um parente importante, vindo do Brasil. Por que não o ajudar? Diante desse argumento, Roberto raspou a carteira e deu as notas de dinheiro nas mãos do garoto. Anos depois, aquele aspirante a alfaiate de Benim daria uma entrevista para um canal de televisão brasileiro, dando o nome do responsável pela transformação da sua vida. *Le cousin* Roberto Rodrigues, do Brasil. Afinal de contas, o cooperativismo não era mesmo uma família?

* * * * * *

Em quatro anos, Roberto visitou nada menos que 30 novos países. Rodou o mundo, conheceu gente e viu em primeira mão as mais corajosas e curiosas experiências em termos de cooperativismo. Foi recebido por presidentes, ministros e monarcas, com quem conversou a respeito do papel das cooperativas nas mudanças sociais e econômicas. Viu grandes metrópoles e pequenas vilas rurais, e conheceu as diferentes formas da solidariedade e do amor ao trabalho. Participou de eventos dos conselhos agrícolas da Organização das Nações Unidas (ONU), da FAO (*Food and Agriculture Organization*) e de negociações na Organização Internacional do Trabalho (OIT), na Organização Mundial do Comércio (OMC), além de inúmeras reuniões multilaterais e regionais ligadas ao agronegócio e a questões sociais. Como presidente da ACI, nunca deixou de ser agrônomo, e de pensar na produção de alimentos. Eram temas que se amalgamavam, trazendo à tona questões como o combate à miséria e o empoderamento econômico ao redor do globo.

Era uma vida interessante, vibrante e colorida. Tédio, ele nunca sentiu. Passou apuros em aeroportos da África ao tentar embarcar os curiosos presentes que ganhava de presidentes e líderes tribais, e em certa ocasião atravessou uma área da Palestina em pleno conflito entre judeus e muçulmanos. Sua cabeça fervilhava de ideias e opiniões. Continuou acompanhando os negócios e a política brasileira, e escreveu centenas de artigos para jornais e revistas aqui do país. No entanto, tudo isso cobrava seu preço. Noites mal dormidas, um corpo confuso com as mudanças bruscas e constantes de fuso horário, as refeições monótonas em diferentes aviões – que o deixariam enjoado de comer frango para o resto da vida. E a dor, física e emocional. No corpo, uma dessas dores fez com que o presidente da ACI questionasse se não estava forçando seu organismo a ir além de um limite saudável.

Tudo começou no Japão. Roberto estava em uma maratona, que o levaria da Ásia ao Brasil, com escala de alguns dias na Bulgária, onde palestraria em uma universidade. A dor nas costas começou já forte, quando ele estava em Yokohama, na região metropolitana de Tóquio. Era domingo, e no dia seguinte, bem cedo, iria para a Europa – seu destino era Sófia, capital da Bulgária, com escala em Munique, na Alemanha. Recebeu uma massagem para atenuar a dor, mas pouco adiantou. O hotel acionou então um médico, que lhe deu uma injeção de analgésico. Com o alívio, foi possível dormir. Contudo, no dia seguinte, quase pousando em Munique, uma comissária de bordo veio lhe perguntar se precisava de ajuda. A dor era tanta que as lágrimas escorriam pelo rosto de Roberto. Já em terra, foi levado para o pronto-socorro do aeroporto, para tomar uma nova dose de analgesia antes de seguir viagem para a Bulgária. Novamente, o efeito do remédio durou apenas algumas horas.

Desembarcando em Sófia, encontrou os seus interlocutores búlgaros da ACI. O local onde Roberto realizaria a palestra ficava a 300 quilômetros da capital, e o novo trecho da viagem foi feito por terra. No caminho, pararam em um mosteiro onde, segundo os locais, os monges fabricavam um licor que era um santo remédio. Roberto aceitou uma dose e, de fato, o efeito de relaxamento muscular foi uma bênção em meio a seus tormentos. O efeito, porém, terminou tão logo chegou. Mal pôde aguentar o jantar oferecido naquela noite, apesar da comida especial, da música ao vivo e das interessantes danças folclóricas apresentadas. No dia seguinte, precisou reunir todas as forças, físicas e mentais, para falar aos estudantes da universidade local. Assim que se viu livre dos compromissos, ligou para a sua secretária em São Paulo e pediu que marcasse uma consulta urgente para o dia seguinte. Assim que pisou na capital paulista, foi direto para o hospital, onde fez uma tomografia. O exame revelou que aquela dor lancinante era hérnia cervical, que seria tratada pelos meses seguintes.

Havia também as dores emocionais. A primeira fora a morte do pai, em 2000. A saúde física e mental de Antonio Rodrigues vinha declinando ano após ano. O homem que durante toda a vida apresentara uma voz bem impostada e uma postura enérgica estava se tornando cada vez menor e mais frágil, no corpo e na mente. Dois enfermeiros se revezavam 24 horas por dia para cuidar dele, Sofia estava sempre ao seu lado, e as funcionárias da casa ajudavam a cuidar dos dois. Antonio confundia datas e pessoas, e por vezes alarmava alguém dizendo que precisavam planejar o jantar e arrumar a casa, pois o governador estava prestes a chegar. A confusão dava trégua quando pedia a alguém que ligasse a antiga vitrola e colocasse o disco de Inezita Barroso para tocar. Quando começavam os acordes de "Luar do Sertão", as lágrimas brotavam de seus olhos e todos ao redor sabiam que ele estava revisitando a própria história.

Os estudos, os anos de luta desbravando o sertão de Guariba, dirigindo fazendas a perder de vista, debruçado sobre os livros e as bancadas de laboratório, os dias na Secretaria de Agricultura e no gabinete de vice-governador, tudo isso desaparecera com o acidente vascular cerebral sofrido no começo da sua gestão no governo do Estado, que fora responsável por amputar sua promissora carreira política. Antonio nunca chegou a ser governador, encerrando sua carreira pública de maneira melancólica – e aquela marca nunca seria apagada de seu espírito. Ele ainda teve tempo de ver o nascimento de muitos netos e de, na virada do século, no ano de comemoração dos 500 anos de descobrimento do Brasil, ajudar os filhos e netos a plantar uma muda de pau-brasil nas terras da Santa Izabel, em frente à casa. Esse seu último gesto, incentivado por Roberto, serviria de lembrete a respeito da continuidade e do valor da família. Marca que Roberto encontraria poucos meses depois, na figura da neta Carolina, filha de Cândida.

Era um dos domingos em que o presidente da ACI estava em São Paulo. A família havia se reunido, ansiosa para escutar suas experiências e receber um abraço. Os netos mais velhos escutavam, atentos, as aventuras daquele avô sempre viajando e trazendo lembranças de toda parte do mundo, mas para a pequena Carol, de três anos, aquela figura mais velha era ainda misteriosa. Roberto estava trabalhando no escritório, com a porta apenas encostada, e viu com o canto do olho quando a garotinha loira esgueirou o rosto para dentro do cômodo, cheia de curiosidade.

— É verdade que você é meu avô? – perguntou a menina, encarando-o.

O mundo parou. Roberto sentiu como se tivesse sido colocado de ponta-cabeça e, ao mesmo tempo, sua visão tivesse se ajustado e ele finalmente pudesse enxergar as coisas tal como eram. O que estava acontecendo na sua vida e nas das pessoas que ele amava? Tanta gente pelo mundo o conhecia e conversava com ele, e logo sua neta não tinha o mesmo direito? Quando aquela loucura teria fim? As funcionárias da sua casa só sabiam que ele tinha passado brevemente por ali porque viam a cama desarrumada e as roupas sujas no cesto. Havia se tornado um fantasma na própria casa, pouco mais do que uma foto no porta-retratos. Sentiu uma onda de pavor ao imaginar uma vida em que ele perdesse a infância e a adolescência dos netos, em que não estivesse por perto para acompanhar e amparar as pessoas que amava. Era a gota d'água para pôr fim àquela maneira de viver, que era interessante e produtiva, mas também exaustiva e cheia de solidão. Foi ali que decidiu deixar a presidência da ACI, sem almejar uma reeleição para o posto. Por mais movimentada que fosse sua vida no Brasil, ele ainda estava a apenas algumas horas de distância de casa – na pior das hipóteses, de uma longa viagem de avião. Ele sabia, além do mais, que sua missão já havia sido cumprida, naqueles anos de intenso intercâmbio e trabalho.

> Neste interminável aprendizado, foi possível constatar o estrago que a exclusão social e a concentração de riqueza fazem pelo mundo afora, em especial na contundente ameaça à democracia e à paz.

Assim Roberto concluiu no artigo "Mais de mil dias", publicado no jornal *O Estado de S. Paulo* em outubro de 2001. No texto, ele comunicou sua saída do posto de presidente da ACI, fazendo um balanço do período e compartilhando suas conclusões políticas e ideológicas da experiência. Roberto escreveu:

> Aprendi que os valores fundamentais da equidade, responsáveis pela construção de sociedades harmoniosas, como solidariedade, ética, coletivismo, justiça social, são cada vez mais

atropelados pela ambição, egoísmo, má-fé, individualismo e corrupção. E que tudo isso se reflete de maneira dramática sobre feitos importantes, como as negociações internacionais de comércio: aí prevalecem a hipocrisia e a distância entre o discurso e a prática.

Ao finalizar suas reflexões e colocar um ponto-final na experiência internacional, confirmou uma impressão que tinha há muitas e muitas décadas: "O amor é o grande combustível da esperança: só lutamos por um mundo melhor por amor aos familiares, amigos, a nós mesmos, aos nossos ideais".

* * * * * *

Voltou para o Brasil, para Guariba e para a Abag. No retorno integral à vice-presidência da instituição, ia a São Paulo e lá trabalhava três dias por semana. Nos demais dias, ficava na fazenda, perto de Paulo, da mãe e de Eloísa. Mais de uma década de distanciamento, primeiro com a vida em Brasília, depois em São Paulo e, em seguida, na Europa, havia redundado em distanciamento emocional. No casamento e em outras relações de âmbito pessoal. Era hora de voltar a cultivar com maior esmero esses relacionamentos, de voltar a receber os amigos em casa e partir em viagens de pescaria no Pantanal, sem pressa de pegar um avião na segunda-feira e participar de uma reunião urgente na Europa.

Em 2002, Roberto chegou à presidência da Abag. Desde 2000, quando ainda acumulava a vice-presidência da instituição ao comando da ACI, havia iniciado o trabalho de expansão da entidade. Naquele ano, ele fora procurado por um grupo de empresários rurais de Ribeirão Preto, entre eles um agricultor respeitado chamado Eduardo Diniz Junqueira, que desejavam criar na cidade uma associação dedicada a comunicar as pautas e contribuições do agronegócio.

— Mas essa associação já existe, e é a Abag! – respondeu Roberto.

Diniz Junqueira comentou que a Abag tinha caráter nacional e que eles desejavam algo regional, com a cor e o tempero de Ribeirão Preto. Foi quando Roberto viu a oportunidade de iniciar um trabalho no qual vinha matutando desde o ano anterior: criar regionais da Abag pelo Brasil, começando pelo interior paulista e daí se espalhando para o Sul, o Centro-Oeste e além. O grupo de Ribeirão Preto topou receber uma regional da Abag, e o presidente da associação já sabia quem era a pessoa perfeita para assumir a direção daquele novo braço da instituição. Voltando a São Paulo, perguntou a Mônika Bergamaschi se ela desejava ser diretora da Abag em Ribeirão Preto. Aos 30 anos, a jovem agrônoma acumulava a experiência acadêmica e executiva necessária para abraçar aquele desafio.

Mônika partiu para Ribeirão Preto em janeiro de 2001, não sem antes encontrar alguém para substituí-la como assessora técnica de Roberto. Ele queria outra jovem agrônoma para o posto e pediu indicações das melhores alunas do último semestre do curso da Unesp de Jaboticabal, se possível com uma boa visão de temas econômicos. Escolheu três nomes de alunas que participavam do Programa de Especialização e Treinamento, dirigido por Ricardo Pereira Lima, e marcou entrevista com todas, em uma tarde de sexta-feira. No dia, pediu que Mônika já fosse alertando as candidatas sobre o jeito do chefe:

— Quero que você fale a todas que eu sou chato. Detalhista, exigente, "cricri" mesmo! – disse Roberto.

Ali, já começava o processo de seleção. Veio a primeira candidata. Conversaram sobre agronomia, planos profissionais, e Roberto encerrou a conversa pedindo que ela enviasse, até segunda-feira cedo, um texto explicando o porquê desejava aquela vaga. Assim como Mônika, Cecília Fagan foi aluna de Roberto na disciplina de cooperativismo. Ela e seu namorado, Antônio Carlos, faziam parte da mais nova geração de alunos a assistir as dinâmicas aulas de Roberto. No caminho para São Paulo, ela repassou mentalmente tudo que precisava dizer: suas atividades acadêmicas, o interesse pela pesquisa científica, as atividades extracurriculares em que havia se engajado, o estágio que fazia em uma usina... e foi pega de surpresa por uma entrevista muito mais solta do que havia imaginado.

— Que livro você está lendo, Cecília? – quis saber o candidato a chefe.

A moça pensou por um momento. O que responder? A verdade é que ela vinha devorando os livros da série *Harry Potter*. Será que pegava bem falar aquilo em uma entrevista de trabalho, logo com um ex-professor da faculdade? Melhor seria se estivesse lendo algo bem erudito, um Machado de Assis, por exemplo. Resolveu ser franca.

— Olha, é meio incomum, mas estou lendo *Harry Potter*. É um fenômeno mundial, o senhor sabia? – entregou.

É possível que Roberto não tenha estranhado nem um pouco a escolha do livro. Afinal de contas, para ele, aquela jovem de 23 anos era mesmo uma menina. Sua neta Mariana, então pré-adolescente, também era fã de *Harry Potter*, de autoria da britânica J. K. Rowling. Mas Cecília havia demonstrado ser uma menina honesta, firme e séria – exatamente o que ele prezava nas pessoas em geral, e do que não abriria mão em uma assistente. Agradeceu a conversa, encantado com a seriedade e honestidade da jovem Cecília. A candidata seguinte apareceu com 40 minutos de atraso, e Roberto já não gostou. Nem queria recebê-la, mas a moça insistiu. Falaram brevemente, e ele pediu também a ela a tal redação. A terceira também não impressionou. Apenas Cecília enviou o texto solicitado, formalizando a decisão que Roberto havia tomado após os primeiros minutos de conversa com a agrônoma recém-formada.

Seria ela quem, durante todo o ano de 2001, assessoraria Roberto nos assuntos da Abag. Foi um ano atribulado para o agronegócio. A vizinha e parceira comercial Argentina afundou em uma crise econômica, deixando o setor sensível. No Brasil, vivia-se a segunda gestão consecutiva de Fernando Henrique Cardoso na Presidência da República. O Produto Interno Bruto (PIB) nacional, que havia crescido 4,26% em 2000, fecharia o ano seguinte com aumento de 1,51%. Os números do desemprego nas cidades enchiam os jornais, e os conflitos por terra na zona rural continuavam preocupando. Com a aproximação da eleição presidencial, a ser realizada em outubro de 2002, o agronegócio e o cooperativismo começaram a discutir propostas, demandas e estudar candidaturas. Roberto, como pessoa física, decidiria apoiar o nome de José Serra, candidato do PSDB (Partido da Social Democracia Brasileira) ao Palácio do Planalto. Viajando o Brasil, conversava com produtores rurais e líderes de cooperativas das regiões Norte, Sul, Nordeste, Centro-Oeste e Sudeste. Aonde quer que fosse, buscava articular as lideranças locais e organizar seus desafios em termos de produção e representação política. Esse trabalho estava a todo vapor quando, em agosto de 2002, recebeu um telefonema de Clara Ant, antiga deputada da Constituinte pelo PT, o Partido dos Trabalhadores.

— O Lula vai fazer uma reunião amanhã em São Paulo e deseja que o senhor esteja lá – comunicou.

Roberto estranhou o convite, ele e o candidato do PT à presidência não se conheciam. Telefonou para Mônika para dividir seu espanto e pedir um conselho. Ir ou não ao encontro?

— Acho que você deve ir – cravou Mônika. — É melhor conversar logo com o "sapo barbudo" do que não o conhecer, não é mesmo?

Aqui, vale a lembrança de que Leonel Brizola, fundador do Partido Democrático Trabalhista (PDT), havia, na campanha eleitoral de

1989, denominado o líder petista de "sapo barbudo". Ao anunciar o apoio a Lula na corrida presidencial, Brizola não resistiu a lhe dar um apelido: "A política é a arte de engolir sapos. Não seria fascinante fazer agora a elite brasileira engolir o Lula, esse sapo barbudo?". Brizola era conhecido por dar cognomes midiáticos aos políticos. Paulo Maluf (PP) era o "filhote da ditadura"; Moreira Franco (MDB), o "gato angorá"; Anthony Garotinho (PR), o "queijo Palmyra".

CAPÍTULO 10

SALTO DE FÉ

O ponto de encontro era a sala de reuniões de um hotel na região central da cidade. Pouco mais de 20 pessoas estavam espalhadas pelos assentos, aguardando a chegada do candidato. Roberto conhecia vários deles. Eram representantes de diferentes segmentos da economia, de bancos à indústria, e Roberto era o único do grupo cuja *expertise* era a agricultura. Lula entrou na sala, cumprimentou algum dos presentes e se acomodou, ladeado por Antônio Palocci e José Dirceu, os dois grandes articuladores da sua campanha ao Palácio do Planalto. Também o acompanhavam as principais lideranças do partido e da campanha. Tomou o microfone, agradeceu a presença de todos e começou a falar.

— Faltam dois meses para a eleição e, pela primeira vez, o PT tem grandes chances de ganhar, e posso chegar à Presidência da República.

O otimismo tinha fundamento. Uma pesquisa de intenção de voto realizada pelo Datafolha em agosto de 2002 apontava Luís Inácio na dianteira da corrida eleitoral, com 33% dos eleitores decididos a votar no antigo líder sindical. O cearense Ciro Gomes, do Partido Popular Socialista (PPS), e o paulista José Serra, do PSDB, vinham logo atrás, disputando cabeça a cabeça quem seria adversário de Lula no segundo turno. O petista, que disputava sua quarta eleição presidencial consecutiva – ele havia saído como candidato do PT em 1989, 1994 e 1998 –, tinha confiança de mais uma vez ir para o segundo turno. E sair vitorioso. E ele sabia que, para tanto, precisava enterrar de vez a pesada fama que lhe fora atribuída nos últimos anos: ser radical. Aquela reunião era o passo inicial da sua aproximação com os empresários, grupo naturalmente ressabiado com as ideias e os métodos políticos defendidos pelo pernambucano radicado em São Paulo. Contou aos presentes que desejava fazer um governo que dialogasse com os setores produtivos, em vez de, a exemplo do presidente de então, fechar-se em uma "redoma" de vidro.

— Queremos governar com vocês e para vocês. Não os chamei aqui para pedir o voto de ninguém, nem financiadores de campanha. Quero que vocês me conheçam e vejam que não sou nenhum bicho-papão – explicou.

Finalizou o discurso dizendo que a palavra estava com os convidados. Queria que eles expusessem os principais problemas de seus setores e quais soluções propunham. Afirmou que todo esforço despendido pelo partido até aquele momento tinha sido na direção de vencer as eleições, mas que agora era necessário montar um plano de governo, e queria fazer isso conhecendo a realidade de cada segmento econômico e social. Foi uma surpresa, ninguém esperava aquela abertura, e se estabeleceu um silêncio constrangedor. Vendo a hesitação dos demais, Roberto se levantou e pediu a palavra.

— Vamos então começar pelo começo de tudo, que é a agricultura.

Lula se inclinou na direção de Palocci e lhe perguntou, em voz baixa, quem era aquele. O outro respondeu no mesmo tom, e Lula, voltando-se na direção de Roberto, pediu que falasse.

— Pois não, Roberto.

O presidente da Abag tinha três pontos. O primeiro é que a agricultura merecia mais respeito. Para embasar sua opinião, despejou os números do setor: empregos e renda criados, cifras e toneladas de produção, balança comercial. Informou que o "batalhão do campo, do cooperativismo e do agronegócio" representava 25% do PIB nacional, gerando 27% de todos os empregos e sendo responsável por 41%

das exportações. Em segundo lugar, disse que toda a economia seria beneficiada se fossem criados conselhos socioeconômicos, parecidos com os que existiam na Europa – ideia que nenhum presidente até ali havia abraçado, e que trazia de sua vivência na Europa. Por fim, defendeu a figura do produtor rural. Se Lula desejava não ser visto como bicho-papão, o mesmo acontecia com o grupo que Roberto representava naquela sala.

— Desculpe-me, seu discurso não é coerente – disparou. — O senhor defende somente o pequeno produtor e ataca o grande, como se este fosse bandido. Mas ninguém nasce grande, este é o pequeno que deu certo. Você quer que o pequeno agricultor cresça e tenha mais renda. Aí, depois que ele fica grande, não serve mais? E tem de dividir o que ele conseguiu acrescentar? Onde está a coerência? Todo mundo é produtor, pequeno, médio ou grande.

Lula agradeceu e o evento seguiu, com os outros presentes fazendo suas colocações. Na saída, Roberto cumprimentou o pessoal da campanha do PT e Lula fez um comentário:

— Aquilo que você falou a respeito do pequeno e do grande é algo que eu nunca tinha escutado de ninguém. E sabe de uma coisa? Você tem razão – observou.

As velhas impressões de que o outro lado era um bicho-papão começavam a se dissolver. Semanas depois, Clara Ant voltou a procurar Roberto. Disse que estavam organizando um novo encontro de diálogo com a oposição. Dessa vez, ainda maior, com cerca de 120 pessoas, e que desejavam que ele falasse pela agricultura. Roberto recusou. Disse que ele era presidente da Abag, que representava tão somente o agronegócio, e que para ganhar o direito de representar a agricultura como um todo ele deveria contar com a anuência da Sociedade Rural Brasileira, da Confederação Nacional de Agricultura e da Organização das Cooperativas do Brasil. Clara sugeriu que ele buscasse esse grupo e que os presidentes das quatro associações fossem ao encontro. Dias depois, os presidentes das associações de classe fecharam um posicionamento para o encontro. Roberto falou para quase 150 pessoas. O último encontro do gênero aconteceria dias antes do segundo turno – que Lula disputaria com Serra. Roberto não pôde ir à reunião, que contou com mais de 300 presentes, entre eles o presidente da Fiesp, Paulo Skaf. Continuou na sua posição de apoio à candidatura do PSDB. Em fins de outubro, Lula foi eleito presidente, com 61,27% dos votos.

Dias depois da eleição, Roberto foi a um encontro de cooperativas em Araxá (MG), e a estância hidromineral estava fervendo. Lula e os governadores do PSDB eleitos estavam reunidos no mesmo hotel em que acontecia um evento cooperativista. O novo mandatário estava ajustando os ponteiros para a posse no primeiro dia de 2003 e convocou os líderes de oposição dos estados para repassar os objetivos para os próximos quatro anos.

Quando chegava ao hotel, Roberto se encontrou por acaso com o governador eleito por São Paulo, Geraldo Alckmin, velho conhecido dos tempos da Constituinte, com quem tinha uma relação bastante amistosa. Perguntou se Geraldo voltaria no mesmo dia para São Paulo. Diante da resposta positiva, perguntou se poderia pegar uma carona com ele; caso contrário, só teria voo de volta no dia seguinte. Geraldo concordou, e combinaram de se encontrar depois dos eventos no *hall* do hotel.

Roberto estava aguardando o início do seminário das cooperativas, no qual faria a palestra de abertura, junto com algumas lideranças do setor. Estava tudo atrasado. Enquanto conversavam, chegou ao grupo um veterano e respeitado jornalista, Ricardo Kotscho, então assessor do presidente, que disse a Roberto que Lula gostaria de vê-lo por alguns minutos. Surpreso, dirigia-se ao local indicado quando se encontrou com Alckmin, que lhe contou que se sentara à mesa dos trabalhos ao lado de Lula. O presidente, então, em tom de brincadeira, perguntara a Alckmin se já havia montado seu secretariado. O governador respondeu no mesmo tom que "não", pois estava esperando a escalação do ministério para ver quem sobraria para ele. Mas acrescentou que, por acaso, tinha encontrado na entrada do hotel um técnico que estava pensando em convidar para a pasta de Agricultura. Lula perguntou quem era e Alckmin respondeu que era Roberto. E Lula disse que também desejava muito conversar com Roberto.

Depois de relatar essas passagens, Alckmin disse:

— Ele vai convidar você para o Ministério da Agricultura.

— Imagine, sem chance – devolveu Roberto.

Alckmin insistiu e disse que, se o convite acontecesse, ele deveria aceitar, porque seria bom para São Paulo. Sem dar a menor importância, Roberto seguiu para o encontro, mas antes liberou Geraldo da carona, dado o atraso do seu compromisso. Ao chegar ao salão em que Lula estava, Roberto o viu rodeado de muitas pessoas importantes, alguns governadores recém-eleitos. E parou na porta. Lula fez um sinal para que se aproximasse, e disse que precisava muito falar com ele. Perguntou se Roberto teria alguma viagem marcada para Brasília nos próximos dias. Roberto respondeu que sim, na semana seguinte haveria um congresso da OCB na capital e ele participaria do evento. Lula chamou um auxiliar e lhe pediu que verificasse os dias e os locais em que Roberto estaria. E finalizou: "Alguém vai procurar você nesse congresso".

Na semana seguinte, Roberto foi a Brasília e estava no local do congresso da OCB quando foi procurado pelo agrônomo José Graziano, petista e seu antigo conhecido de política e docência. Ambos haviam sido companheiros no Departamento de Economia Rural da Unesp de Jaboticabal. Foi Graziano quem levou Roberto à reunião com Lula. Dessa vez, não era um evento público, e sim uma conversa a portas fechadas. Os únicos presentes eram Roberto, Lula e Palocci.

— Roberto, quero que você seja ministro da Agricultura – convidou Lula, sem rodeios.

Ele agradeceu muito, mas respondeu que não podia aceitar. O presidente eleito quis saber o motivo. Roberto explicou que havia votado em José Serra, havia inclusive feito campanha para o candidato do PSDB, de modo que isso o impedia de trabalhar com Lula.

— Eu não estou pedindo o seu voto, até porque a eleição já passou. Eu quero é a sua cabeça, para fazer o que você pensa para a agricultura. E o teu coração para o País – devolveu.

O petista estava decidido a ganhar Roberto. Ele e sua equipe haviam realizado uma minuciosa pesquisa sobre a agricultura. Consultaram líderes e estudiosos do tema de todo o Brasil, incluindo os nomes que mais apareciam entre as apostas para assumir a pasta. Ao pedir uma indicação de ministro, eram todos unânimes: Roberto Rodrigues. Lula havia conhecido Roberto na primeira reunião em São Paulo, dois meses antes do primeiro turno. Informou-se sobre a trajetória do agrônomo de Guariba e sua atuação na Constituinte, no governo de São Paulo, na OCB e na ACI. Botou seu nome na cabeça e dali ele nunca mais saiu. É verdade que tinha mais algumas indicações na manga, mas o ideal, seu "plano A", era mesmo Roberto. Via nele um técnico dedicado e visionário. Sabia que as expectativas de Roberto para a agricultura brasileira eram as mais ambiciosas, sem deixar de lado um marcante viés social. Roberto sabia unir sonhos e pragmatismo, e o presidente eleito desejava aquele espírito em seu governo. E havia o bônus político de tê-lo entre seus ministros: com Roberto, ele traria para si os produtores rurais. Estava fazendo o mesmo movimento na escolha de outros ministérios, ao procurar gente que a oposição prezava. O próprio vice, José Alencar, era um desses nomes. O mineiro era um grande industrial do ramo têxtil, e fora responsável por apaziguar muitos ânimos, que viam em Lula um inimigo da classe empresarial.

Quanto a Roberto, não era a primeira vez que a possibilidade de ser ministro lhe era apresentada. Por duas vezes antes havia sido sondado e negado a possibilidade. Dessa vez, já com 60 anos, sabia que poderia estar diante de uma grande oportunidade de transformar a agricultura brasileira, realizando os sonhos que compartilhava com os colegas de associações e do cooperativismo. Mais escolado na política, resolveu estudar o terreno, especialmente porque, depois da conversa com Alckmin, havia se preparado para a possibilidade de o convite realmente acontecer.

— Na hipótese de aceitar, qual seria minha autonomia para montar minha equipe e gabinete? – perguntou.

Lula perguntou quais funcionários ele planejava nomear.

— Todos, do secretário-executivo aos dirigentes das estatais – devolveu Roberto.

— Pretensioso, o baixinho! – observou Lula, dirigindo-se a Palocci e soltando uma risada. Ele sabia que Roberto jogaria para valer.

Perguntou se Roberto nomearia alguém ligado aos partidos de oposição mais ferrenha ao PT, e a resposta foi que um gabinete comandado por Roberto seria técnico, como ele mesmo: nada de partidos políticos. O presidente anuiu, e combinou que Roberto enviaria os nomes escolhidos para Palocci estudar. Entretanto, afirmou que havia um nome da competência do Ministério da Agricultura que ele fazia questão de nomear: o presidente da Empresa Brasileira de Pesquisa Agropecuária, a Embrapa. Roberto perguntou o porquê, e

Lula respondeu que gostaria que a Embrapa trabalhasse mais com a agricultura familiar. Roberto assegurou que isso já acontecia, mas Lula não desistiu. O PT era historicamente ligado aos movimentos sem-terra e desejava que o instituto de pesquisa fomentasse também a agricultura familiar. Lula propôs uma solução que, acreditava, satisfaria Roberto. José Graziano lhe apresentaria uma lista de nomes para presidir a Embrapa, e Roberto apontaria o escolhido. Dessa forma, nenhuma decisão seria unilateral, e poderiam ao mesmo tempo atender aos objetivos técnicos de Roberto e os políticos de Lula. Por último, o presidente eleito fez um pedido:

— A conversa que tivemos não pode sair desta sala. Se sair, eu vou saber que foi você que contou, porque nós dois não falaremos. Se sair na mídia, o convite desaparece – alertou.

Roberto tampouco fazia questão de espalhar aos quatro ventos a notícia daquele convite inusitado. Apesar do discurso contundente de Lula e do seu apelo ter falado direto ao coração de Roberto – trabalhar pela agricultura do País era sua grande vocação, ainda mais com a liberdade para estar ao lado dos melhores agrônomos e economistas que conhecia –, ele achava que o homem poderia mudar de ideia no meio do caminho, e que o convite seria esquecido. Afinal, ele não teria o apoio de nenhum partido, e sabia que em governo isso era fundamental para enfrentar pressões. Mesmo assim, alguns dias depois, quando foi ao escritório da Abag, chamou Cecília para conversar. Ele pretendia elaborar a lista de pessoas que gostaria de levar para o governo e queria que sua assistente o ajudasse. Confiava cegamente em Cecília, e sabia que com ela o segredo do convite presidencial estava seguro.

Dezoito dias se passaram desde a conversa em Brasília e tanto Lula quanto seus emissários não deram sinal de vida. "Por certo desistiu do plano", pensou Roberto. Em um domingo à noite, no entanto, tocou o telefone no apartamento de Roberto. Era Luiz Furlan, presidente do conselho de administração do Grupo Sadia e seu amigo há mais de 30 anos. Furlan estava com a voz embargada:

— O Lula acabou de me chamar para ser ministro da Indústria e Comércio. Ele me falou que você será o ministro da Agricultura. É verdade?

Roberto se sentiu em um mato sem cachorro. Nem ele nem Lula haviam batido o martelo a respeito do convite. E Lula havia pedido que não contasse a ninguém. E agora?

— Ele me sondou há quase 20 dias, mas nunca mais falou comigo...– tergiversou.

Furlan tinha a resposta.

— Ele vai ligar para você ainda hoje. Ele nos quer amanhã em Brasília, juntos, porque pretende anunciar nossos nomes.

Dito e feito. Assim que desligou, o aparelho tocou, e era Lula do outro lado da linha:

— Convidei o Furlan pra ser ministro. Ele vai topar? Porque amanhã quero anunciar vocês dois e o Márcio Thomaz Bastos para a Justiça.

Era o martelo sendo batido. O convite estava de pé. Roberto teria um amigo do empresariado entre os colegas ministros, e ao lado deles estaria um respeitado advogado criminalista, presidente da Ordem dos Advogados do Brasil (OAB) e com uma sólida trajetória política pela redemocratização. Lula colocou seu ministério de pé, e Roberto mais uma vez ajeitou sua mudança para Brasília. Seria ministro da Agricultura. Para a classe agrícola, sua nomeação não poderia ter chegado em hora melhor. E com a nomeação de Furlan, Roberto e Márcio, o empresariado em geral, que estava "com um pé atrás" com o Presidente eleito, reduziu o nível de preocupação. Lula mostrava sua disposição para o diálogo e para a pacificação do País.

* * * * * *

Roberto tinha sua lista de funcionários do gabinete, cuidadosamente pinçados em diferentes ambientes e com diversas habilidades e históricos acadêmicos e profissionais. A orientação da gestão recém-iniciada era colocar de pé uma série de políticas públicas que viabilizassem a agricultura do futuro. Roberto definiu as diretrizes da agricultura brasileira para o ano de 2050, e decidiu que desde já deveriam trabalhar por elas. Todos aqueles anos atuando pelo setor agrícola, discutindo, defendendo produtores e cooperativas e inovando no campo o tinham levado até ali e o incentivado a aceitar o chamado para assumir o Ministério. Era a sua grande chance de implementar o que ele e seus parceiros de classe tinham em mente, de arrancar o que restava de arcaico na agricultura brasileira e plantar a semente do futuro: um campo repleto de tecnologia, inovação, sanidade, sustentabilidade e respeito às pessoas que nele trabalhavam. Um campo rico em todos os sentidos, como deveria ser.

Esse plano estava estruturado em uma série de tópicos. Primeiro, a geração e manutenção da renda do produtor rural, fundamental para fixá-lo em sua profissão. Segundo, organizações setoriais privadas robustas, capazes de assumir as responsabilidades que o mercado global exigia. Em terceiro, uma firme negociação internacional, nos fóruns multilaterais ou bilaterais em que o Brasil defenderia o acesso ao mercado do agronegócio. Para atender a esses tópicos, seria necessário intensificar a aproximação com outros ministérios, também responsáveis por áreas essenciais para o campo e que estavam fora da pasta da Agricultura. Por exemplo, logística e infraestrutura, negociações comerciais internacionais, a questão ambiental, a orçamentária, e por aí seguiam. Também era fundamental a articulação com as entidades representativas dos produtores rurais, ampliando os canais de comunicação e participação, entre eles uma nova ouvidoria ministerial. Precisariam modernizar os processos técnicos e administrativos, aperfeiçoando os recursos humanos e realizando novos contratos públicos.

Também era urgente cuidar das complexas questões ligadas à sanidade animal e vegetal, condições básicas para a inserção mundial da agricultura brasileira, enfatizando ferramentas como a rastreabilidade de animais e certificações. O novo ministro desejava criar investimentos modernos para agregar valor e comercialização nas cadeias produtivas, enfatizar a pesquisa para a agricultura familiar, valorizar a biotecnologia, cuidar da questão ambiental e aprovar uma lei do seguro rural, instrumento fundamental para assegurar a estabilidade da renda no campo. Neste último ponto, entraria em cena também o cooperativismo, importante instrumento de geração de renda para o agricultor. Essa seria a linha mestra para se chegar à "agricultura do futuro", como ele gostava de chamar. E aquilo era só o começo, alertava a quem quisesse ouvir. Seus planos para os quatro anos de gestão estavam bem delineados, e não se poderia retroceder em nenhuma conquista. Era um grande projeto.

Apesar da liberdade para montar um gabinete, ele sabia que carta branca, de fato, não tinha. Em última instância, todas as suas decisões precisariam ser referendadas pelo chefe e seus fiéis escudeiros, José Dirceu e Antônio Palocci, respectivamente ministro-chefe da Casa Civil e ministro da Fazenda. Havia, ainda, os complicados meandros regulatórios e orçamentários do governo federal. Nenhum homem governava sozinho e, afinal de contas, se qualquer um ali pudesse mandar e desmandar, passando por cima dos demais, seria um péssimo sinal. Roberto sabia, portanto, que seu papel não era impor coisa alguma, e sim trabalhar duro para chegar a um ponto de acordo entre governo e agricultura, entre o PT e os agricultores do Brasil. E o compromisso de Roberto era com estes últimos. Em seu discurso de posse, em 2 de janeiro de 2003, Roberto começou:

> Meus caros cooperativistas e produtores rurais brasileiros, mulheres e homens anônimos que dia após dia, ano após ano, enfrentando todas as adversidades, cultivando suas terras, produzindo, gerando empregos, riquezas e excedentes exportáveis, vão construindo, em heroico silêncio, a grandeza deste nosso País, muito obrigado por estarem aqui fisicamente ou em espírito. Chegamos a este Planalto Central por causa de vocês e para vocês, para servi-los e, assim, servir ao Brasil.

Nesse discurso, um dos mais significativos da sua vida até o momento, Roberto colocou em evidência o papel da agricultura na superação dos históricos desafios da sociedade brasileira, entres eles a fome – o grande problema social que a gestão petista anunciara que atacaria de frente, com o Programa Fome Zero. Em seguida, expôs:

> O presidente Lula definiu claramente suas prioridades, e a agropecuária tem um papel destacado entre elas: começa com o programa Fome Zero, cujo lastro é a produção rural. Vamos produzir mais comida, e isto demandará mais tecnologia, mais adubos, mais máquinas, mais defensivos, mais sementes, rações, genética animal, mais caminhões e armazéns, mais distribuição.

Ele também destacou que a expansão da atividade produtiva deveria, ao mesmo tempo, gerar excedentes exportáveis e melhorar o comercial externo. O ministro completou:

> O presidente determinou também uma ênfase ao cooperativismo, esta doutrina formidável, que é o braço econômico da organização da sociedade e que professamos há décadas.

Roberto fez questão de sublinhar que a agricultura brasileira apresentava a musculatura necessária para encarar os maiores desafios que se punham naquele momento. Ele destacou:

> O extraordinário avanço da tecnologia agrícola, que tem na Embrapa o seu carro-chefe, garante o suporte indispensável para aumentar a produção de alimentos e riscar a fome do nosso mapa social. Nossos produtores já demonstraram que são capazes de aumentar a oferta de alimentos num curto espaço de tempo. Estamos diante de um desafio histórico: reduzir as duas principais vulnerabilidades do Brasil: a social e a externa. Essas duas vulnerabilidades vêm segurando o avanço do nosso País rumo ao desenvolvimento sustentado e ampliando os desníveis econômicos e sociais da população brasileira.

Agricultura e desenvolvimento social andavam lado a lado, bem sabia Roberto. E era aquele campo que ele desejava mostrar: nem algoz da desigualdade nem vítima, nem donzela em perigo nem vilão, e sim um agente da mudança.

Por fim, expôs todo o ânimo que o alimentava desde que aceitara o posto de ministro. E encerrou:

> O presidente Lula deu à sociedade brasileira, em geral, e aos seus ministros, em particular, régua e compasso para superar o medo, o atraso e o preconceito que nos enchem de vergonha e que, além de representar um acinte à nossa cidadania, nos impedem de voar. Vai depender de todos nós segurar com unhas e dentes essa oportunidade. Nós todos, ombreados com todas as camadas do povo brasileiro, nos tornamos, a partir de hoje, reféns da esperança. Que Deus nos ajude.

O discurso terminou, e ele arregaçou as mangas.

* * * * * *

Colocar ordem na casa. Roberto decidiu abordar o Ministério da Agricultura com a mesma tática que havia utilizado na presidência da ACI. Sabia que, sem processos internos eficientes, orçamento bem estudado por ele e uma equipe engajada e informada, seria impossível começar qualquer bom trabalho. Por isso, sua atitude na primeira semana como ministro foi compreender o funcionamento da casa, integrar a equipe que ele havia nomeado ao quadro de técnicos concursados do Ministério e apresentar a todo esse time um planejamento estratégico para os próximos quatro anos. Esse planejamento, já bem definido por Roberto, abrangia todas as áreas de competência do Ministério da Agricultura, desde metas de safra até a inserção dos produtos agrícolas brasileiros no exterior, passando por pesquisa e meio ambiente. Era uma rede complexa de atuações e trâmites, com ampla comunicação interministerial e com outras instâncias do governo federal.

A primeira pessoa que convidou para a equipe foi um velho amigo, Célio Porto. Funcionário exemplar do Ministério, ele seria o chefe de gabinete, posição que Roberto considerava da maior importância. Confiava cegamente na competência e retidão de caráter do amigo, e sabia que ele seria um anteparo firme contra qualquer interesse subalterno, desses que acontecem muito em gabinetes governamentais.

Pouco antes de assumir como ministro, Roberto procurou se informar sobre o organograma do ministério.

— Esquece isso e pensa em "humanograma". Cada um toca isso aqui de um jeito diferente – explicou seu interlocutor na questão, o Ministro Pratini de Moraes, velho amigo e companheiro em inúmeros eventos, sobretudo sobre comércio internacional.

Quando perguntou a respeito da área de planejamento estratégico, a negativa foi ainda mais enfática. "Isso não existe!", rebateu Pratini. Por isso, quando montou toda a equipe, apresentou a ideia de reformulação do Ministério. Não era um eufemismo para cortar custos ou pessoal, tanto é que ninguém deveria sair por conta da operação. Sua ideia era, justamente, tornar o Ministério mais integrado e produtivo. Tudo que fosse feito dali em diante deveria ter em vista os grandes objetivos traçados por Roberto, em consonância com o Governo. Isso deveria ser operado com a ajuda de uma empresa terceirizada, contratada por meio de licitação. Os consultores ouviriam as demandas da classe rural e, com as chefias técnicas em todo o ministério, criariam um rigoroso planejamento estratégico. Esse processo ocorreria durante todo o ano de 2003 e uma parte de 2004.

> O Ministério da Agricultura, Pecuária e Abastecimento quer se tornar um exemplo de eficiência gerencial no setor público, e se preparar para atender novas demandas do Agronegócio a partir das mudanças pelas quais o setor passará nos próximos 10 anos, considerando, entre outras variáveis, o crescimento populacional, as tendências econômicas, ambientais e tecnológicas no Brasil e no mundo. Para tanto, o ministro Roberto Rodrigues criou a Assessoria de Gestão Estratégica, responsável por captar informações sobre o cenário do agronegócio mundial e brasileiro e, ainda, objetivando definir quais serão os instrumentos públicos mais eficientes para adequar a estrutura gerencial e administrativa do Mapa às necessidades futuras.

Assim noticiou a imprensa já em 2006, quando as ações do planejamento estavam em pleno funcionamento. Tratava-se de uma inovação em gestão pública, que o texto também destacou: "o Ministério da Agricultura é o primeiro da Esplanada a implantar a gestão estratégica". A equipe de Roberto reconhecia o desafio, afinal de contas falar em "estratégia" lembrava o mercado privado, e poderia existir resistência do serviço público. Mesmo assim, seguiram em frente, seguros de que a abordagem estratégica da agricultura e pecuária, levando em conta objetivos anuais, seria fundamental para pavimentar o caminho da atividade.

Roberto trouxe para a Secretaria-Executiva o engenheiro agrônomo José Amauri Dimarzio, empresário bem-sucedido no agronegócio e que se mostrara muito competente como líder de instituições nacionais e mundiais do segmento de sementes. E ele era apenas um dos técnicos conhecidos nomeados para ocupar secretarias. Para a Secretaria de Política Agrícola, veio Ivan Wedekin. Para a Defesa Sanitária, o experiente Maçao Tadano. Linneu Costa Lima veio cuidar do café, que conhecia como ninguém, e do açúcar. Pelo cooperativismo passariam alguns craques, como José Roberto Ricken e Marcio Portocarrero.

Já com as empresas ligadas ao Ministério, as decisões passaram por maiores complexidades, sobretudo a Embrapa, para a qual Graziano trouxe uma lista de nomes. Entre eles, Roberto só conhecia Clayton Campanhola e o escolheu, para alegria de Graziano. Para a Companhia Nacional de Abastecimento (Conab), órgão muito cobiçado, Roberto trouxe um colega de turma da Esalq e grande amigo: Luis Carlos Guedes Pinto, que faria um trabalho de qualidade e uma reforma organizacional muito eficiente. O time ficava completo com a equipe de assessores e funcionários de carreira e o time de secretárias, todos de alto nível.

Delegando atribuições técnicas e confiando na vigorosa equipe que o auxiliava, Roberto cuidava de traçar as linhas gerais do trabalho e se ocupava diretamente de grandes temas, sobretudo os políticos e orçamentários. Eram tarefas que não caberiam a ninguém mais executar. Um de seus primeiros compromissos do gênero foi tomar parte na viagem que Lula fez ao Nordeste para o lançamento do Programa Fome Zero, em 7 de janeiro de 2003. O Fome Zero seria uma das grandes marcas da gestão petista, a cargo do Ministério do Desenvolvimento Social e Agrário, e no qual o Ministério da Agricultura se colocou como agente auxiliar. "Cultivar mais três milhões de hectares, criar condições adequadas de armazenagem e ter uma política de renda para o produtor rural irá contribuir também com o Fome Zero", previu Roberto em fala à imprensa. As cooperativas agrícolas também começaram a se articular em torno da proposta.

Uma das pautas mais urgentes para o mundo agrícola, naquele momento, era a transgenia. O tema interessava, sobretudo, aos produtores de soja, cujo mercado internacional era dominado por variedades geneticamente modificadas, obtidas em laboratório por meio do cruzamento genético com outras espécies. Grandes produtores daquele grão, como Estados Unidos e Argentina, já estavam dominados pela versão transgênica, que competia vantajosamente com a produção brasileira. O mundo conhecia e demandava essa soja, mas havia um problema. Desde 1999, o plantio de soja transgênica estava sob embargo, resultado de ações judiciais movidas pelo Instituto de Defesa do Consumidor (Idec) e pela organização não governamental Greenpeace. A proibição não impedia que fazendeiros a plantassem e colhessem. Estimava-se que aproximadamente 12% da soja brasileira era transgênica, toda cultivada no Rio Grande do Sul. As sementes entravam no Brasil clandestinamente, pela fronteira com a Argentina – motivo pelo qual o produto era conhecido com o apelido de "soja Maradona". O apreço dos produtores pela soja transgênica vinha da sua combinação entre baixo custo e alta produtividade. Esse foi o tema de uma das primeiras reuniões de Roberto com o presidente, em janeiro de 2003.

— Isso que acontece é ilegal, presidente – explicou Roberto. — E o governo tem duas alternativas: continuar fingindo que não sabe que isso existe, ou colocar na lei.

A legalização da transgenia era um tópico político e socialmente sensível. A transgenia era uma novidade, e a opinião pública fervia com debates sobre os efeitos de alimentos transgênicos sobre a natureza e a população. Discutia-se, por exemplo, se era verdade que reses alimentadas com ração que levava milho transgênico ficavam estéreis, ou se seu consumo fazia o corpo humano acumular toxinas, com danos à saúde. Na academia, a transgenia já era bastante estudada, acompanhando o ritmo da ciência internacional. Na prática, as variedades transgênicas dos alimentos enfrentavam resistência e, em razão disso, não havia uma legislação que previsse e ordenasse o seu cultivo. Roberto sabia que, quanto mais o governo adiasse uma saída legal para as plantações de transgênicos, mais difícil ficaria vencer essas resistências no futuro. O momento de "meter o pé na porta" e colocar o assunto em pauta no governo federal era aquele. Evitar o assunto seria como varrer a sujeira para debaixo do tapete.

— Entendi. E qual solução você propõe? – questionou Lula.

— Podemos começar com uma Medida Provisória que libere a comercialização de soja transgênica gaúcha ainda este ano. Precisa sair antes da colheita, em março.

O presidente concordou, e pediu a Roberto e sua equipe que redigissem o texto da Medida Provisória, que deveria ser assinada por ele e pela ministra do Meio Ambiente, Marina Silva. Se ela assinasse, os ambientalistas criticariam menos o governo. Lula se comprometeu a sancionar o texto tão logo ele estivesse pronto. Agora, a bola estava com Roberto.

Não foi simples convencer Marina a assinar o texto. A ambientalista e ex-senadora do PT pelo estado do Acre estava na linha de frente dos questionamentos quanto à validade de liberar a soja transgênica no Brasil, apontando para o que se consideravam os impactos ambientais e econômicos do grão geneticamente modificado. Foram semanas e semanas de discussões entre os ministros e suas equipes, cada qual munido de argumentos e estudos. Com muita paciência, Roberto foi conquistando o terreno rival. Contudo, sua paciência, por maior que fosse, estava constantemente sob a ameaça do calendário: a colheita de soja estava se aproximando, e a anuência de Marina não havia saído. Torce dali, recua daqui, Marina concordou em assinar a Medida Provisória, desde que a ela fosse acrescentada uma cláusula, que proibisse o plantio da semente de soja transgênica para a safra seguinte. Todo produtor deveria assinar um Termo de Ajustamento de Conduta, comprometendo-se a não voltar a usá-la.

— Agora eu é que não posso assinar, porque esse arranjo não vai funcionar – objetou Roberto, respeitosamente.

O impasse foi levado ao presidente. A Lula, Roberto explicou que aquele remendo não solucionava coisa alguma. Era ingenuidade acreditar que, depois de um ano de comércio liberado, os produtores voltariam atrás. De que adiantava existir uma lei sem nenhuma aderência à realidade do mundo produtivo?

— Roberto, vamos ser práticos? Você assina, para garantir a safra deste ano, e depois pensa em uma lei definitiva – propôs Lula.

Roberto concordou, pressionado pela urgência da questão. Era preciso ser pragmático, mas ele não desistiria da liberação completa da soja transgênica. A MP garantiu alívio aos produtores, que puderam vender a safra de 2003.

Depois disso foi criada uma comissão interministerial para definir o futuro da transgenia e de outras questões de biossegurança no Brasil. Roberto queria a lei aprovada até outubro, quando ocorreria o plantio da safra seguinte. Com a comissão instalada, o desafio era convencer os demais ministros a respeito da necessidade da lei. Eram nada menos que nove deles. A comissão funcionaria na Casa Civil, cujo ministro-chefe era José Dirceu, e era formada pelos titulares de pastas como Fazenda, Meio Ambiente, Saúde, Desenvolvimento Agrário, Ciência e Tecnologia, Justiça, Comunicação e Relações Institucionais, além de Roberto. Aprovar a lei era urgente, porque estimativas apontavam que, naquele ano, a porcentagem de soja transgênica no Rio Grande do Sul subiria para mais de 20%, além de atingir o Paraná. Roberto levou professores de Agronomia e Genética para explicar a questão da transgenia a Lula, aos ministros e aos Deputados Federais, que, em última instância, seriam os formuladores da legislação. A princípio, eles eram contra a transgenia ou, quando muito, neutros. O primeiro a ir para o lado de Roberto foi o pernambucano Eduardo Campos, ministro de Ciência e Tecnologia. Palocci, médico no comando do Ministério da Fazenda, passou a apoiar o programa depois que Roberto apresentou a possibilidade de inserir as pesquisas com células-tronco na futura Lei de Biossegurança. Faltavam outros nomes, sobretudo, do "núcleo duro" do PT, que Roberto via como o mais difícil de convencer. Um dos ministros da comissão, Márcio Thomaz Bastos, explicou-lhe em poucas palavras porque os ministros estavam fazendo oposição à liberação do tema:

— O programa do partido é contra a transgenia.

Thomaz Bastos acabou se convencendo, mas faltavam pelo menos mais três ministros para o texto ser aprovado. Como vencer a resistência petista? Roberto logo pensou em Luiz Gushiken, um dos fundadores do PT e ministro da Secretaria de Comunicação. Inteligente e influente dentro do partido, ele seria capaz de dissolver a desconfiança geral. Roberto convidou o ministro e sua esposa, Elizabeth, para passar um final de semana na Santa Izabel. Ali, Gushiken conheceu os campos de soja e conversou muito com Roberto e Paulo a respeito da dinâmica da cultura de soja em geral e da transgenia em particular. O ministro era inteligente, atento e curioso, e fez muitas perguntas. Na semana seguinte, a comissão voltou a se reunir em Brasília, com vistas a definir se a lei seria ou não aprovada pelo grupo. Lula e José Alencar estavam presentes, junto com outros nomes do partido. Antes de o encontro começar, Gushiken contou a novidade a Lula e todos os presentes.

— Estive recentemente na fazenda do Roberto, em Guariba. Informei-me sobre a questão da transgenia, e estou com ele – declarou.

Os ânimos se alteraram. As discussões, até então pacíficas, subiram no tom – ainda mais porque, agora, Roberto não estava sozinho na sua posição. Lula, vendo a causa sendo abraçada por ministros e por gente do próprio partido, bateu o martelo:

— Vamos então fazer a lei.

O clima na sala piorou. Luiz Dulci, ministro-chefe da Secretaria-Geral da Presidência, lembrou ao chefe que aquele gesto seria uma traição a todo o partido. O programa do PT se opunha à transgenia, e ponto-final.

— Dulci, entre o programático do PT e o pragmático do Brasil, eu fico com o segundo – devolveu Lula, encerrando a questão.

A lei foi escrita, e seguiu para o Congresso, onde foi defendida por deputados e senadores ligados ao universo tanto do agro quanto da ciência. Após debates intensos, nasceu a Lei nº 11.105/2005, conhecida como Lei de Biossegurança. Fundamental para a Agricultura, por regulamentar o estudo e uso de organismos geneticamente modificados, o texto foi considerado um avanço da ciência como um todo – favorecendo, por exemplo, as pesquisas com células-tronco. "A regulamentação é importantíssima. Agora temos um texto definitivo. Finalmente temos um projeto que nos dá o deslanche de avançar rapidamente na pesquisa e produção de transgênicos no País", disse Roberto à imprensa sobre mais aquela batalha.

O último entrave, para Roberto, dizia respeito ao mecanismo de funcionamento da Comissão Técnica Nacional de Biossegurança, a CTNBio. O sistema brasileiro para a liberação de transgênicos nasceu como um dos mais seguros e rigorosos do mundo. O grupo deveria ser formado apenas por pesquisadores com, no mínimo, doutorado em ciência. Para um novo transgênico ser aprovado, a maioria absoluta (ou dois terços) do conselho deveria aprovar a nova espécie. Roberto avisou que, na prática, aquele mecanismo não daria resultado.

— Presidente, isso não vai dar certo. Vai ser impasse atrás de impasse. Para algo passar de fato, tem de ser aprovado por maioria simples, metade mais um – aconselhou ele a Lula, quando teve oportunidade.

Ele estava sendo pragmático, como o presidente gostava, mas o presidente também estava prezando pelo pragmatismo – mas pelo viés político.

— Roberto, você já ganhou a lei. O regulamento da CTNBio é da Marina – explicou.

Roberto assentiu, sobretudo porque respeitava a colega, com quem mantinha uma relação amistosa e acreditava em seu trabalho. Contudo, como previsto por Roberto, a CTNBio emperrou. Nada passava. Tempos depois, já fora do Ministério, Roberto encontraria o presidente Lula em um evento.

— Roberto, você viu que aconteceu o que você disse que aconteceria, não é? Vou partir para a maioria simples, conforme você sugeriu lá atrás – informou.

Depois que o sistema mudou, a regulamentação de transgênicos decolou.

Em paralelo, a produção de alimentos orgânicos também havia ganhado sua lei, ainda no primeiro ano de Roberto como ministro da Agricultura. Em dezembro de 2003 foi sancionada a Lei nº 10.831, mais conhecida como Lei dos Orgânicos. O texto estabeleceu as normas para cultivo, comercialização e divulgação de produtos agrícolas cultivados de maneira natural, sem uso de pesticidas, ou extraídos da natureza de maneira sustentável. A agricultura biodinâmica e a permacultura, modalidades de práticas agrícolas populares entre pequenos produtores, foram definidas e regulamentadas. Assim, caía por terra o temor de que Roberto, tradicional representante da classe agrária, realizaria uma gestão inteiramente voltada às demandas de grandes produtores. Na época, o consumidor brasileiro e a opinião pública pouco conheciam a questão do alimento orgânico. Mas Roberto sabia que, com a regulamentação, era questão de tempo para que aquele mercado crescesse e aparecesse, abrindo uma nova frente para os produtores. Especialmente os da agricultura familiar, para quem o cultivo de orgânicos funcionava com perfeição, e que permitiria agregar valor à produção.

Outra vitória do primeiro ano foi o Seguro Rural. Em dezembro de 2003, a Lei nº 10.823 criava o Programa de Subvenção ao Prêmio do Seguro Rural. Roberto sabia que o seguro era fundamental para a atividade agrícola, estando na raiz de qualquer safra que se pretendesse exitosa. Sem ele, os produtores ficavam desprotegidos contra imprevistos; sem ele, outras políticas seriam ineficazes. Por isso, a lei foi um passo importante. Não só porque ofereceu segurança ao meio agrícola ao tornar o seguro rural mais acessível, mas também por demonstrar, ao fim daquele primeiro ano de gestão, que o Ministério estava comprometido com os produtores.

O Brasil rural era gigante e plural, com espaço para diferentes modelos produtivos. O único aspecto que todos eles deveriam ter em comum era a excelência e o apreço pela ciência. Nesse aspecto, diversos projetos de Roberto não poderiam ser levados adiante sem o apoio da Embrapa – mas a agência tinha seus traços peculiares...

* * * * * *

Os estudos sobre transgenia conduzidos no âmbito da Embrapa desde 1997 eram um grande trunfo de Roberto na defesa do cultivo e comércio de alimentos geneticamente modificados. O envolvimento da Embrapa na questão era a prova de que a transgenia era um tema sério e de que o País, ao contrário do que se propagava e do que desejavam grandes multinacionais do setor, tinha tecnologia própria. Os brasileiros não ficariam à mercê de transgênicos desenvolvidos em outros países e, além disso, por gigantes que fossem as multinacionais agrícolas; a presença do Estado na questão ajudaria a compor um cenário de equilíbrio – advogando, sobretudo, pelas boas práticas de cultivo e de proteção ambiental. Os interesses nacionais estavam assegurados. A real ameaça não era uma liberação estudada dos transgênicos, e sim a proposta de continuar tapando o sol com a peneira, ignorando a urgência da questão.

No entanto, a Embrapa estava sob o comando de Clayton Campanhola, com quem Roberto logo descobriu divergências. Passados oito meses de 2003, com os trabalhos da Comissão Interministerial se desenrolando, Campanhola escreveu um artigo contra o cruzamento de espécies vegetais, que seria publicado no jornal *O Estado de S. Paulo*. Mostrou-o a Roberto, que não gostou nem um pouco e questionou o agrônomo.

— Então não tenho direito à minha opinião? – provocou o presidente da Embrapa.

— Claro que tem. Mas se ficar contra o seu chefe, assim publicamente, vai dar confusão – explicou Roberto.

Campanhola engavetou o artigo, mas os problemas continuaram. A certa altura, com certeza ponderou e resolveu se aproximar de Roberto, conhece-lo melhor. E o ministro passou a ter mais sua companhia. Não se tratava de um bajulador, daqueles tão comuns nos ambientes públicos. Demonstrava ser realmente alguém preocupado com sua função, com as responsabilidades inerentes ao cargo que ocupava.

Cabia o cuidado. Roberto tinha assistido, ao longo da vida, como os poderosos eram cercados por pessoas que só os elogiavam, e, de tanto ouvirem que eram os melhores. Acabavam acreditando nisso. Queria que Cecília, que dispunha de acesso livre ao seu gabinete, ajudasse a evitar esse risco.

— Cecília, uma das suas funções é não deixar que eu seja "enrolado" por bajuladores – pediu.

E Cecília passou a "blindar" o chefe contra os bajuladores que baixavam diariamente no Ministério. Sempre de sorriso largo e gentileza impecável, não tinha quem não concordasse em deixar apenas um recado para o ministro, em vez de insistir em um encontro presencial.

A blindagem deu certo, mas não por muito tempo. Em meados de 2004, quando a Lei de Biossegurança estava bem encaminhada, Roberto se viu com tranquilidade o bastante para discutir a questão da Embrapa com Lula. Fundada em 1973, a Embrapa era uma empresa de excelência, estratégica no desenvolvimento da ciência agrícola no Brasil. E Roberto, como ministro, considerava que o seu atual presidente estava mais preocupado com outras questões – *vide* seu posicionamento dogmático na questão da transgenia. Campanhola, embora fosse homem de bons princípios, não se filiava às diretrizes do Ministério, era mais afinado com Marina e Rosseto, do Desenvolvimento Agrário, e a Embrapa estava sendo esvaziada. O último concurso público da instituição tinha sido realizado já fazia oito anos, e, em razão das aposentadorias e do aumento de demanda, o quadro de técnicos estava defasado. Os funcionários em atividade não tinham plano de carreira atualizado, e o orçamento anual estava muito aquém do necessário para garantir uma operação vigorosa das pesquisas. Décadas antes, a Embrapa havia tomado um empréstimo do governo federal. Agora, a dívida estava sendo cobrada, com abatimento direto do orçamento. Os funcionários estavam sem ânimo ou perspectiva.

— Presidente, há duas coisas que eu não desejo. A primeira é manchar o meu nome e toda uma vida em defesa da Ciência com a perda de eficiência da Embrapa. E a segunda é que não quero que seu governo, que a nossa gestão, seja lembrada pela derrocada dela – defendeu Roberto.

Lula perguntou o que ele desejava fazer. Um pouco apreensivo, Roberto disse que era preciso trocar toda a diretoria da instituição, levando a ciência de volta ao cerne da sua operação. Roberto sentia que estava pisando em ovos – afinal de contas, a Embrapa era uma instituição politicamente estratégica, cujo presidente Lula havia feito questão de nomear. Lula, no entanto, não se opôs ao plano e autorizou o ministro a seguir em frente.

— Depois de todo esse tempo trabalhando juntos, confio nas suas percepções. Faça o que for melhor para a Embrapa – assentiu.

A decisão final, evidentemente, caberia a Lula, mas aquilo era, na prática, uma carta branca para demitir os diretores todos. Roberto reuniu parte da equipe do gabinete, e se puseram a estudar nomes para assumir os postos de diretores da Embrapa. Porque, para presidente, ele já tinha um nome em vista. Sílvio Crestana era pesquisador da Embrapa desde os anos 1980, com pós-doutorado na Universidade da Califórnia. Crestana morava em São Carlos, interior de São Paulo, e Roberto montou uma operação para convidá-lo a assumir a presidência da Embrapa. O encarregado de fazer o primeiro contato de sondagem seria Luis Carlos Guedes Pinto, secretário-executivo e ex-presidente da Conab. Guedes era próximo tanto de Roberto quanto do petista José Graziano, tendo, portanto, bom trânsito em todo o governo. Por um acaso, ele também já tinha um vínculo com Crestana: o pesquisador havia sido professor-orientador do seu filho na universidade. A conversa entre os dois aconteceu em Campinas, onde Guedes vivia quando não estava a serviço no Distrito Federal.

— Você sabe que a Embrapa não vai bem, e o ministro está apreensivo. Ele gostaria de escutar suas ideias para melhorar a empresa, e que apresentasse isso a ele-- pediu Guedes.

Marcaram uma reunião para dali uns dias. A crise entre o ministro e o presidente da Embrapa já havia vazado, e a imprensa vivia à cata de algum furo. Roberto repetiu boa parte do discurso de Guedes, acrescentando a questão da agroenergia. Quase trinta anos depois do lançamento do Proálcool, o etanol e outras fontes de energia limpa estavam novamente em pauta. O presidente Lula era um entusiasta da ideia, e Roberto sentia que aquele era o momento de alavancar as pesquisas e de lançar nova política pública para o setor. A Embrapa seria o cerne do processo, e sem corpo técnico e coesão seria impossível levar o plano adiante.

Crestana expôs suas ideias e Roberto gostou do que ouviu. Perguntou quanto tempo o pesquisador queria para escrever um plano detalhado para colocar a Embrapa de volta nos trilhos. Ele pediu uma semana. O ministro sugeriu que o estudo poderia ser feito em três dias, e pediu que o documento fosse mandado para apenas duas pessoas: ele e Guedes. Quando recebeu o plano, o ministro ficou ainda mais satisfeito. Imediatamente telefonou para Crestana.

— Sílvio, está muito bom, é exatamente o que precisamos. Só quero que você acrescente um tópico sobre o fomento à agricultura familiar – pediu, prevendo as críticas que certamente viriam.

E solicitou que ele fosse novamente a Brasília. Era hora de fazer o pedido. Para a surpresa de Roberto, Crestana ficou indeciso. Disse que estava muito bem na sua vida de pesquisador e professor universitário. Não ambicionava a carreira pública e ficava feliz em contribuir com a Embrapa, mas era somente aquilo. Roberto, por sua vez, não desistiria. Lembrou-o a respeito da importância da Embrapa, da luta pela soberania nacional que o Ministério encabeçava, da contribuição sem preço que ele prestaria à ciência. Se a questão fosse pessoal, ele iria a São Carlos para conversar com a esposa de Crestana e explicar a mudança do marido para Brasília. O comprometimento do ministro acabou convencendo-o. Naquele ano, em outubro, aconteceriam eleições municipais em todo o Brasil, e a ordem era não fazer nenhuma mudança no governo federal. Esperariam até dezembro para anunciar a mudança de comando da Embrapa, e até lá Roberto faria os ajustes finais dentro do Planalto. Não foi tarefa fácil.

Ele e Crestana escolheram os novos diretores baseados em uma série de critérios, da carreira acadêmica à origem geográfica. Queriam uma Embrapa dirigida por cientistas de visão e conhecedores da realidade de diferentes pontos do Brasil. Chegaram a um pernambucano, um sul-mato-grossense e uma amazonense. Assim, as regiões Sul-Sudeste, Centro-Oeste, Nordeste e Norte estariam bem representadas. Feitos e aceitos os convites, combinaram que os três novos diretores chegariam a Brasília em uma quinta-feira. Roberto chamou Campanhola ao seu gabinete no início de uma noite de quarta-feira, em janeiro de 2005. Anunciou que trocaria toda a diretoria da Embrapa na sexta-feira, e sugeriu que ele e os demais diretores solicitassem demissão na manhã seguinte, porque no período da tarde precisava enviar ao Diário Oficial as notificações das mudanças, a serem publicadas na sexta-feira. O presidente, é claro, não gostou, e ele e seus diretores decidiram não pedir demissão. Na mesma data, Roberto recebeu os novos diretores, apresentou o plano elaborado por Crestana e avisou que podiam começar a trabalhar na sexta-feira. A posse seria dada pelo presidente do conselho da empresa, o secretário-executivo Guedes. E partiu para São Paulo na madrugada daquele dia, para participar de um seminário sobre o agronegócio.

Quando desembarcou em solo paulista, encontrou uma mensagem de Lula no celular, pedindo que telefonasse quanto antes. Ao telefone, o presidente reclamou da demissão dos diretores.

— Mas foi o que combinamos! – protestou Roberto.

O presidente explicou, então, que um dos diretores não podia ser demitido. Era o único representante do PT do Rio de Janeiro no governo federal, e por isso o homem precisava voltar. Conversariam sobre aquilo na segunda-feira. No final de semana, Roberto explicou a situação para a família e sua equipe. Ele não podia voltar atrás no que tinha decidido e, se isso fosse exigido, estava disposto a renunciar ao Ministério.

Na segunda-feira, lá estava ele no gabinete presidencial, com Lula e José Dirceu, ministro da Casa Civil.

— Zé, explica para ele – pediu Lula.

— O tema aqui é governabilidade – começou Dirceu.

Quando Roberto começou a apresentar o currículo de cada um dos diretores que ele havia escolhido, comparando-os à experiência do ex-diretor, foi interrompido:

— Não é disso que se trata. Se esse cara sair, a gente perde o apoio do PT do Rio de Janeiro, e isso não pode acontecer – afirmou Dirceu.

Roberto bateu o pé. Disse que era inadmissível que a Embrapa fosse utilizada como parte do jogo político. Explicou que não tinha nada contra o jovem carioca, que era uma pessoa agradável. Sua preocupação era que a Embrapa saísse do buraco em que estava se enfiando, e que o futuro da agricultura brasileira dependia de ciência e inovação tecnológica fomentadas pela agência. Ele e Dirceu discutiram durante mais de meia hora, sem que nenhum deles levantasse a voz. Lula apenas observava os ministros em sua elegante esgrima verbal. Por fim, Roberto disse:

— Dirceu, não quero brigar. Vamos fazer o seguinte: meus indicados têm artigos publicados nas revistas científicas mais respeitadas do mundo. Se você me mostrar um artigo em revista do mesmo nível publicado pelo ex-diretor, eu o coloco como presidente da Embrapa.

O ministro ficou calado, e Lula suspirou:

— É *foda*! Roberto, siga em frente. Dirceu, arranja outro emprego para esse cidadão. E fim de conversa.

Crestana e os novos diretores assumiram seus postos, e começou a operação para salvar a Embrapa. A prioridade era a recuperação do orçamento, impedindo que ele caísse novamente. Pelos cálculos do novo presidente da instituição, se continuasse naquele ritmo, até o final da gestão de Lula, em 2006, a Embrapa fecharia laboratórios – eram vários, no Brasil e em outros países, como os Estados Unidos

– e faria demissões em massa. Se as coisas chegassem àquele ponto, não haveria volta. Roberto fez o jogo de braço com os ministérios da Fazenda e do Planejamento para que o orçamento anual da Embrapa não fosse cortado. No final de 2005, conseguiriam abrir um novo concurso público para contratar pesquisadores, e foi negociado um dissídio coletivo – o do ano anterior estava pendente. O clima interno da instituição melhorou, ao mesmo tempo que a empresa trabalhou o relacionamento com a sociedade e com a comunidade internacional. O projeto de trabalhar pela grande e pela pequena agricultura fincou raízes, e a Embrapa estreitou relacionamento com a África e a América Latina. Roberto gostava de frequentar as reuniões semanais e, quando podia, marcava um almoço ou uma caminhada à noite com Crestana, para se informar do andamento dos trabalhadores. O ministro fazia questão de saber o que se passava na Embrapa. Sílvio Crestana salvou a Embrapa, e Roberto considera esse fato como um dos mais relevantes de seu mandato.

Tinha o mesmo esmero com outras empresas vinculadas ao Ministério. Havia nomeado Guedes presidente da Conab. Os dois eram colegas de turma de Esalq, e, além disso, Guedes era conselheiro do Movimento dos Trabalhadores Rurais Sem Terra (MST), o que aproximava Roberto da turma petista. Fazia muitos anos que a companhia de abastecimento era alvo de desconfiança da população. De tempos em tempos, pipocava uma denúncia de corrupção, que envolvia transporte de grãos e fiscalizações. E o armazenamento era, de fato, um gargalo do setor. Sem logística e infraestrutura de qualidade, uma boa safra inteira ficava em risco. Guedes foi responsável por colocar uma lupa nos problemas da Conab e sanear a operação, recuperando a moral da empresa. No Instituto Nacional de Meteorologia, o Inmet, o desafio era intensificar a prestação de serviços para a agricultura. Para isso, Roberto nomeou o mineiro Antônio Divino Moura para presidir a instituição. Muito rigoroso e com experiência internacional, Moura deu fôlego às atividades do Inmet, que, além de prestar informações às Forças Armadas, passou a trabalhar de perto com os agricultores. E havia, por fim, a Comissão Executiva do Plano da Lavoura Cacaueira (Ceplac), que, na prática, também era uma empresa, com desenvolvimento de pesquisas. Roberto trabalhava de perto com os diretores e presidentes das diferentes instâncias e instituições dentro do Ministério, mantendo sempre uma visão macro a respeito dos problemas e das questões da agricultura e da pecuária.

Essa face do trabalho como ministro se desenvolvia em paralelo à sua atuação pública, responsável por tornar seu nome e rosto aceitos em todo o Brasil. Nesse aspecto, suas aparições estavam vinculadas ou aos problemas ligados à pasta, ou às inúmeras viagens nacionais e internacionais que começou a empreender tão logo assumiu o Ministério. No início da década de 2000, a internacionalização da economia brasileira era um tema quente. A segunda Rodada Doha, em Cancún, no México, estava marcada para setembro de 2003 – poucos meses depois do início da gestão Lula. A agricultura era um dos temas base da rodada de negociações internacionais, e Roberto e sua equipe estavam trabalhando duro para conquistar mais espaço para os produtos brasileiros no mercado externo. De um lado da batalha, estavam leis protecionistas e altas taxas alfandegárias, sobretudo na Europa – ferramentas que dificultavam o acesso do Brasil a esses mercados. De outro lado, estavam os números cada vez mais vigorosos da agricultura e da pecuária brasileira. Roberto, que nunca havia duvidado da capacidade produtiva dos agricultores brasileiros, ajudaria a defender os interesses do País perante o mundo. Tinha bons motivos para isso. No entanto, havia também razões para se preocupar.

* * * * * *

A vida pública como Ministro da Agricultura era, de fato, construída com muita luta. Mas nem tudo eram embates. Exemplo de um convite que Roberto recebeu logo após assumir o Ministério, e que renderia uma lembrança agradável daquele tempo.

Era o início de 2003, e o ministro foi convidado para o famoso programa de televisão comandado por Jô Soares, na Rede Globo. Sua assessoria de imprensa estava sob o comando de Ismar Cardonna, amigo de longa data. Logo de cara, Ismar foi contra a entrevista. Na sua opinião, Jô não nutria simpatia alguma pelo meio agrícola, e certamente teria preparado uma pauta bombástica, repleta de assuntos provocativos como transgênicos, reforma agrária e índice de produtividade agrícola. E por isso negou o convite. Tempos depois, a produção do programa voltaria a procurá-lo, e Ismar continuaria dando sinal vermelho. Passado um período, mais uma mensagem e, desta vez, com um esclarecimento: se insistiam tanto, era porque o próprio Jô fazia questão de receber Roberto. Contrariando a opinião do seu assessor, ele decidiu aceitar. Marcaram a participação televisiva para uma data em que Roberto estaria em São Paulo em razão de um compromisso oficial.

No dia marcado, lá estavam Roberto e Ismar no estúdio. Foram acomodados em um camarim, onde um produtor logo apareceu para alinhar os pontos que seriam abordados na entrevista. Como Cardonna previra, o tema da transgenia era central. Mas houve um pedido peculiar, que pegou a dupla de surpresa. Chegara aos ouvidos de Jô que o ministro cantava razoavelmente bem, e por isso ele poderia pedir "uma palhinha". Cardonna ficou assustadíssimo, mas Roberto topou prontamente. Após uma discussão rápida, decidiu que, caso fosse realmente convidado a cantar, entoaria uma velha canção francesa, "La Vie en Rose". E segue mais espera. Conforme o tempo passava, Ismar ficava mais e mais aflito e pessimista, a tal ponto que preocupou seu companheiro. Estaria realmente caminhando para uma armadilha?, pensava Roberto. E se a entrevista fosse um desastre, e minasse qualquer simpatia que o telespectador pudesse nutrir pela agricultura? Quando foram chamados ao estúdio, Ismar prendeu a respiração. Lá ia Roberto para a arena dos leões – e por extensão, o Ministério da Agricultura junto.

Contrariando as expectativas mais sombrias do assessor do ministro, Jô mostrou-se um entrevistador gentil, e sua famosa rapidez de raciocínio foi colocada a serviço da informação. Fez perguntas interessantes e pertinentes sobre transgenia, e deixou que Roberto explicasse o tema tim-tim por tim-tim. Dessa pauta, passaram à política agrícola, e o Ministro foi ficando mais à vontade. Em determinado momento, veio o convite. Jô explicou à plateia que fora informado sobre o talento musical do entrevistado, deixando no ar a expectativa. E pediu a Roberto que cantasse.

O ministro não fez cerimônia. Levantou-se do sofá em frente ao entrevistador e caminhou em direção ao conjunto musical do programa, em outro ponto do palco. E soltou a voz. A música era conhecida, embora não fizesse parte do repertório comum do brasileiro, mas isso não impediu que a plateia acompanhasse o número, balançando os braços erguidos ao som da melodia suave e da voz do Ministro da Agricultura. Uma salva de aplausos encerrou a participação de Roberto no programa. A sensação era de missão cumprida. Desta vez, missão leve e doce.

Outra boa lembrança do período envolvia mangas e um importante parceiro comercial do Brasil. Em 2004, fazia 23 anos que o Brasil disputava entrar no mercado japonês da fruta. O país asiático importava manga da Austrália, e parecia surdo aos apelos do Brasil para tornar-se também fornecedor. E isso estava na cabeça de Roberto, que via como uma de suas missões "inundar" o mundo do que o Brasil tinha de melhor. Com quase dois anos de ministério, ele já visitara o Japão em duas ocasiões, todas em companhia de Lula. Nos encontros com o governo japonês o assunto fora o álcool. Mas, nem só de álcool deveria viver aquela relação. Roberto soube que Junichiro Koizumi, primeiro-ministro do Japão, faria uma breve visita ao Brasil em setembro de 2004. Um de seus amigos dos tempos de estudante, Izidoro Yamanaka, tinha um colega que era primo de Koizumi. Muito rapidamente, Roberto colocou a missão de pé. Em contato com Yamanaka e com o Palácio dos Bandeirantes, acertou uma visita de Koizumi à Usina São Martinho. O primeiro-ministro passaria um dia em São Paulo, na companhia da família brasileira, antes de seguir para Brasília. Como o encontro seria no interior, conseguiram um espaço na agenda para a visita à fabricante de açúcar e álcool, na companhia de Roberto e do governador Geraldo Alckmin. O helicóptero sobrevoou as plantações de cana-de-açúcar na região de Padrópolis. O ministro desejava que Koizumi visse com seus próprios olhos a potência do Brasil na produção de cana. Desceram na usina e Roberto foi explicando como funcionava a produção de álcool. O primeiro-ministro japonês, que nas reuniões em sua terra natal não demonstrava muito entusiasmo, ficava cada vez mais impressionado.

Roberto havia planejado mais uma visita para aquela tarde. Disse que ali na região ficava uma das mais tradicionais colônias japonesas no Brasil, em Guatapará. Imersa nas plantações de cana, a vila com 7,2 hectares abrigava pouco mais de uma centena de habitantes, que mantinham vivas as tradições de seu país de origem. Roberto disse que preparara uma surpresa para o pessoal da colônia, e que pretendia jogar flores sobre a cidade. Koizumi apreciou a ideia, e o helicóptero sobrevoou a pequena colônia, atraindo olhares curiosos. Curioso também estava o primeiro-ministro japonês, que perguntou se não podiam pousar. Pousaram, e tão logo compreenderam quem estava a bordo da aeronave, os moradores vieram correndo na direção do grupo recém-chegado.

— Kampai, kampai! – diziam, saudando o ilustre conterrâneo.

Dali em diante, a emoção tomou conta da pequena colônia. Quando retornou ao helicóptero, Koizumi já estava tomado de bons sentimentos em relação ao Brasil. Deu uma entrevista para o jornal nipobrasileiro *São Paulo Shimbun* em que narrou a visita à colônia de Guatapará. Talvez por isso, no dia seguinte, em Brasília, anunciou que o Japão deveria começar a liberar o mercado para a manga brasileira. E assim Roberto comprovou que, em matéria de diplomacia, apenas a lógica não era capaz de construir pontes. No seu exercício é preciso muita sensibilidade, astúcia e respeito.

CAPÍTULO 11

MERCADOS, VACAS MAGRAS E UMA DEMISSÃO

Caso Roberto pudesse comparar sua atividade internacional nos anos como ministro da Agricultura a algum ofício, seria ao de caixeiro-viajante. Guardadas as devidas proporções, ele por vezes pensava naqueles homens do início do século, que rodavam meio mundo vendendo de tudo um pouco. É verdade que, como presidente da OCB e da ACI, ele também viajara muito. Entretanto, aqueles eram contatos mais diplomáticos do que comerciais, destinados a expandir e fortalecer o cooperativismo. Roberto Rodrigues, ministro da Agricultura, de fato vendia: açúcar, café, carne, soja, milho, etanol... Tudo *made in Brazil*. Era urgente fazê-lo.

A produção agrícola e pecuária brasileira estava em alta, e a demanda por produtos primários começava a se elevar ao redor do globo. Era o início do que ficaria conhecido como "*boom* de *commodities*", movimento de alta nos preços de bens agrícolas e de mineração responsável por incrementar as finanças brasileiras nos anos da gestão petista. Para ter uma ideia, em 11 de dezembro de 2003, no final do primeiro ano de Roberto como ministro, uma única página do caderno de economia do jornal *O Estado de S. Paulo* trouxe nada menos que três manchetes positivas em relação ao setor. "Brasil já é o maior exportador de frango do mundo", dizia uma; "Exportação de carne bovina deve crescer 20% em 2004", mostrava outra; "Agronegócio: crescimento de 25% este ano", afirmava a terceira.

281

O último dado tinha como fonte o próprio Roberto. O Ministério da Agricultura havia previsto que a balança comercial do agronegócio fecharia o ano de 2003 com superávit de 25,1 bilhões de dólares, 25% a mais do que no ano anterior. "O agronegócio, além de ser o setor que mais gera empregos e que tem maior participação no PIB, é também o que está salvando a balança comercial brasileira", defendeu Roberto em apresentação aos parlamentares, ao exibir os números daquele ano. E o encontro com deputados e senadores não se limitaria às cifras. O ministro também desejava falar sobre a reunião entre representantes da União Europeia e do G-20, que aconteceria em Brasília em 12 de dezembro. Meses antes, uma força-tarefa composta de membros do Ministério da Agricultura e do Ministério das Relações Exteriores, o Itamaraty, havia suado a camisa em Cancún, no México. Não porque os brasileiros tivessem aproveitado as famosas praias, mas sim porque a cidade havia recebido a segunda edição da Rodada Doha.

O encontro promovido pela Organização Mundial do Comércio (OMC) nasceu em 2001, com o objetivo de fomentar a abertura de mercados agrícolas e industriais de maneira que favorecesse a participação e ampliação dos fluxos de comércio de países em desenvolvimento. Para aquele encontro de setembro, no México, o grupo de técnicos e diplomatas brasileiros havia estruturado uma robusta defesa dos produtos brasileiros perante o mercado mundial. Com a reunião com o G-20 em Brasília, em dezembro, a agenda prometia se intensificar, e o Brasil ganhava protagonismo dentro do grupo de economias emergentes, composto também de nações como África do Sul, Argentina, China e Egito. Apenas três dias após a reunião na capital federal, mais um encontro internacional na pauta do Ministério. Dessa vez, em Genebra, na Suíça, para discutir políticas agrícolas com a União Europeia. Roberto logo viu que chegaria em cima da hora para celebrar o Natal com a família.

A Europa era um osso duro de roer para o comércio agrícola brasileiro. Com mercados locais altamente especializados, sofisticados e de produtos de alto valor agregado, os países, sobretudo da Europa Ocidental, eram, por tradição, bastante fechados. Para proteger sua produção e criar meios de conter a concorrência externa, os governos locais impunham altíssimas barreiras à importação de produtos agrícolas. Além disso, os produtores rurais recebiam pesados subsídios, tornando seus produtos ainda mais baratos para a população. Com isso, era difícil acessar esses consumidores, que comiam bem e pagavam em euro.

A revisão da política agrícola comum europeia (PAC) prometia desamarrar esse conjunto de medidas – desde que de maneira gradual e muito bem estudada. A equipe do Ministério da Agricultura dedicada ao comércio exterior trabalhava com o time das Relações Exteriores na estruturação da abordagem brasileira nos encontros internacionais que envolviam a OMC e o G-20.

Era fundamental conquistar mais espaço para os produtos brasileiros, vencendo as resistências europeias, e essa se tornou uma das prioridades de Roberto como ministro. O trabalho diplomático exigia disciplina e firmeza, e era conduzida pelo ministro das Relações Exteriores, Celso Amorim, por Clodoaldo Hugueney, embaixador brasileiro responsável pelas discussões na Rodada Doha, e por Luiz Felipe de Seixas Corrêa, embaixador brasileiro junto à OMC. Roberto entrara na "missão Doha" por iniciativa própria: por ser assunto, sobretudo, do Itamaraty, a negociação não previa a participação direta do Ministério da Agricultura. Roberto, porém, tinha convicção de que, se aquela instância trataria especificamente do comércio agrícola, nada mais adequado do que a participação do Ministério correspondente – e do Ministério do Comércio Exterior, com Luiz Furlan. Apresentou esses argumentos a Lula, e o presidente concordou com que os dois ministros também compusessem o time de brasileiros que participariam das negociações.

Antes da reunião em Cancún, ocorreriam três encontros: no Japão, no Egito e no Canadá. O objetivo das discussões anteriores à Rodada propriamente dita era chegar a consensos e documentos propositivos, a serem oficialmente aprovados na reunião em solo mexicano. O caminho para chegar a acordos era tortuoso. Em primeiro lugar, porque a OMC exigia unanimidade das propostas aprovadas; em segundo, porque eram mais de 200 países envolvidos. Como obter acordos unânimes entre tantas nações, com interesses tão díspares e perfis econômicos variados?

Em meio a tantas correntes, as esperanças do Brasil repousavam no Grupo de Cairns. Liderado pela Austrália e reunindo 20 países, o grupo tinha nações como Brasil, Argentina, Canadá, Filipinas, Uruguai e África do Sul. O ponto em comum era o peso da atividade agrícola e o fato de não integrarem nem o bloco estadunidense nem o europeu. O Brasil acreditava que o grupo, formado em 1986, defenderia os interesses daqueles países que, juntos, somavam cerca de 20% da produção agrícola mundial. Especialmente porque logo se descobriu que Estados Unidos e União Europeia haviam preparado – e aprovado – uma proposta para ser apresentada na Rodada Doha. Se aprovado, o acordo diminuiria o papel dos demais países no comércio internacional agrícola.

— Vai atrasar o comércio do Brasil e todo o resto do mundo em 30 anos! – alertou Roberto aos colegas brasileiros.

Alarmado, ele buscou a Austrália. Apresentou o perigo que aquele acordo bilateral representava para o restante do mundo e propôs que o Grupo de Cairns se unisse para apresentar um projeto alternativo, que incluísse todos. Para sua surpresa, viu os diplomatas australianos um tanto reticentes, em uma espécie de "veja, não é bem assim...".

Roberto ficou com a pulga atrás da orelha e, após investigar, descobriu que o desinteresse australiano pelo tema tinha razões bem concretas: a Austrália estava para fechar, ela mesma, um acordo bilateral com os Estados Unidos, enquanto via o restante do Grupo de Cairns perder importância.

Correndo contra o tempo, Roberto convocou a equipe brasileira da Rodada Doha.

— Vamos dizer ao mundo que o Brasil não aceita esse acordo entre União Europeia e Estados Unidos, e que reagiremos.

Dito e feito. Roberto buscou a CNA e a OCB, e lhes apresentou a questão. Disse que precisavam, juntos, chegar a uma proposta que representasse os interesses do Brasil e dos demais países de Cairns na Rodada Doha. Elaboraram os pontos-chave, e Clodoaldo Hugueney redigiu o texto que foi enviado a Seixas Corrêa, que servia em Genebra, na Suíça. O embaixador brasileiro na OMC correu as missões dos países do Grupo de Cairns, angariando apoio à proposta brasileira. Todos aceitaram. Quando o grupo executivo da OMC viu que existia um novo *paper* para Cancún em discussão, redigiu-se uma nova peça, que tentava ceder aos dois grupos. O documento brasileiro chegou a Cancún, nenhuma das três propostas foi aprovada e, ao final, foi essa a vitória brasileira. Sem aquela iniciativa, o acordo entre europeus e norte-americanos teria saído vitorioso, com grandes prejuízos para o resto do mundo. O mal maior fora evitado. E, de quebra, o Grupo de Cairns foi suplantado por uma nova organização: o G-20 das nações em desenvolvimento. Mais um ponto marcado pelo Ministério da Agricultura brasileiro na gestão de Roberto Rodrigues – e isso ainda no primeiro ano de atividade.

A parceria com Celso Amorim na Rodada Doha deu tão certo que Roberto apelidou o colega de "Farol de Cancún", em razão da sua atuação decisiva na Rodada Doha.

— Se eu sou o farol, você é a pilha! – respondeu o chanceler.

Com a reforma liderada por Roberto, o Ministério da Agricultura criou a própria Secretaria de Relações Internacionais e aproximou-se bastante do Itamaraty, unindo diplomacia e política comercial. As reuniões de estratégia comercial entre os dois ministros e suas equipes aconteciam semanalmente, e, graças ao novo arranjo, as discussões e ações do governo brasileiro na política agrícola internacional ganharam robustez e velocidade. Era essa, justamente, a intenção do ministro quando da criação da Secretaria de Relações Internacionais.

Roberto fazia questão de que os produtos agrícolas brasileiros ganhassem o mundo. Nossa própria história recente, afinal, apontava para a possibilidade de se abrir um mercado fechado há muitos anos. Até a década de 1990, o País também convivia com intrincadas leis de importação e exportação, feitas mais para dificultar o comércio internacional do que para facilitá-lo. A orientação passou a mudar na gestão de Fernando Henrique Cardoso, responsável por iniciar o processo de liberalização da economia. O clima internacional encorajava essa atitude. Em 1991, o Tratado de Assunção instituiu o Mercado Comum do Sul (Mercosul), nova zona de livre negociação entre (a princípio) Argentina, Brasil, Paraguai e Uruguai, com posteriores adesões de Venezuela, Bolívia e Chile. Em 1995, o Mercosul tornou-se uma união aduaneira, com uma tarifa externa comum.

O fortalecimento das relações comerciais entre países vizinhos também era um dos motes da Área Livre de Comércio das Américas (Alca), proposta pelos Estados Unidos em 1994. No governo Lula, o Brasil se oporia a esse arranjo – que, anos depois, acabaria sendo recusado por outros países. No entanto, essa conjuntura externa fez o Brasil rever sua lógica da política agrícola, que passou a ser orientada para o mercado, afastando-se do sistema de preços mínimos estipulados pelo governo. Com isso, o volume de crédito agrícola disponível não só aumentou, como também foi desvinculado de produtos específicos cuja produção o governo desejava fomentar. O cultivo e a comercialização de gêneros agrícolas passaram a ser um risco de mercado tomado pelos produtores, e não mais reflexo de incentivos do governo.

Essa nova política agrícola seria uma das mais liberais do mundo, e, quando Roberto chegou ao posto de ministro, essa orientação já estava em andamento. Estava em curso desde 2002 uma ação contenciosa na OMC a respeito do algodão, travada com os Estados Unidos – causa que Roberto abraçou.

— Temos um ativo gigante e nada a esconder do mundo. Vamos cobrar um comércio mais justo e trazer mais gente do restante do mundo para conhecer nossa agricultura – lembrava Roberto à equipe.

A postura proativa do Ministério no campo do comércio externo deu resultado. A convite de Roberto e ciceroneado pelo ministro, o diretor-geral da OMC visitou o Brasil rural e ficou impressionado com a vastidão dos campos e sua tecnologia. Em março de 2005, a OMC concluiu que os Estados Unidos de fato subsidiavam a venda do algodão, como o Brasil apontava. Foi a primeira vez que um país questionava essa prática do governo norte-americano, e a decisão da OMC foi favorável ao Brasil em todos os pontos apresentados. "Fica claro que a OMC não mais admitirá práticas comerciais predatórias", comemorou Roberto em fala à imprensa, após a decisão do órgão. Dias depois, também ficou claro que haveria retaliação por parte do governo norte-americano, algo que o ministro não estranhou. "A tendência do governo Bush é protecionista, e o avanço do Brasil no mercado mundial obviamente tem um custo", observou Roberto. O saldo, no entanto, era inegavelmente positivo.

Muito positiva foi, também, a criação do posto de adido agrícola – outra invenção de Roberto como ministro. Ao colocar o comércio externo dos bens agrícolas brasileiros como ponto estratégico da atuação da pasta, Roberto sabia que não bastava atuar de maneira pontual, em uma ou outra ocasião. Os esforços brasileiros junto a nações estrangeiras para promover a agricultura brasileira precisavam ser permanentes – uma verdadeira política de Estado. Por isso, criou o posto de adido agrícola, um diplomata brasileiro designado para atuar junto às representações diplomáticas no exterior, abrindo e ampliando frentes de negócios para o Brasil.

O assessor especial de Roberto para os temas de comércio externo era Antônio Carlos Costa, seu ex-aluno na Unesp e agora noivo de Cecília. O jovem casal tornou-se uma espécie de extensão da família de Rodrigues em Brasília. Distante dos filhos e amigos, era com Cecília e Antônio que ele saía e dividia impressões sobre os problemas do trabalho. Os dois jovens, que antes viam o chefe como uma figura distante, passaram a conhecê-lo em sua humanidade. Testemunhavam a pressão inimaginável com a qual um ministro precisava lidar todos os dias. Essa pressão vinha de todos os lados.

Havia o governo, que impunha limitações orçamentárias às necessidades do Ministério, fazendo Roberto batalhar junto aos ministérios da Fazenda e do Planejamento, a fim de viabilizar todos os projetos e as necessidades da agricultura. De outro lado, estava a classe agrícola, da qual ele era representante e intercessor na esfera federal. Como fazê-los compreender que as dificuldades da gestão pública eram imensas, e que as ideias de Roberto, para se concretizarem, precisavam ser validadas por diferentes instâncias do poder? Ele se angustiava com a sensação de não entregar tanto quanto o segmento precisava e com a possibilidade de não honrar o compromisso que havia firmado no segundo dia de janeiro de 2003, quando assumira o Ministério.

E existiam, por fim, as questões eminentemente políticas. Roberto havia chegado a ministro na "cota pessoal do presidente", como se dizia. Significava que sua indicação não havia surgido em função de partidos ou arranjos políticos, e sim de uma decisão pessoal e técnica de Lula. O trabalho diligente, a seriedade e a obstinação de Roberto em tornar a agricultura brasileira uma das melhores do mundo haviam sedimentado a confiança presidencial, mas ele permanecia um estranho no ninho. Sem ser filiado a partido algum e sem histórico de militância estritamente política, inclusive durante o Regime Militar, o ministro da Agricultura tinha uma história de vida completamente diversa da maioria dos colegas.

Seu perfil de produtor rural e líder do cooperativismo e do agronegócio colocava-o em contato direto com o setor privado, e sua presença em um governo de esquerda nunca deixou de causar certo estranhamento – dentro e fora das esferas do poder. Para a ala mais radical do PT, tratava-se de um defensor do latifúndio, um *outsider* perigoso, com potencial para comprometer o avanço de pautas tradicionais, como a reforma agrária. Para a direita, era um bem-intencionado que seria tragado e podado por um grupo de pessoas sem grande interesse em levar adiante suas ideias liberais. Para o partido, o ministro vindo de Guariba nunca seria um deles. Mais cedo ou mais tarde, enfim, o desgaste sofrido por ele seria grande. Qualquer que fosse o lado que Roberto ouvisse, escutaria que estava de mãos atadas. De certa forma, era verdade.

* * * * * *

Na metade da década de 2000, Roberto ganharia um apelido cabeludo na imprensa brasileira: o "ministro da crise". A vida no campo envolve riscos, tanto advindos da natureza (doenças que podem acometer plantas e animais, estiagens, geadas, granizo e cheias), quanto ligados ao mercado (como queda abrupta nos preços ou choques de oferta e demanda). No seu primeiro ano de Ministério, Roberto já enxergou uma dessas tormentas se aproximando. Em 2003, os preços agrícolas estavam em um patamar bastante alto. Como reflexo, a oferta e os estoques mundiais também cresceram. Esse sinal foi o primeiro a preocupá-lo, em meados de 2004. O ministro reuniu todos os números disponíveis e alertou o presidente acerca da situação.

— Vai dar merda... – disse a Lula, muito direto como sempre foi.
— A safra deste ano será grande, os custos estão subindo, e no exterior os preços estão caindo. A estrutura produtiva vai sofrer muito.

No entanto, no ano anterior, a bomba terminara caindo sobre o milho, um produto que havia escapado da lógica otimista do momento. A safra do grão em 2001 havia sido muito maior do que a projetada. Os preços caíram e ficaram abaixo dos preços mínimos garantidos pelo governo. Com isso, em 2002, não houve motivação para os produtores plantarem milho. Por outro lado, os baixos preços do grão estimularam a criação de suínos e frangos. Desse modo, em 2003 não havia milho suficiente para atender sequer o consumo interno brasileiro e seria preciso importá-lo para abastecer o País. Mas de que forma, se os maiores produtores mundiais, Argentina e Estados Unidos, exportavam a modalidade transgênica, que, por lei, não podia ser comercializada no Brasil? Era um beco sem saída. A população em geral podia até não sentir a diferença. Quem faria barulho na questão e sentiria falta do produto seriam, por exemplo, os criadores de frango e de suíno. Começaram a chegar relatos e reclamações de que os produtores de carne e ovos não tinham com o que alimentar suas gigantescas criações, e que os animais morreriam de fome. As perdas de rebanhos, sem sombra de dúvida, seriam refletidas na despensa e na geladeira da população brasileira – sem falar nas perdas do comércio externo. Era preciso tomar uma atitude.

A saída encontrada foi o incremento da chamada safrinha, um mecanismo que, até então, era utilizado apenas marginalmente. Plantando-se milho no inverno, era possível garantir o abastecimento até o final do ano, abocanhando a demanda nacional e testando novos modelos de produção. Roberto decidiu que valia a pena apostar na safrinha do milho. O Ministério empreendeu, em 2003, uma vigorosa política de incentivo ao plantio de inverno, com expansão do crédito a produtores. O empenho incansável e o brilhantismo dos técnicos da Secretaria de Política Agrícola do Ministério no manejo da crise deixaram Roberto ainda mais cativado e grato pela equipe com quem trabalhava. Como resultado, a safrinha foi, na realidade, uma "senhora safra", com 12 milhões de toneladas colhidas – apesar das perdas sofridas em algumas plantações na região Sul, em decorrência das geadas. De caráter secundário nos números da agricultura, a safrinha passaria a ser responsável por números cada vez maiores, representando até dois terços da safra total do importante grão. Apenas o apelido continuaria no diminutivo, não expressando a realidade conquistada.

Apesar do bom resultado para a questão do milho, o Ministério continuava de olho no grande movimento sobre o qual Lula havia sido alertado. Quando compareceu à feira agrícola ExpoInter, em agosto de 2004, Roberto saiu convencido de que o sentimento predominante do pessoal do campo logo teria fim. O evento no Rio Grande do Sul reuniu produtores rurais de todo o Brasil, e o clima era de euforia. Os preços estavam lá em cima, a maioria dos fazendeiros pretendia expandir suas lavouras para dar conta da demanda e o nível de capitalização era alto. Os empréstimos para incrementar a produção estavam em franca ascensão. Com a experiência de quatro décadas como produtor e conhecedor dos mecanismos da economia rural, Roberto sabia que aquele era o prenúncio de uma dificuldade. Se os preços estavam altos o bastante para provocar um aumento expressivo da produção, essa mesma produção, quando inundasse o mercado, faria os preços caírem.

Com os custos altos e o nível de alavancagem apresentado naquele momento, uma redução no pagamento aos produtores se refletiria no não pagamento de dívidas. Atingidos, de só uma vez, o sistema financeiro e o mercado consumidor, o efeito dominó de uma crise na agricultura seria gigantesco. Fornecedores de insumos ficariam sem o pagamento de um ano, e o impacto também seria sentido nos outros pontos da cadeia produtiva – transporte e armazenamento, remuneração de funcionários, e por aí vai. Quando criança, Roberto escutava o pai e os tios contando a história da crise de 1929, devastadora em razão do mesmo entrelaçamento entre capital e campo. Era preciso evitar uma quebradeira, ainda que apenas remotamente parecida.

Discursando na ExpoInter, Roberto achou por bem abordar aquela questão. Ele gostava de explicar o ciclo da economia rural com a analogia de um trem que sobe e depois desce um morro. O trem, com seus diversos vagões atrelados uns aos outros, era a cadeia produtiva. O relevo, feito de vales e montanhas, eram os preços. Quando o preço está baixo, ninguém planta. Para quê, se ninguém quer comprar? É uma decisão racional. O entrave – ou a oportunidade – surge quando os estoques começam a baixar, fazendo o preço subir, incentivando o cultivo. Com ele, os preços atingem o equilíbrio, até caírem novamente. "O problema é que quem vende insumos vive desse sobe e desce", explicava o ministro. No trem da agricultura, o preço dos produtos agrícolas era a locomotiva. O carro da frente, que conduz o restante. E os insumos estavam representados pelos vagões, aqueles que vão a reboque. Quando a locomotiva – isto é, os preços – começava a descer por causa dos estoques crescidos, os insumos, lá atrás, estavam ainda subindo. Esse desajuste temporal entre os preços dos diferentes elementos da composição fazia com que os preços caíssem e os custos aumentassem de uma só vez. "Estamos entrando em um cenário assim", disse Roberto aos produtores da ExpoInter. "Vem aí uma safra perigosa, meus amigos. Os custos estão subindo e os preços internacionais começaram a diminuir. Gostaria de pedir que vocês sejam cuidadosos, e não tomem decisões precipitadas", apelou.

O presidente ouviu o discurso. E ficou chateado.

— Você não pode falar isso, Roberto! Você é um ministro de Estado! Precisa estimular, dar esperança! – ralhou Lula.

Roberto não voltou atrás, e foi ainda mais incisivo.

— Estimular o quê? O ano de 2005 poderá ser um desastre, presidente – previu.

A colheita seria realizada entre os meses de fevereiro e abril. A equipe do Ministério havia calculado que seria preciso um bilhão de reais, em recursos do governo, para cumprir a legislação dos preços mínimos. Tratava-se de uma exigência legal. Caso o mercado não conseguisse remunerar os produtores rurais no patamar mínimo exigido pelos custos com a safra, o governo, por meio do Ministério da Agricultura, deveria fazê-lo, evitando que as empresas tivessem prejuízo. Em dezembro de 2004, dois a três meses antes da colheita, o ministro levou ao Ministério da Fazenda e ao governo como um todo a clara tabela de ações que precisariam ser tomadas para evitar a derrocada do sistema produtivo. Estava em tempo. O governo caminhava um passo à frente da crise, disse Roberto, e era preciso aproveitar essa condição. O ano de 2005 não seria memorável apenas pela safra gigantesca no campo. Havia outra crise à espreita, e essa o ministro não pôde prever – mas, de certa forma, a esperava.

A febre aftosa era uma velha conhecida dos criadores de gado do Brasil. Em 1988, o Plano Nacional de Sanidade Animal havia colocado o combate à aftosa no centro da política de vigilância e saneamento do campo, e desde então – ou seja, há quase 20 anos – a questão era acompanhada de perto pelo Estado. A fiscalização era estrita, e a exigência de vacinação do gado para seu abate e comercialização incentivava os produtores a manter os rebanhos sob controle. Mesmo assim, de ano em ano surgiam focos localizados da doença. Quando isso ocorria, era preciso sacrificar todos os animais em um raio de dez quilômetros, indenizando os produtores pelo gado perdido.

Em 2001, regiões nos seguintes estados: Paraná, Goiás, Mato Grosso, Minas Gerais, São Paulo, Bahia, Espírito Santo, Mato Grosso do Sul, Sergipe, Rio de Janeiro e Tocantins eram reconhecidas como zonas livres de febre aftosa com vacinação. Em 2003, Rondônia entrou para esse grupo, e, em 2005, Acre e alguns municípios do Amazonas receberam o certificado. No entanto, focos em países vizinhos e com extensa criação de gado, como Argentina e Paraguai, colocavam os pecuaristas brasileiros em alerta. Em meados de 2004, esse alerta já estava dado. Em outubro, Roberto convocou uma reunião com os governos de todos os estados do Brasil para discutir um potencial novo surto de febre aftosa, com chances de infectar e comprometer boa parte do rebanho nacional. A carne brasileira, importante arrimo da pauta de exportações nacional, corria o risco de minguar aquele ano, comprometendo sabe-se lá quantos milhões de reais nas contas do País – e nos balanços patrimoniais de pecuaristas de Norte a Sul. No ano anterior, haviam surgido focos na região Norte, o que era suficiente para colocar as demais regiões em alerta. Roberto via o problema da aftosa como algo latente na pecuária brasileira, e não queria que governadores e prefeitos se acomodassem a certificados de zona livre da doença.

— É questão de apertar a fiscalização. Se colocarmos uma lupa, vamos encontrar aftosa em outros locais – indicou Roberto, frisando que desejava firmar um compromisso com todos os Estados produtores de gado.

Uma semana depois do encontro, veio a prova de que a doença estava de fato se espalhando, com a confirmação de um foco em Eldorado, em Mato Grosso do Sul. A partir dali, Roberto perdeu o sono, atormentado por aquela tempestade armada sobre o Ministério. Além da crise, que se desenrolava no campo, a seca comprometia as culturas de verão. A produção de grãos no Sul e no Centro-Oeste seria derrubada com a estiagem. E, agora, a pecuária também começaria a viver dias sombrios. Mato Grosso do Sul era o maior produtor de gado do Brasil, com 24 milhões de cabeças, e a suspeita era de que o gado sul-mato-grossense infectado viria, na realidade, de pastos do Paraguai, do outro lado da fronteira. Os animais teriam cruzado a fronteira de forma ilegal, e não eram vacinados. Em outubro, a agência *Reuters* informou:

> O registro de casos de febre aftosa ameaça um setor que contribuiu com 3,13 bilhões de dólares para o comércio externo brasileiro no período dos últimos 12 meses até setembro, já que muitos importadores poderão proibir os embarques para eliminar o risco de contágio. A Rússia, maior cliente de carne bovina e suína do Brasil, com compras totais destes dois produtos próximas de um bilhão de dólares somente em 2005, já informou oficialmente que poderá restringir as importações.

Roberto queria conhecer a extensão e a realidade concreta do problema. Ele sabia que, na teoria, tudo funcionava maravilhosamente bem. Não havia produtor que não vacinasse as suas reses, e contrabando era conto de fadas. Contudo, somente por meio da observação do problema *in loco* é que seria possível conhecer as reais chances de concretização de um surto em massa da aftosa, comprometendo os gigantescos rebanhos da região Sul. Roberto foi para Mato Grosso do Sul sem fazer alarde, na companhia de seu assessor de comunicações, Ismar Cardona. Em sua incursão pela região produtora de gado, ninguém suspeitaria estar diante de um ministro de Estado. Roberto fez questão de chegar ao local sem chamar atenção, trajando botinas de couro e com um canivete no cinto da calça, como usam os fazendeiros. Entrou em uma loja de produtos agropecuários e perguntou ao balconista se vendiam vacina contra a febre aftosa. O homem lhe disse prontamente que sim. E completou com uma pergunta inteiramente fora do *script*:

— Mas o senhor vai levar mesmo ou só quer a nota?

Roberto desconfiava que, naquela história da aftosa, o buraco era mais embaixo. E agora ele se via diante do buraco, que por sinal não era pequeno. Infelizmente, descobriu: havia uns poucos pecuaristas que compravam apenas a nota fiscal da vacina, a fim de apresentá-la às autoridades sanitárias locais e obter a licença para o transporte do gado. O pacto pela vacina funcionava apenas na teoria, comprometendo o controle da doença e trazendo gigantescas consequências para a economia. Roberto se reuniu com o governador do estado, e estruturou-se uma operação para o abate do gado na região infectada. Os pecuaristas da área, muitos deles entusiastas da gestão de Roberto, ficaram bravos com o ministro. Diziam que as denúncias eram falsas, invenção de funcionários do Ministério.

E surgiram também denúncias de casos em Londrina, norte do Paraná. O estado era governado por Roberto Requião, com quem Rodrigues já havia se indisposto antes, por conta da soja transgênica. Por isso, quando Roberto chegou ao Paraná falando que precisavam resolver a questão da aftosa e evitar que a doença se espalhasse, o clima foi de animosidade. O pessoal local negava que houvesse animais doentes. Roberto mostrou as fotos de animais infectados tiradas pelos fiscais do Ministério da Agricultura, e solicitou nova vista dos fiscais às fazendas onde as fotografias tinham sido tiradas. Chegando lá, não encontraram uma única cabeça com os sintomas da doença, viva ou morta. O pessoal da Secretaria de Defesa Sanitária deduziu que, sabendo previamente da visita, os animais doentes haviam sido já abatidos.

Sem provas de que a doença andava por ali, não haveria multa ou outro tipo de punição. Roberto estava entre a cruz e a espada, mas não havia forma de se acomodar em cima do muro: ou ele confiava inteiramente nos dados colhidos em campo pelo Ministério ou não confiava. E ele havia escolhido acreditar. Ademais, depois de ter constatado a falha com as vacinas nos rincões do interior, pôde verificar, com os próprios olhos, evidências de que, no dia a dia, alguns poucos criadores de gado agiam à margem da lei e não zelavam pela integridade das criações.

A aplicação da política de saneamento dos rebanhos, formada pela fiscalização e obrigatoriedade da vacina, foi apertada pelo Ministério. Apesar disso, as exportações de carne bovina do Paraná e do Mato Grosso do Sul foram as mais impactadas pelo surto de febre aftosa de 2005. A dimensão do problema não era apenas resultado da postura de produtores que desconfiavam do governo e não desejavam arcar com os custos de um eventual foco, mas também do próprio poder público. Naquele ano, o Ministério da Fazenda, com quem Roberto tinha homéricas quedas de braço por conta de dinheiro, havia reduzido de 167 milhões para 37 milhões de reais o orçamento da Secretaria de Defesa Agropecuária, essencial para o controle da aftosa e de outras doenças no campo. Roberto e sua equipe discutiram longamente com a Fazenda para garantir mais recursos para a Secretaria, insistindo na urgência da questão e nas profundas consequências que um surto incontrolado de aftosa teria na balança comercial. A simples denúncia do foco em Eldorado já havia conseguido reduzir em 3% a cotação do contrato futuro do boi gordo negociado na Bolsa de Mercadorias de São Paulo.

O impacto definitivo na economia e nas Relações Exteriores seria incalculável, pondo a perder, além do dinheiro, todos os esforços empreendidos pelo Itamaraty para convencer os compradores estrangeiros de que a carne brasileira era segura. De fato, após os focos de aftosa no Centro-Oeste e Sul, quatro dúzias de países colocaram embargos à importação de carne bovina vinda do Brasil. Ao final, o Ministério conseguiu elevar o orçamento da Secretaria para 90 milhões de reais, mas queria mesmo todo o montante anterior, e o custo da febre aftosa seria sentido por muitos anos. No ano de 2005, Roberto cerrava os olhos para dormir e via desfilando à sua frente cifras bilionárias. Uma primeira denúncia de corrupção havia atingido com força a alta cúpula do governo federal, colocando em suspeita toda a cúpula petista. Avesso desde sempre a partidos e questões políticas, Roberto viu colegas de trabalho do Planalto, dos poderes Executivo e Legislativo, no centro do mais novo imbróglio nacional. Mais uma vez, crise política e econômica andavam juntas. Como apenas esta última lhe dizia respeito, Roberto não descansou enquanto não garantiu a ajuda de que os agricultores precisavam.

* * * * * *

Na segunda metade de 2005, Dilma Rousseff, ex-ministra de Minas e Energia, seria nomeada ministra-chefe da Casa Civil. José Dirceu fora afastado do cargo por conta do escândalo do "mensalão", nome pelo qual ficou conhecido o esquema de compra de votos de deputados federais por parte do Executivo. Roberto conhecia bem o antigo ministro. Com frequência, e quando o trabalho não envolvia um tema mais complexo ou sensível, era com ele que Roberto despachava, em vez do presidente. O ministro da Agricultura soube declinar com elegância de alguns pedidos que Dirceu havia feito naqueles quase três anos trabalhando juntos. Houve, por exemplo, uma vez em que lhe foi solicitado que nomeasse tais e tais pessoas para uma posição de diretoria da Conab. Questão de governabilidade, de aliados que pediam. Roberto negou de maneira firme. Sempre que Dirceu aparecia com uma conversa semelhante, o ministro dava a mesma justificativa: absolutamente nada do Ministério da Agricultura estava em posição de ser utilizado de maneira política. Quando escutava que Roberto não atendia a nenhum pedido da Casa Civil, ele justificava:

— Peçam coisa boa que eu faço! – gracejava.

Dirceu nunca insistia, e tampouco utilizava as negativas de Roberto para inviabilizar seus projetos. Muito pelo contrário. José Dirceu era muito ágil e descomplicado na condução das questões encaminhadas pela pasta da Agricultura, e nenhum assunto jamais emperrou em suas mãos. Despachava com rapidez e, de Roberto, exigia apenas que lhe informasse as linhas gerais de cada assunto, sem se ater a pormenores de cada questão. Graças a essa forma de trabalhar do Ministro da Casa Civil, grandes questões para a área rural foram resolvidas a contento: a reforma do Ministério, a lei do Seguro Rural, os títulos do agronegócio e a criação do posto de adidos agrícolas, entre outras ações modernizadoras. Mas a sucessora de Dirceu não tinha o mesmo espírito.

A economista Dilma Rousseff era natural de Minas Gerais, e apresentava todo o modo de ser que se atribui aos mineiros. Era desconfiada e detalhista. Na primeira reunião com Roberto, já na chefia da Casa Civil, surpreendeu o agrônomo ao abrir sobre a mesa um pesado caderno. "Gosto de ter os detalhes de tudo", justificou, quando percebeu que Roberto observava com curiosidade suas anotações de cada ponto discutido entre eles. O ministro achava que não era preciso fazer tanto, e a ministra discordava. Os despachos na Casa Civil tornaram-se mais lentos, e Roberto começou a se inquietar com o novo ritmo de trabalho, acostumado que estava, durante dois anos, a resolver rapidamente os assuntos sob sua alçada – às vezes, vários ao mesmo tempo. Entretanto, nada que interferisse no relacionamento com a colega. Dilma também o respeitava, muito em razão do respeito que Roberto tinha pelo cargo e pelo lugar que ocupava no governo.

— Sabe, Lula, o Roberto é um ministro diferente – observou, certa feita, em uma reunião na qual o ministro e o presidente estavam presentes. — Ele não é igual aos outros, porque não quer o seu lugar. Ele gosta de servir ao Brasil, não tem interesse em disputar cargo político.

Os assuntos políticos do Ministério da Agricultura eram tratados com a Casa Civil, e os temas de ordem econômica eram encaminhados a Palocci, ministro da Fazenda. Com ele, as discussões eram longas e nada triviais. Conforme o tempo passava, o relacionamento entre os dois ficou mais e mais difícil. Algo irônico, já que Palocci e Roberto se conheciam há uns bons anos e o petista havia sido fundamental na realização da primeira Agrishow, em 1994. No entanto, se quando era prefeito de Ribeirão Preto o petista havia facilitado a vida de Roberto, como colega de ministério era uma pedra no sapato. A condução da crise de 2005 foi a gota d'água no desgaste entre Roberto e o Ministério da Fazenda.

O primeiro pedido de auxílio aos agricultores veio em fins de 2004. "Preciso do dinheiro para o fim de março. Se os agricultores receberem a remuneração do preço mínimo até julho, estaremos salvos", assegurou Roberto na ocasião. Palocci se comprometeu a encaminhar o dinheiro. Chegou 2005, o primeiro trimestre passou e veio o mês de maio. A safra foi colhida, e nada aconteceu. O que Roberto previra aconteceu: custos altos, colheita reduzida pela seca e preços baixos, a renda no campo despencou, e a crise começou, para além das fazendas. Escolas privadas e comércios começaram a fechar, como reflexo da brusca queda da renda do campo. O efeito dominó começava a comprometer seriamente o setor, e o Ministério da Fazenda alegava que não havia dinheiro. A seca de inverno também indicava perdas para a agricultura. O jornal *O Estado de S. Paulo*, em uma reportagem do mês de março, publicou:

> Segundo o ministro, cada milhão de toneladas a menos na produção agrícola significa prejuízo de 500 milhões de reais para o produtor rural. A perda econômica será de sete bilhões de reais se for considerada a quebra de produção de 14 milhões de toneladas.

O câmbio com o real valorizado – algo que Roberto não se cansava de apontar publicamente – também colocava o produtor rural em situação delicada. O cenário era, enfim, o pior possível – nas palavras do próprio ministro. "Como o clima é de apreensão, o produtor deixou de comprar equipamentos e máquinas para esta safra. Se ele deixou de investir também precisou de menos empregados", Roberto havia dito à imprensa ainda no primeiro trimestre. O fantasma do desemprego dava as caras, convidado pela crise. Roberto visitava as regiões afetadas e, como produtor de soja, não precisava ouvir nada: via o desastre claramente nas roças afetadas pela seca e sabia que em alguns casos nem valia a pena colher a soja ou o milho. O custo de colheita era maior que o valor dela.

Em maio, foi divulgado mais uma vez que o Ministério da Agricultura negociava com a Fazenda um aporte de um bilhão de reais, que incluía medidas de apoio à comercialização, como leilões de opções e incentivos à venda em locais distantes da produção, entre outras. Apenas no atendimento emergencial ao Rio Grande do Sul, houve repactuação de dívidas de 2,5 bilhões a 3 bilhões de reais, e havia ainda medidas em curso para um apoio financeiro de 300 milhões de reais às cooperativas. Naquele mês, a tradicional Agrishow estava em clima de velório. "Em 40 anos de atividade, assisti a várias crises, nenhuma com tal gravidade", admitiu Roberto à imprensa. E completou o lá atrás denominado "ministro da crise", a rigor alguém que sempre lutava contra uma:

> Foi um conjunto de fatores inéditos: custos de produção que subiram demais, preços cadentes por causa das safras recordes, dólar, juros e logística sucateada. Indiscutivelmente, há uma crise que afeta a renda de setores importantes do agronegócio.

O Ministério da Fazenda, por sua vez, parecia surdo e cego aos apelos de Roberto. Logo depois da Agrishow nada otimista, Roberto e outros ministros acompanharam Lula em uma viagem ao Japão. Iam conversar com o primeiro-ministro Junichiro Koizumi sobre a possibilidade de o Brasil atender à demanda japonesa por etanol, estimada em 1,8 bilhão de litros ao ano. Roberto enfatizava o papel de protagonista que o Brasil detinha no campo da energia renovável, e que precisava ser incentivado. Contudo, vender álcool para os japoneses, ambição de Roberto em função do grande interesse do povo e do governo do Japão pela sustentabilidade, não era sequer sua maior preocupação naqueles dias. Ele queria aproveitar que passaria muito tempo ao lado de Lula para fazer sair o tão desejado pacote de auxílio à agricultura – embora já fosse tarde, e a resistência da Fazenda em liberar recursos já tivesse produzido duras quebras nas cadeias produtivas do campo. Palocci fazia parte da comitiva, e não teria para onde fugir, se o chefe o pressionasse. Roberto havia levado muitos puxões de orelha na Agrishow. "Parece que você não conhece a agricultura!", reclamavam uns. "O governo vai deixar o campo quebrar?", questionavam outros.

Após meses e meses de negociações infrutíferas e muitas escusas por parte do Ministério da Fazenda, Roberto estava mal com Palocci. Ao fim da viagem ao Japão, Roberto iria sozinho para Austrália e

Nova Zelândia, e os demais retornariam ao Brasil. No caminho para o aeroporto, Roberto, Lula e Palocci dividiram o mesmo carro. "É agora ou nunca", pensou Roberto, e lembrou ao presidente a penúria em que a agricultura brasileira se encontrava. Era uma sexta-feira.

— Não temos dinheiro para socorrer, presidente – desculpou-se o ministro da Fazenda.

Lula não aceitou.

— Tem que arrumar. Roberto, de quanto você precisa?

— Agora, no mínimo, mínimo mesmo, 600 milhões, imediatamente – respondeu.

O presidente pediu ao ministro da Fazenda que telefonasse naquele momento, de dentro do carro em que iam juntos ao aeroporto, para o economista Bernard Appy, braço direito de Palocci em Brasília. "Levantem agora esse dinheiro. Liga para o Appy e pede. Quero esse dinheiro para o Roberto na segunda-feira", exigiu. Sem saída, o ministro concordou. E ligou.

— Appy, precisamos de 600 milhões na conta do Ministério da Agricultura. É uma ordem do presidente, uma política de Estado – acentuou, no telefonema.

Pela primeira vez em meses, Roberto enxergou uma luz no fim do túnel da crise. Lula, Palocci e os demais membros da comitiva presidencial foram embora para o Brasil. Roberto para a Austrália, onde passou sábado, domingo e segunda-feira visitando regiões produtoras de cana-de-açúcar – na viagem, acabou se convencendo de que, naquele campo, o Brasil era muito melhor tecnicamente do que o grande país do Pacífico. De lá, rumou para a vizinha Nova Zelândia, onde queria conhecer melhor o sistema de pesquisa agropecuária local.

Era terça-feira cedinho na Nova Zelândia e segunda-feira de tardezinha no Brasil, e Roberto estava a caminho da Universidade de Massey, onde daria uma palestra. Telefonou para Luis Carlos Guedes Pinto, ministro interino, para acertar os detalhes do uso dos recursos que chegariam naquele dia. "Vamos salvar os dedos, porque os anéis já foram", orientou, destacando que as prioridades eram as culturas de algodão e milho. Contou a Guedes a conversa com Lula e Palocci e pediu a ele que fosse ao Ministério da Fazenda para acertar a entrega dos recursos, conforme ouvira no carro dois dias antes. Guedes foi. E logo retornou o telefonema, para informar que não havia nada dos tais 600 milhões – mas que o Ministério da Fazenda emprestaria 46 milhões, a serem devolvidos em 30 dias. Uma fração minúscula do valor mínimo de que a Agricultura necessitava para não quebrar. Foi quando Roberto chegou ao seu limite.

— O que esses desgraçados estão pensando? Que eu sou pau de amarrar égua? – gritou ao telefone.

Foi acalmado pelo embaixador brasileiro no país, que estava ao seu lado na ida à Massey University. "Guedes, vá agora ao Palácio do Planalto. Avisa ao Zé Dirceu que eu volto para o Brasil com a minha carta de demissão pronta, porque não aguento mais esta palhaçada!", completou o ministro. Guedes cumpriu à risca o combinado, em mais uma demonstração de lealdade e solidariedade com o ministro amigo. Dirceu ouviu o recado, e desceu um andar do Palácio do Planalto para falar com o presidente. Pouco mais de 30 minutos depois, tocou o celular de Roberto. Era Lula, querendo saber o que estava acontecendo. O presidente pediu a Roberto que se acalmasse e fosse conversar com ele assim que retornasse ao Brasil. Roberto disse que anteciparia a viagem de volta. Chegaria a Brasília na sexta-feira cedo, indo diretamente ao Palácio para conversar com Lula. Despediu-se de Lula e telefonou para Cecília, a quem pediu que preparasse, junto com Célio Porto, um dossiê da crise, com cópias de todos os pedidos de recurso expedidos a Lula e Palocci, em ordem cronológica. Queria que a assistente fizesse dez cópias do dossiê e o esperasse no aeroporto. Após uma viagem de 30 horas, às nove da manhã de sexta-feira Roberto pousou em Brasília, "morto de cansaço, fedendo e bravo", segundo descreveria depois da tempestade. Sua cabeça era um forno aceso. Célio e Cecília o esperavam no aeroporto e lhe entregaram o que pedira.

Lula estava à sua espera, na companhia de Dirceu, Palocci, Furlan, Paulo Bernardo, Aldo Rebelo e Gilberto Carvalho. Os três últimos eram, respectivamente, ministro do Planejamento, ministro-chefe da Secretaria de Coordenação Política e Relações Institucionais e assessor especial de Lula. O presidente então lhe disse:

— Conte-me o que houve, Roberto.

— O que houve foi isso aqui, presidente – e jogou sobre a mesa as pastas preparadas por Cecília.

Não se sentou, e continuou falando, inflamado.

— É uma palhaçada o que fizeram comigo, desde o ano passado – e contou todos os passos, desde dezembro passado até a conversa no carro uma semana antes, no Japão.

Palocci pediu para falar. Disse que Roberto não compreendia. O Ministério da Fazenda não tinha recursos, e o Bernard Appy...

— O que tem o Appy? Por que você fala tanto nele? Quem manda naquele Ministério, afinal? – questionou.

— Roberto, pega o dinheiro que estamos oferecendo – insistiu Palocci.

A panela de pressão na cabeça de Roberto explodiu.

— Pega você esse dinheiro, e...

O silêncio na sala era tamanho que parecia que, afora Roberto, que arfava de ódio, ninguém mais respirava. Nenhum dos presentes reconhecia o ministro da Agricultura naquela explosão – nem ele próprio. Roberto caiu em si, e sentiu-se morto de vergonha.

— Desculpem-me – pediu, sentando-se em uma cadeira. E dirigiu-se a Lula: — Presidente, perdão, mas eu não trabalhei 40 anos pela agricultura para vê-la enterrada junto com o meu nome. E vou falar uma coisa. Meu pai era meu ídolo, e eu fui embora da nossa fazenda para não brigar com ele. E não quero brigar com o senhor, entendeu?

Lula tentou apaziguar o ambiente e telefonou para Mercadante, líder do governo no Senado.

— Estamos em uma crise muito séria. O Roberto precisa de 600 milhões, e você vai arrumar esse dinheiro – reforçou.

Anunciou que na noite de segunda-feira queria uma reunião com Roberto, Mercadante, Palocci e Paulo Bernardo. "Vamos resolver essa situação", assegurou.

Roberto chegou ao Ministério exausto, de corpo e alma. "Acabou. Não tenho mais ânimo para ficar, vou embora", desabafou com a equipe. No final de semana, foi para São Paulo e avisou à família que segunda-feira se demitiria. No dia marcado para a reunião, foi anunciado que a quantia de 400 milhões de reais seria prontamente depositada na conta do Ministério da Agricultura. Os 200 milhões restantes seriam depositados em agosto. Se aquilo era uma vitória, era excessivamente amarga, e a luta havia sido a mais ingrata que Roberto travara em sua vida. Continuou ministro, mas seu coração já estava longe dali.

* * * * * *

Quando Roberto substituiu Clayton Campanhola na presidência da Embrapa, foi dito na imprensa que, a partir daquele momento, o Ministério da Agricultura era de fato seu. Em 2005, a reforma ministerial iniciada em 2003 fora concluída. A reforma criara a secretaria de Relações Internacionais, uma assessoria de gestão estratégica, uma ouvidoria e uma corregedoria. Foram criados o Conselho do Agronegócio (Consagro) e 27 Câmaras Setoriais, organizadas por cadeia produtiva ou tema específico, buscando a coordenação entre governo e setor privado. As antigas câmaras haviam sido desativadas em 1995, e Roberto recriou a política, convicto de que era fundamental trazer os produtores rurais para o centro das decisões do Ministério da Agricultura. A presença deles assegurava decisões mais acertadas, diminuindo de maneira significativa a distância entre o campo e o governo. Os laboratórios de defesa sanitária foram melhorados, ampliando-se o número de bovinos vacinados contra a aftosa – que saltaram de 181 milhões em 2003 para 193 milhões em 2005. Novos certificados rurais foram lançados, e a Lei de Armazenagem foi revisada.

Na interface com o meio ambiente, sua gestão à frente do Ministério seria marcada pelo fortalecimento do sistema Integração Lavoura-Pecuária-Floresta (ILPF). Entusiasta do modelo desde os anos 1960, quando assumiu a gestão da fazenda da família, Roberto deu gás às pesquisas e iniciativas do tempo na alçada do Ministério – como aquelas levadas a cabo pela Embrapa. Aqui, como em outros pontos, seu objetivo era preparar o Brasil e sua agropecuária para o futuro.

Na interface com a área financeira, sua gestão também criara os títulos financeiros do agronegócio. A Lei nº 11.076, de 30 de dezembro de 2004, criou o Certificado de Depósito Agropecuário (CDA), o Warrant Agropecuário (WA), o Certificado de Direitos Creditórios do Agronegócio (CDCA), a Letra de Crédito do Agronegócio (LCA) e o Certificado de Recebíveis do Agronegócio (CRA), além de ter dado nova redação à Lei de 1994 que estabelecia a Cédula de Produto Rural (CPR). Com a iniciativa do Ministério da Agricultura sob o comando de Roberto, o número de títulos do agronegócio saltou de um para seis. Na prática, aquele era um passo gigantesco para o setor: com os títulos, abria-se uma nova via de financiamento rural, atraente para o mercado financeiro e com potencial para alavancar de maneira singular as operações no campo.

No cooperativismo, as vitórias também foram significativas. Até então, o cooperativismo ocupava um lugar marginal nas políticas públicas da União. A ausência de um ministro oriundo do universo cooperativista fazia com que o setor fosse visto como um "primo pobre" do universo empresarial, uma espécie de complemento ao funcionamento da economia. Roberto levou José Roberto Ricken, superintendente da Ocepar, para ser seu assessor especial no Ministério para os assuntos de cooperativismo. Juntos, e com o apoio integral do presidente da OCB, seu amigo Márcio de Freitas – Ismar Cardona dizia que o cooperativismo e os cooperativistas eram a "tropa" de Roberto –, colocaram as cooperativas no centro das decisões do Ministério da Agricultura. E influenciaram outras instâncias do poder a valorizar cooperativas de maneira ampla, com especial atenção às de crédito, cujo crescimento foi exponencial graças ao fim da limitação para novos associados. Transporte, eletrificação, habitação, consumo, trabalho e serviços também cresceram. As cooperativas estavam em toda parte, e contribuíam vigorosamente para a economia. A experiência adquirida por Roberto nos tempos da Aliança Cooperativa Internacional e os contatos daquele período foram muito importantes nesse tema.

Tratava-se de importantes vitórias, das quais ele sempre se orgulharia. A reformulação do Ministério criou posições e políticas estratégicas para o fortalecimento das funções ministeriais – e, consequentemente, de toda a cadeia produtiva que o Ministério dirigia. O avanço da agroenergia e a criação de um Centro de Agroenergia na Embrapa foram outras vitórias que Roberto contabilizava como ministro. Seu envolvimento com o tema remontava ao primeiro ano do governo Lula, quando apresentou ao presidente o estratégico papel geopolítico representado pelo setor. "Alimento, você consegue plantar até na Sibéria. Monta uma estufa e planta comida. Economicamente não vai ser competitivo, mas dá para fazer", explicava Roberto. "Mas agroenergia só pode ser produzida com eficiência entre os trópicos de Câncer e de Capricórnio, ou seja, na América Latina, África subsaariana e parte da Ásia", dizia.

A tese do ministro, abraçada pelo presidente, era de que o Brasil poderia impulsionar um novo modelo energético renovável, valorizando os países tropicais e diminuindo a dependência do petróleo, gás e carvão. Com a perspectiva de diminuição gradual das reservas de combustíveis fósseis e o fortalecimento da causa ambiental, era questão de tempo até que todo o mundo acordasse para a importância dos combustíveis limpos. Quando isso acontecesse, lá estaria o Brasil, pronto para atender à demanda global por produtos, *know-how* e tecnologia. Era questão de pensar estrategicamente – algo que o Ministério da Agricultura vinha fazendo, e inspirando outros a fazê-lo, desde 2003.

E havia também uma série de externalidades positivas representadas pela agroenergia: baixas emissões de CO_2, fundamental frente ao aquecimento global, geração de empregos e redução das importações de energia fóssil, para ficar em apenas alguns exemplos. A ideia de produzir diesel de óleos vegetais não era nova, mas nunca havia sido desenvolvida por falta de estratégia. A ideia foi levada a Dilma Rousseff, na época ministra de Minas e Energia. Roberto foi conversar com ela junto com o velho amigo Caio Carvalho, que presidia com sucesso a Câmara Setorial de Agroenergia.

— A experiência do Proálcool serve de exemplo da dimensão que uma política de fomento ao biodiesel poderia adquirir. Falta um direcionamento forte – disse Roberto à colega.

O programa de incentivo ao etanol, desenvolvido na década de 1970, havia permitido que as usinas tivessem mais de um produto industrial a partir da cana-de-açúcar, e o biodiesel poderia fazer o mesmo pelas oleaginosas. Se os campos de soja brasileiros já eram um tesouro econômico tendo apenas a função de produzir grãos para exportação e para o mercado interno, sobretudo na alimentação, o que dirá se servissem de insumo para a geração de energia! Isso sem contar outras culturas que poderiam ser utilizadas na produção de combustível, a exemplo da mamona. Para ganhar escala, poderia se estudar a mistura do biodiesel ao diesel tradicional, de origem fóssil. Dilma gostou da ideia e gostou mais ainda quando Roberto contou que seu pai, na época vice-governador de São Paulo, havia encaminhado um plano de produção de álcool ao presidente Ernesto Geisel.

— Ele foi então o pai do Proálcool? Pois vamos criar o biodiesel! – cravou, impressionada com a coincidência. Ao que Roberto esclareceu que o Proálcool tinha tido muitos outros pais, e assim seria com o biodiesel.

Sempre foi grande o entusiasmo de Roberto Rodrigues pelos combustíveis de fonte renovável, a exemplo do álcool e do biodiesel. O gosto pelo tema era tamanho que, em 2005, sua iniciativa seria responsável até mesmo pela "conversão" do governo dos Estados Unidos ao tema. Tudo começou em novembro, quando uma comitiva de Washington, vinda da Argentina, passou por Brasília a convite do presidente Lula para um almoço na Granja do Torto. O convidado de honra era, naturalmente, George W. Bush. Roberto foi um dos presentes, e durante a refeição foi colocado próximo a figuras como Celso Amorim, Luís Furlan e Condoleeza Rice, a chefe do Departamento de

Estado do país visitante. A certa altura, Lula pediu que seu Ministro da Agricultura explicasse aos presentes em que consistia o célebre Programa Nacional do Álcool. Muito prontamente, Roberto ofereceu um panorama das vantagens do álcool sobre os combustíveis fósseis: do ponto de vista ambiental, as emissões de CO_2 do etanol de cana representavam apenas 11% das da gasolina; do econômico, investir em álcool equivalia a economizar em petróleo; no social, a cadeia produtiva era capaz de gerar milhões de empregos, além de criar uma alternativa rentável para os produtores rurais. E havia outras externalidades, como a melhoria das condições de saúde nas grandes cidades em função da poluição reduzida.

A explanação gerou interesse ao redor da mesa, e por isso Roberto continuou falando sobre o tema, chegando ao projeto do biodiesel. Terminado o almoço, Condoleeza Rice procurou Roberto. Disse que achara o tema interessantíssimo, e avisou que o governo norte-americano enviaria um técnico para conhecer melhor o programa. Passadas algumas semanas, de fato chegou a Brasília um jovem agente do Departamento de Estado. Ele ficou no Brasil por alguns dias, conversou com técnicos do Ministério da Agricultura e visitou regiões produtoras de cana, açúcar e etanol. Meses depois, a surpresa: o governo Bush anunciou um programa de produção de álcool de milho nos Estados Unidos. A iniciativa redundou em sucesso. Tempos depois, Jeb Bush, irmão do presidente e governador da Flórida, convidaria Roberto para montar uma instituição continental de defesa dos biocombustíveis. Missão também cumprida: a Comissão Interamericana para os Biocombustíveis teve a adesão do Presidente do Banco Interamericano do Desenvolvimento (BID), o colombiano Luiz Alberto Moreno, que lançou programas de apoio ao setor em outros países latino-americanos. O trio Rodrigues, Bush e Moreno participou de diversos eventos nos Estados Unidos e no

Brasil, mas com a saída de Jeb do Governo da Flórida e de Roberto do Ministério, a Comissão foi extinta.

****

Em 2004, nasceu o Programa Nacional do Biodiesel, encabeçado pelo Ministério de Minas e Energia. Roberto não parou por aí. Articulando o Ministério da Agricultura e a Embrapa a fundos de investimentos e ao setor privado, lançou em 2005 o Plano Nacional de Agroenergia – e, dentro do Ministério, a Secretaria de Agroenergia. O lançamento oficial do programa não poderia ter acontecido em local mais significativo para Roberto: Piracicaba, seu berço acadêmico e intelectual. A iniciativa lançou bases para o desenvolvimento do Consórcio Brasileiro de Agroenergia, reunindo órgãos do governo em diferentes instâncias e agentes públicos e privados. O objetivo era abranger todo o segmento de energia limpa, fomentando a pesquisa e produção de etanol, biodiesel, bioeletricidade, biogás e florestas energéticas. A proposta de Roberto, novamente, era incentivar a autonomia energética nacional, otimizando a produtividade do solo e integrando diferentes países. Tudo isso em consonância com a pauta ambientalista global, o que alçaria o Brasil a uma posição de destaque na chamada energia verde. Essa abordagem da questão energética, nacionalista e tecnológica seria o bastante para colocar o ministro da Agricultura em lugar de honra entre os colegas do Planalto.

Politicamente, Roberto encontrava-se em uma posição singular entre os ministros. As temidas listas das reformas ministeriais nunca o atingiam. Em março de 2005, jornalistas o questionaram durante um café da manhã a respeito dos motivos que o faziam tão estável em seu cargo e aparentemente "intocável" para Lula. "Não sei. Essa é uma pergunta difícil. Por que não perguntam sobre coisas mais fáceis, como transgênicos?", devolveu. Sua resposta era genuína. Ele não compartilhava do mesmo berço político que os demais ministros, e suas opiniões pessoais a respeito da economia frequentemente confrontavam as posições defendidas pelo PT e pelo presidente. Sua permanência entre os ministros, após um punhado de anos marcados por embates, parecia mesmo um mistério a quem observasse o governo do ponto de vista ideológico. E mais do que isso: Lula não somente queria mantê-lo, como tinha negado os seus pedidos de demissão. Por que o presidente gostava tanto daquele agrônomo liberal, de centro, que contrariava um governo de esquerda ao colocar o agronegócio no centro das ações do Ministério? A resposta era simples: Lula era pragmático. E, pragmaticamente, era inegável que Roberto elevava o nível da agricultura brasileira. Mirando o mercado e o avanço tecnológico, ele colaborava de maneira decisiva para o protagonismo brasileiro no setor. Contanto que continuasse trabalhando muito e bem, podia discordar quanto quisesse, e não seria uma divergência qualquer que faria o presidente mandá-lo de volta a São Paulo. O que não significava que os demais petistas tivessem apreço igual por Roberto.

A questão da transgenia havia rendido um significativo bate-boca entre ele e alguns nomes do partido, e a reforma agrária era outro tema bastante sensível. Conquanto fosse um tradicional representante da classe agrícola, Roberto não era contra a redistribuição de terras. Sua discordância dizia respeito ao método a ser adotado no assentamento de produtores. Ele se preocupava com os efeitos de uma reforma agrária conduzida de acordo com parâmetros políticos, sem levar em conta as condições da terra e sua posterior produtividade. Sem visão técnica, planejamento, fomento e acompanhamento da produção de famílias antes sem-terra, todo o esforço seria em vão. Era como trocar seis por meia dúzia. "A reforma agrária que defendo é aquela que garante renda ao produtor rural, e não só terra", explicou em entrevista, no ano de 2005.

Para o ministro, uma reforma agrária efetiva deveria contar com a participação do cooperativismo. Há mais de 40 anos, Roberto era testemunha do valor que as cooperativas geravam no campo, e fazia questão de incluí-las em seus projetos para a reforma agrária. Neles, o governo federal deveria adquirir uma área onde se faria o assentamento. Em seguida, o sistema cooperativista brasileiro, em convênio com o Instituto Nacional de Colonização e Reforma Agrária (Incra), examinaria a vocação agrícola da área e, logo depois, identificaria uma cooperativa preexistente que já trabalhasse com aquela cultura. Roberto explicou:

> Essa cooperativa vai abrir na região uma extensão de base e selecionar os colonos que serão assentados. É a cooperativa que vai cuidar da assistência técnica, das vendas dos insumos e do produto, desonerando o governo de contratar agrônomos e construir armazéns.

Só havia um problema: a reforma agrária passava por uma série de instâncias do governo federal, entre elas o Ministério do Desenvolvimento Agrário. As diferenças entre os dois ministérios eram inegáveis, e aumentavam quando o tema era a reforma agrária. E não adiantava brigar. Nesse tema, Roberto estava irremediavelmente sozinho. Os demais ministros envolvidos na questão, além de outros membros do governo, comungavam da visão petista.

As diferenças entre os dois ministérios e os diversos setores que representavam também se estendia a uma questão subjacente à reforma agrária, os índices de produtividade agrícola. Segundo a ferramenta de condução da política rural implementada ainda no Regime Militar, a propriedade rural deveria apresentar determinado índice de produtividade para ser considerada produtiva e escapar da desapropriação com vistas à reforma agrária. Uma nova proposta de índices de produtividade estava no programa do PT e voltou à baila, justamente quando a crise de 2004 e 2005 estava no auge. Em alguns casos, a produtividade rural deveria dobrar para se enquadrar nos números almejados pelas novas regras. Os representantes do segmento discordavam em tudo que fora proposto pelo ministro e dirigiram suas críticas a Roberto. Segundo as assessorias jurídicas do pessoal do campo, não era possível fazer mudanças no índice por meio de instrução normativa, e sim somente depois de discussões no âmbito do Conselho Nacional de Política Agrícola (CNPA), e por meio de portaria interministerial. Roberto foi equilibrado. "Há uma série de fatores neste ano que perturbam a renda do agricultor. Estamos, no entanto, estudando para discutir o assunto de maneira bastante madura", disse em fala à imprensa, para acalmar os ânimos.

A verdade dos bastidores é que Roberto já havia discutido a questão com o presidente, nos primeiros anos de governo. Ele era contra o aumento do índice de produtividade defendido pelo governo.

— A produtividade agrícola foi multiplicada desde a época em que os índices foram criados. Quem ainda não atingiu esse novo nível é por conta de algum problema estrutural, e aí pergunto se seria justo punir esse produtor – defendeu diante de Lula.

E fez uma comparação: por acaso, fábricas, cinemas, restaurantes ou lojas de varejo apresentavam índices mínimos de produtividade? Não era necessário, porque o próprio mercado determinava o nível básico de funcionamento. Se não for eficiente, quebra na agricultura. A produção e a demanda determinavam o preço médio de um produto. Ora, a produção era função da produtividade, de modo que o preço também dependia dela. E completou:

— Hoje, se o produtor ficar abaixo da média por dois anos, ele quebra e é comprado por alguém que esteja acima da média. A média sobe, a produção aumenta, e se a demanda não aumentar o preço cai e todos quebram. Então, presidente, a produtividade é um fator de crescimento. Quem não for produtivo é desapropriado pelo mercado. Não precisa de lei para isso. E tem mais: chega uma hora em que mais tecnologia e mais custos não são cobertos pelo preço, e aí é preciso agregar valor. E o cooperativismo é fundamental nisso.

As questões tangentes à reforma agrária eram, enfim, especialmente sensíveis, e uma luta que ele travava de forma solitária no governo. E contava com o bom senso do presidente. No caso dos índices de produtividade, convencido pelos argumentos apresentados por Roberto, esse assunto acabou arquivado.

A solidão atravessou o atribulado 2005 e adentrou em 2006. Em março, Antônio Palocci deixou o Ministério da Fazenda, após denúncias de que estaria envolvido em diferentes esquemas de corrupção, e Guido Mantega veio substituí-lo no comando da pasta. Aquele era um ano estratégico para o governo: os quatro anos da gestão Lula estavam chegando ao fim, e o objetivo era reeleger o presidente. Esse foi o primeiro aspecto do descompasso entre Roberto e os demais ministros. Ele era amigo de Geraldo Alckmin, cotado para representar o PSDB na corrida presidencial. Sentia que trabalhar para um candidato e torcer por outro era uma contradição com prazo de validade. Mais cedo ou mais tarde isso traria uma questão ética, e ele valorizava muito sua postura nesse aspecto.

No entanto, precisou colocar a crise de consciência em segundo plano, a fim de se concentrar na missão prática que o Ministério lhe impunha: garantir um Plano de Safra que trouxesse um ano de 2006 menos sofrido para os produtores rurais. Eles ainda amargavam os efeitos da crise do ano anterior, e o governo precisava assegurar o fôlego necessário para eles seguirem em frente. Em fevereiro, foi anunciado que o Ministério da Agricultura pedia ao governo uma "MP do Bem", medida provisória que incluísse a isenção de impostos para importação de insumos, ampliação do crédito com juros mais baixos e estímulos à produção de biodiesel de soja no Centro-Oeste, para aproveitamento de excedentes. "Há uma crise real na agricultura e achamos que vem aí uma redução da área plantada", disse Roberto na ocasião. "Para 2007, não haverá problema porque o mundo terá produção suficiente para compensar. Mas, se a tendência continuar até 2008 e o dólar voltar a subir, como espero, o resultado será inflação".

Não era uma tarefa fácil, porque as ideias defendidas por Roberto no âmbito da MP do Bem mexiam a fundo no sistema financeiro. Em primeiro lugar, pedia que os bancos privados pudessem operar com a caderneta de poupança rural, mantida apenas pelos estatais Banco do Brasil, Banco do Nordeste e Banco da Amazônia, e pelas cooperativas Bancoob e Bansicredi. Também seria preciso autorizar o Tesouro a equalizar juros cobrados pelos bancos privados – e não só pelos bancos federais e cooperativos –, zerar tarifas de importação de fertilizantes e defensivos, isentar a cobrança de PIS-Pasep e Cofins sobre os insumos para a agropecuária e estender o benefício a carnes, trigo e derivados, soja e derivados e algodão e derivados, entre outros. Também estava no plano criar um "fundo de catástrofe", possível de ser realimentado pelas operações de seguro, e estender aos produtores de soja do Centro-Oeste os benefícios fiscais do programa do biodiesel.

Tratava-se, enfim, de tornar mais sólido o colchão antichoques da Agricultura. Custou, mas a Medida Provisória foi sancionada, ainda que distante do que Roberto havia solicitado. "A conta não fecha para o agricultor este ano. Havia um horizonte de inadimplência muito grande", declarou Roberto na ocasião, em 7 de abril. A primeira medida foi a alocação adicional de um bilhão de reais para apoiar a comercialização da safra 2005/2006. A prioridade era apoiar a comercialização de quatro produtos: arroz, milho, trigo e algodão. As perdas do setor, em razão da crise, somavam 30 bilhões de reais.

O Plano de Safra para o biênio 2006-2007 também seria decisivo na missão de salvar a agricultura. Como de praxe, o Ministério da Fazenda seria responsável por definir o aporte de recursos disponíveis à Agricultura, e internamente a tarefa foi direcionada a Bernard Appy. Roberto defendia que o Plano de Safra necessitava de robustez, de maneira que amparasse monetariamente os produtores. Entre março e maio, dedicou-se à tarefa de dobrar o Ministério da Fazenda, colocando na ponta do lápis os patamares mínimos de renda, e contou com o trabalho da Secretaria de Política Agrícola, liderada pelo competente Ivan Wedekin. Mais uma vez, o cabo de guerra travado com Appy foi intenso. Nas noites que sucediam aqueles dias de reuniões intermináveis e pedidos negados, Roberto mal conseguia pregar os olhos para dormir, e despertava de supetão durante a madrugada, tenso da cabeça aos pés. O aperto no peito só não era maior que a vontade de continuar tentando fazer valer o seu ponto de vista. Em maio, o Plano de Safra estava pronto, e era muito pior do que Roberto havia pleiteado. Mais uma vez, a agricultura teria um ano difícil pela frente, e o sentimento da categoria seria de que o ministro Rodrigues havia falhado.

Na véspera da divulgação do documento, Roberto marcou um café da manhã, em seu apartamento no hotel, com Márcio Freitas, presidente da OCB, e Antônio Ernesto de Salvo, presidente da CNA.

— O Plano de Safra vai sair, e está péssimo – entregou Roberto, mostrando aos dois líderes o que estava para ser aprovado.

Os parceiros o incentivaram a não entregar o jogo.

— Todo mundo sabe quanto você está lutando. E vamos continuar lutando também. Não podemos desistir ainda – tranquilizou Freitas.

Mas Antônio Ernesto fez uma brincadeira provocativa:

— Em qual embaixada você pedirá asilo?

Roberto estava resoluto. Não aceitava os números do Plano aprovados pela Fazenda, muito abaixo das demandas que fizera e pelas quais lutara nos últimos dois meses.

Ligou para Gilberto Carvalho ainda cedo, pedindo para falar com Lula, que estava reunido em café da manhã com o presidente da França. Disse a Gilberto que tinha urgência em falar, porque, se o Plano ficasse como queria a Fazenda, a situação se tornaria insustentável para ele, Roberto, perante sua classe. Carvalho agiu. Logo em seguida, Roberto recebeu um telefonema de Mantega, preocupado, convidando Roberto para almoçar e discutir o tema. Logo em seguida, Dilma ligou dizendo que também iria ao almoço, e que resolveriam o Plano de Safra. O presidente começava a se movimentar para resolver o assunto e segurar Roberto no Ministério.

— Essa situação me exauriu completamente. Cheguei ao meu limite de tolerância a tanta oposição dentro do governo – desabafou para Mantega, ao telefone.

— Vamos almoçar juntos hoje e ver essa situação direito – pediu o outro.

A mensagem da ministra-chefe da Casa Civil era parecida:

— O Lula pediu para resolver o seu problema. No almoço resolvemos tudo.

Roberto foi ao compromisso sem grandes esperanças, e sem disposição a voltar atrás. Encontrou não apenas os dois ministros com quem havia conversado, mas também Paulo Bernardo e boa parte da equipe do Ministério da Fazenda, incluindo diretores do Banco Central e do Banco do Brasil, Secretário do Tesouro e outras autoridades fazendárias.

— O ministro Roberto não aceitou o Plano de Safra e eu quero atendê-lo, por determinação do presidente – ordenou Mantega, e pediu que Roberto apresentasse o que o setor precisava.

Um bom Plano de Safra deveria apresentar ações emergenciais que permitissem a renegociação de dívidas e a ampliação da liquidez do setor, além de um conjunto de medidas estruturais destinadas a dar maior estabilidade e previsibilidade aos produtores. Roberto começou sua lista: preço mínimo mantido no mesmo patamar, volume de crédito superior ao do ano passado, diminuição das taxas de juros. Termo a termo, Mantega e Dilma negociavam com os demais presentes – e ganhavam. Ao final, acertou-se um montante de 60 bilhões de reais de crédito para a agricultura, acréscimo de 12,5% em relação à safra anterior. Desse montante, 50 bilhões foram destinados à agricultura comercial, e o restante à agricultura familiar. Também foram disponibilizados 41,4 bilhões de reais para custeio e comercialização da safra, 24,7% a mais do que a safra anterior. A redação final do documento coube a Ivan Wedekin, chamado logo depois do almoço. Quando todos foram dispensados e o Plano de Safra estava a salvo, Mantega chamou Roberto para conversar. Vendo a tensão do colega, o ministro da Fazenda quis tranquilizá-lo:

— Roberto, mudou. Eu sei que o Palocci foi muito duro com você, mas agora a Dilma e eu vamos atender à Agricultura com tudo o que você precisa – disse, em meio a um abraço.

— Não, Guido, acabou para mim – declarou Roberto, emocionado.

E prosseguiu:

— Dói ser tratado como um palhaço. Agradeço muito pelo que você fez hoje, mas vou embora.

Naquele mesmo dia, o anúncio do Plano de Safra foi feito no Palácio pelo próprio presidente. Era uma sexta-feira, e depois do anúncio

Roberto partiu para São Paulo, pois iria a um casamento no final de semana. Tarde da noite, Lula telefonou para dar os parabéns pelo Plano. O projeto estava rendendo elogios sem fim, contou o presidente – inclusive das principais lideranças do agro. Roberto agradeceu, e disse que na segunda-feira gostaria de ter uma conversa com ele. O encontro acabou acontecendo somente na terça-feira à noite.

— Presidente, vim entregar meu cargo – disse Roberto, assim que ficou diante de Lula, entregando sua carta de demissão, bastante simples.

— Quem disse que você vai embora? – devolveu Lula.

— Desculpe, presidente. Desta vez não vim pedir para sair, e sim informar que estou saindo. Acabou o meu tempo.

O presidente ainda tentou convencê-lo a ficar. Ele, Lula, gostava de Roberto, e Dilma e Mantega também o prezavam. Juntos, iam ajudá-lo no que fosse preciso. Mas Roberto respondeu que era uma decisão consolidada. Em 30 dias, voltaria a São Paulo. E pediu a Lula que Luis Carlos Guedes Pinto o substituísse durante os meses restantes de gestão. O presidente não respondeu nada, e não o procurou por duas semanas. Nesse ínterim, Alckmin havia formalizado a candidatura, dando mais um argumento para sustentar a demissão de Roberto, que procurou Lula a fim de acertar a data em que sua demissão seria anunciada. O presidente o convidou para jantar com ele e a esposa, Marisa Letícia, no Palácio da Alvorada.

— Em julho temos um feriado na quinta, e por isso eu sugiro sair na sexta... – disse Roberto, pensando em causar o menor desgaste possível ao governo com sua saída, especialmente depois do surpreendente bom Plano de Safra.

Lula negou.

— De jeito nenhum. Você entrou pela porta da frente e vai sair pela porta da frente!

Decidiram anunciar a saída de Roberto do cargo para a segunda-feira seguinte. O ministro tinha seus motivos para desejar uma saída discreta. Embora soubesse que tinha feito o possível e impossível para honrar seus compromissos, e de tudo que havia realizado para impedir que coisas ruins acontecessem ao setor, temia que seus companheiros do setor rural não o compreendessem. Será que continuaria sendo aceito e respeitado em seu meio? Seria boa ideia atrair tamanha atenção na data de sua despedida do governo? Era hora de outro salto de fé: retirar-se com a mesma limpidez e honestidade com que havia trabalhado naqueles três anos e meio de Ministério. Preparou um discurso tranquilo e precisou ensaiá-lo muitas vezes, a fim de conter a emoção.

Os funcionários do Ministério da Agricultura não a contiveram. No último dia de Roberto como ministro, as salas e os corredores do Bloco D da Esplanada dos Ministérios foram preenchidos por uma sonora e prolongada salva de palmas. A emoção tomou conta dele e dos demais funcionários, já com saudades do ministro com quem o clima de camaradagem e entusiasmo era uma realidade diária, mesmo nos dias mais sombrios ou atarefados. Que o diga Silvana Dantas, a doce secretária responsável por receber e encaminhar as incontáveis chamadas telefônicas e as agendas que o ministro recebia diariamente. Sua cerimônia de despedida, como tantas outras, ficou a cabo do jornalista e assessor de imprensa Tito Mattos. Os jornalistas de Brasília gostavam do ministro, que chamava a cada um dos setoristas pelo primeiro nome. Todos os funcionários também eram conhecidos pelo nome, e Roberto era capaz de guardar de memória as histórias de vida de cada um: onde viviam antes de se mudar para Brasília, se eram casados e com quem, se tinham filhos e, em poucos casos, até os nomes das crianças.

Na segunda-feira, 3 de julho de 2006, centenas de pessoas surpreendentemente compareceram à cerimônia de despedida de Roberto, que aconteceu com pompa e circunstância no Palácio do Planalto. Estavam presentes o presidente, seu vice e muitos ministros, secretários e presidentes de autarquias e empresas governamentais. Centenas de agricultores e cooperativistas, de todas as partes do Brasil, lotaram as dependências do Palácio.

> Amo a agricultura, profunda e reverentemente – começou Roberto em seu discurso. Emociona-me a alvura imaculada dos algodoais em colheita, o rubro-verde dos cafezais em cereja, o galeio mágico que o vento provoca nos canaviais verdejantes ou nos dourados trigais; encanta-me o cheiro adocicado das espigas dos milharais, ou os laranjais carregados, as flores das fruteiras polinizadas pelas abelhas-operárias; orgulha-me o progressista ronco das colhedeiras nos sojais e arrozais maduros; admiro os capinzais cultivados – alimentando rebanhos leiteiros e de sadia carne; minha alma se desvanece a cada vez que vejo uma semente germinando no milagre da preservação das espécies.
>
> E respeito, admiro e venero os milhões de homens e mulheres que, dia após dia, ano após ano, em comunhão sublime com a natureza e com o Criador, plantam e colhem tudo o que garante a perenidade da existência.

Era uma carta de amor, derramada e intensa, temperada pela paixão, pelas lágrimas e pelo suor daqueles anos como ministro. Assim sintetizou Roberto, relembrando os motivos que o haviam levado a dizer aquele inusitado "sim", em fins de 2002, agora na hora do "não":

> Não há ovo de Páscoa sem plantador de cacau, não há vestido de seda sem plantador de amoras, não há cabos e pneus de borracha sem plantador de seringueira, não há papel sem plantador de árvores, não há cerveja sem plantador de cevada, vinho sem plantador de uva, não há calça jeans sem plantador de algodão, não há sapato e bolsa sem o pecuarista, não há etanol sem cana, não há pão sem trigo, óleo sem soja, manteiga sem leite, não há vida sem a agricultura e sem o agricultor. Por isso aceitei o convite e o desafio: por amar a terra e ao seu amanhador, e por reconhecer que seu trabalho é o motor da economia e da democracia.

No discurso, elencou as principais vitórias e os maiores desafios daqueles anos. Agradeceu a todos – do presidente às secretárias e técnicos do gabinete, parlamentares, ministros e produtores rurais e representantes de classe. Se não saía com a sensação de dever cumprido – qual dever gigantesco conseguiria ser plenamente sanado em meros quatro anos? –, tinha o coração leve e a consciência tranquila. Havia servido ao País e à agricultura de corpo e alma. E para onde iria o agora ex-ministro? Voltaria a ser o que sempre fora seguindo os passos de seus antepassados: um produtor rural de Guariba.

> São eles, os produtores, que, em sua solidão neste vasto território, com modéstia e valentia, com arrojo e desassombro, com humildade e temência a Deus, constroem de verdade o Brasil do primeiro mundo. Volto a eles com o orgulho de ser um deles, com a honra de pertencer a seu meio.

Além de pai, marido, irmão e amigo, naqueles anos como ministro, a muito custo havia conseguido cultivar as amizades de décadas. Ivan Aidar, Paulo Bellodi e Valdir Pagotto, seus amigos de pescaria no Pantanal, uma vez por ano eram acionados pelo ministro.

— Estou em Brasília e chego a Campo Grande às nove da noite de amanhã. Levem meu equipamento de pescaria que esse final de semana é nosso – pedia aos amigos.

Durante preciosos dois dias, não existiam Ministério, ministros ou presidente – apenas o silêncio da natureza e as confidências com os amigos. Era a vida à qual ele ansiava retornar. Mas, por último e mais importante, Roberto desejava ser um bom avô. Uma de suas netas, filha de Marta, havia nascido no dia de sua posse como ministro. Ele não estivera ao lado da filha e do genro para recepcionar o novo membro da família, nem havia sido um dos primeiros a pegar no colo a recém-nascida. A menina de três anos quase não o reconhecia.

> Volto ao regaço dos amigos e dos familiares com a esperança principal de reconquistar o amor dos netos. Afinal de contas, o neto é a certeza da eternidade, de que as coisas vão continuar para sempre. E, assim, o neto é o grande chamado à responsabilidade e à dedicação à Pátria. Vou tentar reconquistar o amor deles, que tanto amo, e que sequer me conhecem. Muito obrigado.

Era hora de retornar ao lugar onde seu valente coração morava.

CAPÍTULO 12

UM AGRÔNOMO NA CIDADE E A ECONOMIA DA VIDA

Roberto ainda era ministro e estava atando as pontas para a sua saída do Ministério da Agricultura quando recebeu a visita de Carlos Ivan Simonsen Leal e Yoshiaki Nakano, respectivamente, o presidente da Fundação Getúlio Vargas (FGV) e o diretor da Escola de Economia de São Paulo. Os dois haviam marcado uma reunião por motivos estratégicos. A instituição de ensino e pesquisa, tradicional nas áreas de economia e políticas públicas, desejava ser a primeira a "fisgar" o ministro, quando este deixasse seu posto em Brasília – e circulavam boatos de que ele o faria em breve.

— Estão dizendo que você pensa em sair do governo. É verdade? – sondou Simonsen Leal.

Os professores estavam bem informados, e tinham um convite para Roberto. A Escola de Economia na capital paulista contava com um recém-criado Centro de Agronegócio, cuja diretoria tanto Simonsen Leal quanto Nakano desejavam que Roberto assumisse. A instituição contava com um time excepcional de professores e pesquisadores em diferentes vertentes das Ciências Econômicas e da Administração, mas para elevar o Centro de Agronegócio ao patamar de excelência desejado seria preciso uma diretoria com visão holística da agricultura, que fosse da semente no campo às prateleiras dos mercados e à exportação. E quem mais, senão Roberto, poderia executar esse trabalho?

Roberto achou a proposta interessante. Ele sentia falta do ambiente universitário, com a experimentação e os debates presentes no meio acadêmico. Após três anos e meio de trabalho na rígida estrutura do governo federal, imerso na burocracia estatal e em tarefas urgentes, um trabalho no qual pudesse criar e propor ideias, sem precisar submetê-las a infinitas instâncias e meandros políticos, seria mais do que bem-vindo. Disse aos dois interlocutores que pensaria no assunto, e alertou que, qualquer que fosse sua decisão, seria preciso cumprir um período de quarentena depois que saísse do ministério, com quatro meses sem exercer nenhuma atividade profissional.

Após a despedida de Brasília, Roberto instalou-se em São Paulo. Poderia se pensar que o agora ex-ministro desejava passar alguns meses meditando a respeito do próximo passo. De fato, ele meditou muito, buscando os rumos da vida pessoal e profissional. No entanto, o período de reflexão foi acompanhado por muitas atividades. Ainda mais porque a proposta da FGV não era a única sobre a mesa. Pouco depois de ter retornado, Roberto foi procurado pelo presidente da Fiesp, Paulo Skaf. Sua intenção era criar um conselho superior do agronegócio dentro da federação. O órgão de caráter consultivo seria responsável por erguer uma ponte há muito desejada por Roberto, mas cuja construção encontrava resistência: unir o campo e a cidade. O conselho daria voz aos produtores baseados no campo, levando suas demandas, questões e pontos de vista ao seio da tradicional – e redondamente urbana – indústria paulista. Seria uma tarefa e tanto, que Roberto topou assumir. Também decidiu aceitar o convite de Nakano e Simonsen Leal, e abraçar o Centro de Agronegócio da FGV. Ele queria que, quando divulgasse essas escolhas, nos idos de outubro, já estivesse tudo consolidado. Por isso, durante os meses de quarentena, pensou em nomes e fez alguns telefonemas, costurando a construção de ambas as equipes

– na Fiesp e na FGV. Parte desses times seria composta de alguns dos nomes que o haviam acompanhado no Ministério. Entre eles, Antônio Carlos e Cecília. O casal de agrônomos se casara enquanto viviam em Brasília, mas enxergavam a vida na capital federal como um arranjo provisório. Viveram em hotel durante aqueles três anos e meio de trabalho no Ministério, seguindo o exemplo do chefe. E o acompanharam, também, na decisão de voltar a São Paulo.

— Isso é um absurdo! – opinou Roberto, quando os dois lhe disseram que também se demitiriam do posto no governo – Vocês têm futuro brilhante aqui em Brasília, já são conhecidos e admirados por seu valor. Fiquem aqui e serão figuras centrais em qualquer governo.

A saída de Roberto era uma decisão individual, e ele fez questão de garantir a estabilidade dos cargos de toda a equipe, pelo menos até o final de 2006. Cecília e Antônio, sobretudo, tinham motivos de sobra para permanecer em Brasília. Eram jovens, de grande capacidade técnica e com carreiras promissoras no setor público. Se ficassem, certamente continuariam trabalhando no governo, independentemente de quem saísse vitorioso nas eleições de outubro. Contudo, nenhum desses argumentos os convenceu. Haviam chegado a Brasília com o professor Roberto, e pelo professor Roberto. Sem ele por perto, o trabalho perdia o sentido.

– Não viemos para Brasília pretendendo ficar aqui – disseram. — Viemos para trabalhar com o senhor.

Por isso, haviam decidido segui-lo – declaração que o deixou lisonjeado, mas também desconcertado.

— Vocês sabem que saindo daqui eu não tenho emprego, não é? – gracejou.

Por isso, quando surgiram as oportunidades de trabalho na Fiesp e na FGV, Roberto logo pensou em ambos. Sua função na Escola de

Economia era executiva, de modo que seria lá, e não na Fiesp, onde ele daria a maior parte do expediente semanal. De qualquer forma, a distância entre as duas instituições era providencial. Com uma ligeira caminhada, ia-se de um ponto a outro, entre o número 1313 da avenida Paulista, onde está localizada a Fiesp, e a rua Itapeva, 474, a um quarteirão da avenida. Aquele quadrilátero da região central da cidade seria seu endereço profissional pelos anos seguintes. Da janela do seu escritório, no sexto andar da Escola de Economia, Roberto enxergava um interessante panorama do centro de São Paulo. O coração da cidade se derramava além das ladeiras da Bela Vista, o horizonte cortado por prédios e pela vibração de tudo que acontecia ao redor. No topo da colina, aos 64 anos, ele voltou a ser o professor Roberto Rodrigues. Trouxe Cecília para ser a gerente executiva do FGVAgro e Antônio Carlos para assumir o Departamento de Agronegócio da Fiesp. Ambos cresceram pela própria competência e dedicação ao trabalho.

* * * * * *

A eminente chegada de Roberto à Escola de Economia agradou a instituição. Sua contratação pela FGV foi comemorada na casa, e era grande a expectativa de receber o antigo ministro da Agricultura. Alguns integrantes da nascente equipe do Centro de Agronegócio o conheciam apenas pelo noticiário, mas outros, como Alexandre Mendonça Barros, já tinham bom nível de relacionamento com o novo chefe, ainda que indireto. Graduado e doutor em Economia Agrícola pela Esalq, Mendonça Barros fora contemporâneo de Paulo Rodrigues em seus dias de graduação, e, anos depois, professor de Rodrigo, o caçula da família. Lecionava na FGV há uns pares de anos, e já havia assistido a aulas e palestras de Roberto, além de ambos serem membros engajados da associação de ex-alunos da Esalq. Era parte integrante da equipe que havia planejado o Centro de Agronegócio, assim como Roberto Perosa, contemporâneo de Rodrigues na Esalq e responsável pela criação do primeiro curso de *Master Business Administration* (MBA) em gestão e submissão dos planos de ensino à aprovação do Ministério da Educação. A criação do Centro de Agronegócio fazia parte da expansão do ensino de Economia da FGV em São Paulo, tradicionalmente desenvolvida no Rio de Janeiro. A capital paulista era, afinal, o núcleo financeiro e administrativo do Estado responsável por cifras impressionantes da agricultura – um universo que Roberto conhecia como a palma da mão. Esse conhecimento, aliado à sua visão vanguardista e à capacidade de liderar e agregar diferentes entidades e personagens, seria fundamental para o sucesso da empreitada.

As ideias de Roberto para a FGV eram – como não poderia deixar de ser, tratando-se dele – ambiciosas e realistas. Além de sempre entusiasmado com o agronegócio de maneira ampla, ele continuava concentrando esforços sobre o tema da agroenergia. Da mesma forma que havia lutado para colocar o tema na pauta do governo, estimulando tanto o presidente quanto os colegas de outros ministérios, agora ele via a oportunidade de mobilizar a outra ponta da cadeia – isto é, o setor produtivo – em prol do mesmo projeto. O agronegócio em geral e o segmento de açúcar e álcool, em particular, seriam enormemente favorecidos pela oferta de cursos de gestão e desenvolvimento na área energética. O biodiesel estava em alta. "O novo combustível da agricultura, o biodiesel, mobiliza pequenos e grandes produtores do País, todos de olho num negócio que vai gerar bilhões de reais", noticiou *O Estado de S. Paulo* em 19 de novembro de 2006, traduzindo a animação de Roberto. Novas unidades produtoras do óleo pipocavam por todo o Brasil, entre Norte, Nordeste, Centro-Oeste, Sul e Sudeste. O "petróleo vegetal", como chamado, parecia uma febre, com demanda calculada em um bilhão de litros por ano – acompanhando a criação do H-Bio, combustível híbrido da Petrobras. Em fins de outubro daquele ano, Lula foi reeleito presidente, o que dava certa segurança em relação à continuidade da política pró-bioenergia, mobilizando as cadeias produtivas de soja e cana-de-açúcar, entre outras de menor porte.

As perspectivas eram as melhores, e por isso Roberto e a equipe da FGV elaboraram como primeiro grande projeto do Centro de Agronegócio uma pós-graduação em agronegócio, tendo como uma das possíveis ênfases a agroenergia. O curso de mestrado profissional teria a missão de nivelar e capacitar executivos para o setor, com potencial de atrair profissionais de diferentes lugares do País. Roberto sabia que, nas plantações de soja e cana-de-açúcar Brasil afora, existiam profissionais de diferentes *backgrounds* educacionais. Na área produtiva, eram agrônomos, químicos e engenheiros de diversas titulações, da produção à mecânica. Tocando os escritórios das fazendas e usinas, havia administradores, contadores, economistas e advogados. Cada um desses trabalhadores, na sua especialidade, contribuía para o setor, mas faltava uma base educacional comum, que atendesse a todas essas formações e trabalhasse os diferentes aspectos do negócio da bioenergia. Um mestrado híbrido e plural na área seria inédito, formando uma categoria profissional muito demandada: o executivo com cabeça de pesquisador – e vice-versa. Os projetos desenvolvidos pelos alunos durante o curso, sob a orientação de um professor, poderiam versar sobre qualquer via do negócio da bioenergia, da química dos produtos à economia, de aspectos tributários e fiscais a recursos humanos. Em comum, teriam aplicação prática.

No entanto, a FGV não possuía *expertise* em todas essas frentes. As disciplinas de economia e gestão estavam bem cobertas, e as demais não. A sorte é que havia quem fosse especialista em agricultura e tecnologia, duas instituições que Roberto conhecia muito bem: Esalq e Embrapa. Foi a Brasília e marcou uma reunião com Sílvio Crestana, ainda na presidência da Embrapa. A permanência de Crestana no posto era mais um legado dos anos de Roberto no ministério. No início de 2007, ao empossar o novo ministro da Agricultura, Lula o aconselhou a preservar o presidente da Embrapa. Crestana estava executando diversos projetos, e acolheu com empolgação a ideia de Roberto: integrar uma *joint venture* com a FGV na viabilização do mestrado em agroenergia. O instituto de pesquisa contribuiria com as disciplinas tecnológicas do curso, levando aos alunos o que existia de mais novo na produção de energia verde. Quem também toparia a ideia seria José Roberto Postali Parra, diretor da Esalq. A faculdade seria responsável pelas aulas de aspectos técnicos da agricultura. Fechado o acordo tripartite, o Centro de Agronegócio da FGV colocou no mundo um programa de mestrado de feições inéditas, conduzido por três instituições de ensino e pesquisa de ponta, destinado a formar quadros técnicos de excelência para aquele que era um dos setores mais promissores do agronegócio.

Além de promissor, era o que pagava as contas do departamento. Na fase de planejamento de cursos e aulas, discussões e submissão dos projetos ao governo, foi preciso estabelecer uma fonte de renda. Não foi difícil, uma vez que o Centro de Agronegócio não se orientava apenas como instituição de ensino, mas também como centro produtor de conhecimento. Com a ajuda de financiamentos de fontes diversas, como o Banco Nacional do Desenvolvimento Econômico e Social (BNDES), e o apoio do Ministério das Relações Exteriores e da iniciativa privada, o grupo começou a produzir estudos e projetos no setor de bioenergia. Sete deles foram vendidos a países da América Latina e Caribe, e seis, a países do continente africano. Eram projetos de fôlego, que apontavam para a consolidação da visão que Roberto tinha para o Brasil no setor: mais do que produtor de insumos, uma importante referência técnica para a produção destes, e detentor de grande *know-how* sobre o modo de fabricar biodiesel e etanol. Com isso, o Brasil e a FGV ganhavam projeção internacional entre os países tropicais em desenvolvimento que também tinham potencial para a produção de agroenergia. Tudo estava se desenrolando conforme o projetado. O que ninguém contava, nem mesmo o mais otimista dos videntes, é que no meio do caminho o País encontraria petróleo.

Para o Brasil, a descoberta das reservas na camada do pré-sal, no solo do Oceano Atlântico, foi uma injeção de ânimo. Em novembro de 2007, o governo divulgou a descoberta de uma nova reserva, de projeções gigantescas, no campo de Tupi, na Bacia de Santos. Na época, a área total do bloco foi estimada em 800 quilômetros de extensão, indo do litoral do Espírito Santo até Santa Catarina, contabilizando até oito bilhões de barris de petróleo, a sete mil metros de profundidade. As ações da Petrobras dispararam, levando a reboque outras empresas da cadeia produtiva do petróleo. Além do interesse dos investidores, a pauta da imprensa e da opinião pública também se voltou para o pré-sal. E o biodiesel e o etanol, grandes promessas para o setor energético brasileiro até alguns meses antes, ficaram de escanteio. Para a decepção de Roberto, o mestrado da FGV atraiu pouco interesse do setor produtivo. Depois de lançado, o programa atraiu alunos que trabalhavam em estatais, em bancos de investimento e empresas de *trading*. As usinas não demonstraram o mesmo entusiasmo, obrigando a instituição a rever o programa. E, quem sabe, talvez aquela fosse uma boa ideia executada no tempo errado. Quem poderia prever a descoberta do pré-sal? Até Roberto, que era um bom futurólogo e sabia delinear cenários futuros tendo como base dados do presente, foi pego de surpresa pelo acaso. Assim era a vida, aprendia mais uma vez. No campo, na cidade ou nas profundezas do oceano, o mundo guardava muitas surpresas.

* * * * * *

O agronegócio também ganhava espaço na Fiesp. O Conselho Superior do Agronegócio, que seria mais conhecido pela sigla Cosag, foi composto em meados de 2007, agregando produtores de diferentes culturas e diversos lugares do Brasil. Sim, porque, embora representasse segmentos da economia paulista, a Fiesp sabia que sua influência era nacional. Nada mais coerente, portanto, do que dialogar com empresários rurais de outros estados. Pessoas que, embora movimentassem grandes recursos e empregassem muita gente País afora, não tinham grande representatividade associativa. O Cosag era um grupo diverso, que agregava produtores agrícolas de diferentes segmentos, desde grandes plantadores de soja do Centro-Oeste até cafeicultores de médio porte de São Paulo e Minas Gerais. Também estavam lá o pessoal das usinas de açúcar e álcool, os que atuavam no beneficiamento de café, e empresários da etapa de agregação de valor a produtos do campo. O cooperativismo, como não poderia deixar de ser, também estava bem representado. Um dos membros do Cosag era Ismael Perina. Agrônomo formado pela prolífica Unesp de Jaboticabal, ele havia embarcado no cooperativismo por influência do professor Roberto Rodrigues. Chegou à presidência da Cooperativa de Crédito de Guariba e da Orplana, até alcançar a vice-presidência do Sicoob em nível nacional. Já Jacyr da Costa Filho, outro conselheiro, tinha uma trajetória profissional ligada à comercialização do álcool, o que trazia outro ponto de vista às discussões do grupo. Após seis anos, ele sucederia a Roberto na presidência do Conselho.

Além do Cosag, a Fiesp passou a abrigar o Departamento de Agronegócio, em cuja elaboração Roberto trabalhou intensamente. Destinado a produzir estudos, monitorar o setor e oferecer subsídios para a atuação política do setor agrícola, a área econômica voltada para o segmento era coordenada por Antônio Carlos Costa, recém-saído do Ministério da Agricultura – Cecília, sua esposa, trabalhava agora na FGV. Os relatórios semanais do DeAgro, como era conhecido, seriam formulados anos depois da criação do departamento, e se tornariam uma referência da divulgação de preços e indicadores da agricultura. O setor tinha uma equipe enxuta, mas dava conta do recado. Fundamental nessa dinâmica era a figura de Maria Lourdes Rillo, carinhosamente chamada pelo pessoal da casa de Lurdinha. Ela era responsável por manter os fluxos de trabalho e as demandas do departamento, dando suporte também às reuniões do Conselho e às articulações criadas em prol da agricultura dentro da Fiesp.

O fomento à agricultura era um tema quente. Um dos vice-presidentes da Fiesp era João Guilherme Sabino Ometto, membro de uma tradicional família ítalo-brasileira do ramo do açúcar e álcool. Ele, que era proprietário da Usina São Martinho, montada por Antonio Rodrigues, era uma das grandes referências do agronegócio com representação em São Paulo. Ometto e Roberto, amigos de longa data, comungavam das mesmas visões sobre a agricultura, e imprimiram esse pensamento nos setores do agronegócio da Federação das Indústrias. O fio condutor desse pensamento era de que já havia passado da hora de a cidade se considerar um espaço ligado ao campo. Sem o campo, não existia comida na mesa da cidade – o cafezinho depois do almoço, então nem pensar. O álcool que movia alguns carros também vinha do interior. As *commodities* do campo exportadas pelo País eram responsáveis pelo sustento de outras tantas famílias urbanas – os bancos e as *tradings*, afinal, estavam concentrados em São Paulo. Do pobre ao rico, do camelô do centro da cidade ao executivo da avenida Faria Lima: ninguém na pujante capital paulista poderia prescindir do campo para viver. Era essa a visão que a Fiesp passou a abrigar e divulgar, buscando aproximar cada vez mais esses dois universos. Os interesses do campo eram os mesmos da cidade, e um não poderia andar sem o outro.

As reuniões mensais do Conselho Superior do Agronegócio colocavam em pauta as questões mais urgentes para o setor. As decisões e políticas governamentais, estaduais e federais, eram tema de muitas discussões. Também entravam na agenda as questões de natureza sazonal, como chuvas ou secas que impactavam muito a produção de todos, e temas financeiros, como acesso a crédito, venda de produtos e inserção em mercados internacionais. Roberto era responsável pela coordenação desse trabalho, levantando temas antes dos encontros e, durante a conversa, atuando como articulador. Sempre em busca de soluções, incentivava os colegas a encontrar uma saída concreta para os problemas do dia, o que geralmente passava por elaborar proposições, estabelecer prazos e planos de ação, dialogar com o governo e informar a sociedade. Nesse último aspecto, Roberto tornou-se um grande porta-voz. Após alguns anos sem poder falar pela Agricultura – algo que ele fazia desde os longínquos anos 1970, quando sua figura ganhou maiores proporções em Guariba –, estava saudoso daquele diálogo com a sociedade. E sempre foi uma fonte respeitada pelos jornalistas, por seu conhecimento e por sua simpatia.

Era em encontros corporativos, palestras, aulas, feiras e entrevistas com a imprensa que ele escutava e falava. Gostava de ser questionado, porque isso possibilitava que divulgasse ideias e mostrasse caminhos. No entanto, dividir o tempo entre andanças dentro e fora do País, o cotidiano na FGV, as questões da Fiesp e outras tarefas não era simples. Às vezes, ele precisava pelejar para encontrar espaço na agenda. Essas horas de trabalho que se estendiam até a metade da noite eram do conhecimento de todos que trabalhavam a seu lado, mas não tanto das pessoas de fora. Um dia, a produtora rural Carmen Perez, que era sua companheira de Cosag, precisou telefonar quando já passava das oito horas da noite, a fim de acertar um detalhe de uma reunião. Quando Roberto atendeu, ela questionou se ele sempre saía tarde do escritório.

— Encerrando o expediente só agora, professor? – admirou-se.

A resposta a surpreendeu:

— Longe disso, Carmen, vou começar agora a escrever um artigo que precisa ser entregue até a meia-noite, quando fecha o jornal – esclareceu Roberto.

Ele defendia o setor agropecuário movido pela certeza de que o campo era um grande agente da transformação do Brasil em país desenvolvido. Por isso, quando o governo Lula anunciou o Programa de Aceleração do Crescimento (PAC), no início de 2007, Roberto defendeu que o agronegócio também merecia ser contemplado por aquela nova política pública. Havia sido divulgado um aporte de R$ 503,9 bilhões de reais até o ano de 2010, a ser aplicado em obras de infraestrutura, estímulo a crédito e desoneração tributária. Enquanto as construtoras e os bancos vibravam com o programa, Roberto chamou o pessoal do Centro de Agronegócio para estruturar uma sugestão de "PAC para a agricultura". Escreveu uma jornalista do jornal *O Estado de S. Paulo* em 26 de janeiro de 2007:

> Ele observa que as medidas contidas no PAC não beneficiam diretamente a agricultura. Isso criou certo descontentamento, já que o setor, mesmo enfrentando a pior crise da história, contribuiu para a maior parte do saldo comercial de US$ 46 bilhões que o País atingiu ano passado.

O projeto estruturado com a FGV se articulava em torno de cinco propostas. A primeira dizia respeito à criação de um "fundo de catástrofes", ampliando a participação do Tesouro Nacional no fundo. Esse mecanismo de proteção ao produtor rural era uma das suas heranças como ministro, e estava sob avaliação do Congresso Nacional. O segundo item era a desoneração do PIS/Cofins sobre insumos e produtos, diminuindo tanto os custos de produção quanto o preço final dos víveres. A terceira proposta era a criação de fundos de verticalização da produção agrícola, responsável por agregar valor aos produtos. Esses recursos seriam repassados pelo BNDES às cooperativas. O fortalecimento da defesa sanitária vinha logo em seguida, propondo que governo federal, governos estaduais e a iniciativa privada se unissem em ações de vigilância sanitária, integrando a rede de informações brasileiras à de países vizinhos – um duro aprendizado imposto pela crise da aftosa, anos antes. O último grande ponto era a tecnologia. "É a tecnologia que alavanca a competitividade", afirmou na entrevista ao jornal paulista. Nesse aspecto, o que Roberto propunha era um mecanismo sofisticado, inspirado em experiências internacionais. Seriam criadas empresas de pesquisa de capital misto – público e privado –, cuja remuneração viria dos *royalties* dos produtos e serviços criados. Esse modelo funcionava bem em lugares dos Estados Unidos e Nova Zelândia.

Nem tudo do tão sonhado "PAC para a agricultura" saiu do papel, mas a ideia de fomentar a tecnologia agrícola deu resultado. Em 2008, o governo anunciou a proposta que ficaria conhecida como "PAC da Embrapa", na data do 35º aniversário da instituição. O programa nasceu com duração prevista até o ano de 2010 – depois estendido até 2012 –, estruturado em dez projetos e 141 metas distintas, nas áreas de sustentabilidade, segurança alimentar, competitividade agrícola, agroenergia e avanços na fronteira do conhecimento, além da criação de novos postos em Mato Grosso, Tocantins e Maranhão. A Embrapa foi o único órgão de pesquisa a merecer um incentivo semelhante, naqueles anos. Com a ampliação de acordos de cooperação e da presença internacional da instituição na América Latina e na África, e com novas contratações de pesquisadores, a instituição cresceu em relevância. Em 2010, a revista *The Economist* apontaria a Embrapa como líder mundial na geração de tecnologias para a agropecuária tropical. Sílvio Crestana permaneceu como presidente da instituição mais alguns anos após a partida de Roberto, e foi responsável por colocar de pé o "PAC da Embrapa".

Esse posicionamento de defesa do setor também tinha grande reverberação por meio dos jornais. Voltou a contribuir regularmente com *O Estado de S. Paulo* e *Folha de S.Paulo*, e seus artigos nos veículos paulistas eram replicados pelo Brasil – e pela internet afora. Falava de tudo. Na sua coluna fixa no caderno de economia da *Folha de S.Paulo*, entre o final dos anos 2000 e o início da década seguinte, escreveu sobre florestas de eucalipto, defendendo que deveriam ser vistas como unidades produtivas, antes de tudo; tributação de alimentos, sobre os quais deveriam incidir menos impostos; o sempre comentado índice de produtividade da agropecuária, tecla sobre a qual batia desde antes de ser ministro; o cooperativismo e seu papel no desenvolvimento do País; e política comercial brasileira. Quando analisava a política agrícola e os movimentos do mercado, seus diagnósticos eram agudos, sempre amparados em muitos dados e sem ceder aos sempre avassaladores otimismos ou pessimismos da moda – que frequentemente se provavam um tanto rasos. Em 2009, por exemplo, em meio à euforia com o aumento dos preços das *commodities*, sua análise tinha um quê de ceticismo. "Há razões para justificar o aumento das *commodities*, mas não há garantia de que os preços se sustentem", escreveu.

Dez anos depois, no início da gestão de Jair Bolsonaro na presidência, foi convidado pela mesma *Folha de S.Paulo*, entre outros veículos, para comentar as novas políticas para a agricultura e o meio ambiente. Ao ser questionado a respeito de como via a agricultura do futuro no Brasil, foi incisivo:

> Meu temor é que esse universo tecnológico gigante se transforme em um fator de concentração de renda no campo. Isso é péssimo porque a agricultura, para que seja saudável no seu

tecido socioeconômico, tem que ter o pequeno [produtor], o médio e o grande, a agricultura familiar, a empresarial, o transgênico, o orgânico. Tem que ter de tudo. Então é fundamental no Brasil que o pequeno seja preservado. E, se a tecnologia não chegar a ele, ele não será preservado.

Assim defendeu, destacando em seguida o papel do seguro rural – uma das marcas da sua gestão no Ministério – nesse processo. Se é verdade que "a unanimidade é burra", como dizia o jornalista Nelson Rodrigues, a opinião de Roberto frequentemente comprovava essa máxima.

Poucos assuntos fugiam do seu radar. Quando da morte do jurista Goffredo Telles Júnior, em agosto de 2009, Roberto compartilhou com os leitores alguns dos ensinamentos éticos do mestre das arcadas do Largo de São Francisco. Preceitos aos quais Roberto sempre buscara atender: ser simples de coração e de atitude, ser verdadeiro, saber escutar e enxergar as próprias faltas, não ferir o amor-próprio alheio e ser prestativo, "sem se tornar intruso ou servo". Em outras ocasiões, deixava de lado os assuntos de economia e política e tratava de assuntos filosóficos ou de aparentes pequenezas do cotidiano, bem no estilo dos cronistas.

Em um desses momentos, compartilhou um caso especial que envolvia uma das suas grandes paixões – a música. O cenário era o palco de um teatro, onde uma dupla de violinistas acabara de se apresentar e voltara à baila, a pedido da audiência, para executar um bis. A música escolhida foi "As pastorinhas", e o que aconteceu em seguida foi pura beatitude. Recorda um emocionado Roberto:

> De repente, sem nenhum sinal, algumas vozes começaram a cantar baixinho os lindos versos de amor. E, aos poucos, as mais pessoas foram aderindo ao sublime coro em surdina. E

em surdina todo mundo cantou, uma, duas, três vezes a letra toda. Os artistas, no palco, abraçando seus instrumentos, deles tiravam o acompanhamento sutil para aquele majestoso coral delicado, num ritmo lento, embriagando com a mais pura emoção cada um. Muitos não conseguiram conter as lágrimas. Beleza, beleza pura, límpida, unindo a todos num amor derramado, dado, oferecido, coletivo, sem compromisso. Simples felicidade!

Ainda movido pela magia daquele momento, Roberto compartilha suas reminiscências a respeito do seu guru.

Ainda agora, tentando transmitir ao leitor a magia daquele momento raro, as lágrimas teimam em atrapalhar a visão. E, de novo, como milhares de vezes antes, penso em como não é difícil ser feliz, ainda que por momentos. E, de novo, como milhares de vezes, lembro-me de Otávio de Souza.

E, assim, os leitores de um dos maiores jornais do Brasil ficaram conhecendo a figura despojada de seu Otávio, no seu ranchinho à beira do rio Mogi, colhendo jabuticabas e ensinando um jovem Roberto a respeito da simplicidade da vida. "Tão fácil ser feliz: basta buscar a beleza das coisas simples. Elas estão aí, ao nosso redor. Dançando na rua, como as pastorinhas", escreveu o Roberto maduro, passando adiante uma das lições das quais nunca se esqueceu.

* * * * * *

A primeira vez que Eloísa se sentiu mal, apenas Anita percebeu. As cunhadas estavam fazendo uma viagem pelos Estados Unidos, por sugestão de Roberto. Desde os anos como presidente da ACI, vivendo mais fora do Brasil do que em Guariba, ele havia estado ausente da vida familiar. Sua solidão era um dos lados de uma moeda, cuja outra face era a solidão de Eloísa. A posse do Ministério e a vida em Brasília não atenuaram o sentimento de ambos. Foi por essa época que ele pediu à irmã que tirasse umas férias com Eloísa. Com os filhos já adultos e as filhas vivendo em São Paulo, Eloísa sentia-se sozinha na casa da Fazenda Santa Izabel. Os colonos a quem havia dedicado tantos anos de trabalho e assistência também já haviam partido. É verdade que tinha a companhia constante das funcionárias da casa, que ela conhecia desde que eram adolescentes que a ajudavam a trocar as fraldas de Paulo e Cândida. Contudo, alguma coisa, que ela talvez não soubesse definir muito bem, havia ficado para trás.

Anita concordou que a viagem faria bem, e partiram juntas para visitar algumas das cidades de que mais gostavam nos Estados Unidos, e onde já haviam estado outras vezes. Em um dos passeios, Anita notou que Eloísa às vezes perdia a força nas mãos, e deixava cair o que estivesse segurando. Outras vezes, eram os dedos trêmulos, ou o peito arfando e o cansaço após poucos passos de uma caminhada ao ar livre. Ficou preocupada, e na volta ao Brasil reportou aquilo ao irmão. Roberto já desconfiava que algo não andava certo. Às vezes, quando jogava tênis com Eloísa em São Paulo, percebia que ela perdia algumas tacadas muito fáceis.

Roberto sabia que o ânimo de Eloísa havia despencado no episódio do câncer dele. Frequentemente, pensava que a esposa havia sofrido mais do que ele. Outras questões familiares, como um aborto espontâneo sofrido por uma das filhas, também haviam minado suas forças. E aquela mulher enérgica e sempre ativa que o havia encantado nos corredores da Esalq desaparecia aos poucos. Por sugestão de Roberto e dos filhos, também cientes a respeito da saúde da mãe, Eloísa consultou uma série de médicos. Todos deram o diagnóstico de uma doença inflamatória autoimune, a polimiosite. A inflamação nos tecidos musculares precisava ser tratada com grandes doses de cortisona. O tratamento era longo e um tanto agressivo. Por isso, ao cabo de alguns meses, Roberto e os filhos decidiram transferi-la para São Paulo. Conseguiram um apartamento no mesmo condomínio onde Cândida e Marta viviam, e ao lado das filhas sua recuperação foi favorecida.

Meses depois, com a saúde um pouco melhor, conseguiu marcar uma viagem com amigas de Jaboticabal. Passaram algumas semanas andando pela Europa, e, como a mudança de ares havia lhe feito bem, o casal se sentou para uma conversa mais séria. Roberto pediu a separação. Os dois sabiam – e, acima de tudo, sentiam – que há muito tempo não eram mais os parceiros de antes, que viravam as noites fazendo a contabilidade da safra de cana e viajavam juntos para a praia nas férias das crianças. De que adiantava insistir em um casamento que não funcionava mais como um? Eloísa não gostou do que ouviu, mas o marido estava resoluto. Aquela era uma decisão consolidada, que ela não foi capaz de desfazer.

Roberto terminou de transferir os pertences que restavam na casa da Santa Izabel e se mudou de vez para São Paulo. Resolveu viver em um hotel, a poucos metros da FGV. Ali, estava mais perto dos seus afazeres diários, tanto na Escola de Economia quanto na Fiesp. E foi nesse prédio da avenida Paulista que ele se aproximou de Carla.

Carla Rosana Freitas era filha de um sitiante paranaense, um dos pioneiros no estado de Rondônia, quando era ainda um território, na década de 1970. A fazenda de gado no selvagem solo rondoniense prosperara, e Carla, recém-casada aos 20 anos de idade, mudou-se para Vilhena, bem na divisa com o estado de Mato Grosso. Seu marido era médico oftalmologista, e seguiu a sugestão do sogro para viver no interior do Centro-Oeste, onde os profissionais da sua área eram escassos. Ali, o casal teve três filhos homens e tocou o negócio da família. No final dos anos 1990, o pai de Carla morreu, e ela, jovem e inexperiente, topou o desafio de assumir a administração da fazenda. De administradora da ótica da família e dona de casa, ela se tornou chefe de centenas de trabalhadores rurais, e precisou aprender tudo, do zero absoluto, sobre safras, câmbio, movimentos de mercado, preços e colheitadeiras – além do dia a dia com os funcionários e as questões particulares que o homem enfrenta no campo, que até então eram temas alheios ao seu tranquilo cotidiano de mãe. Nos anos 2000, já era bem conhecida em um ambiente ainda tímido, chamado pelas suas integrantes de "as mulheres do agro". Já divorciada, vivia entre Rondônia e Ribeirão Preto, onde dois dos seus filhos estudavam Medicina na Universidade de São Paulo. Graças ao respeito que havia conquistado entre seus pares do agro, tanto mulheres quanto homens, de diversos Estados do Brasil, assumiu uma cadeira no Conselho Superior do Agronegócio da Fiesp e passou a conversar todas as semanas com Roberto, que ela conhecia desde a época do Ministério.

Embora fosse bem mais jovem que ele, cerca de 20 anos, Carla percebeu que os dois tinham muitas e fortes afinidades, ideias comuns. Tinham os mesmos valores, e podiam conversar sobre qualquer tema. Começaram a sair primeiro em grupo, com outras pessoas. Tornaram-se bons amigos, como tantos outros daquele ambiente. Depois, os convites para jantar e cinema envolviam apenas os dois. Roberto era cauteloso, e não tinha pressa de se envolver emocionalmente com ninguém. A vida como homem separado não era ruim – mas era melhor na companhia de Carla. Por isso, tempos depois, decidiu reunir os filhos e contar a novidade.

— Estou namorando, e queremos que isso venha a público em breve – comunicou.

No meio-tempo entre a separação de Eloísa e o início do novo relacionamento, Roberto e a ex-esposa acertaram o divórcio. Ele pediu ao advogado que preparasse os papéis, orientando quanto à divisão de bens. Parte desse assunto já estava resolvida desde o episódio do câncer. Na ocasião, ele havia repartido as fazendas que possuía em sociedade com a irmã, desde os anos 1960. Havia ficado com a Santa Izabel e a Morumbi. E as suas fazendas foram passadas para o nome dos filhos, em quatro partes iguais. Por isso, quando chegou a hora de realizar o divórcio, não havia restado muita coisa em seu nome. Tinha algum dinheiro guardado, dois apartamentos em São Paulo e um no Guarujá. Passou tudo para o nome de Eloísa e incumbiu Paulo da missão de administrar os bens da mãe.

— Você está louco. Vai ficar sem nada? – questionou o advogado, perplexo.

Eloísa assinou os papéis quase sem ler, e não quis ser representada por um advogado.

— O que você trouxer eu assino, Roberto. Sempre confiei em você, e isso não mudou – disse.

A percepção de Roberto era de que tudo aquilo era uma medida paliativa. Sua dívida com Eloísa era impossível de ser calculada em termos financeiros. A mulher havia sido seu braço direito por muitos anos no início da Santa Izabel, e graças a ela os filhos eram bem-criados, pessoas boas, sérias e disciplinadas – os mesmos adjetivos que os trabalhadores da Santa Izabel sempre usariam para descrever a sempre atenciosa Dona Eloísa. Sua preocupação era que Eloísa, cuja saúde não lhe permitia mais trabalhar, tivesse uma velhice tranquila e confortável. Eloísa Helena de Araújo tinha 68 anos quando se divorciou de Roberto.

Dois anos depois, Veridiana Vitória Rossetti, a irmã caçula dos irmãos Rossetti e pesquisadora de renome do Instituto Biológico desde os anos 1950, faleceu aos 93 anos. Nunca se casou nem teve filhos, de modo que sua herança foi repartida entre os sobrinhos, filhos de seus irmãos. Todos pensavam que tia Vitória não deixaria muita coisa no mundo. Era uma pessoa das mais desapegadas de bens materiais, vivia modestamente e se voltava inteira para o trabalho. Tanto que, de fato, sua herança não contava com joias ou propriedades. A surpresa foi que, de tão desapegada e desligada das coisas de dinheiro, tia Vitória aparentemente se "esquecera" de que era uma antiga acionista da – agora gigantesca – Usina São Martinho. Seu cunhado Antônio, empolgado com as operações iniciais do negócio, havia incentivado os irmãos de Sofia a comprar frações do capital da empresa. Vitória comprou umas tantas ações, e se esqueceu delas. A parte dessa herança que coube a Roberto foi a justa medida para conseguir comprar um apartamento na Bela Vista, perto da FGV, que reformou e para onde se mudou em companhia de Carla, sua preciosa companheira por mais de uma década. Ele nunca soube se o destino é que era caprichoso ou se seu pai era tão astuto que, mesmo no futurístico ano de 2010, suas iniciativas resultariam em socorro ao filho.

Carla foi a grande companheira de Roberto por quase 15 felizes anos. Nunca o deixava ir só a eventos, inclusive fora do Brasil, e fez muito mais: cuidou-o com extrema atenção e carinho, não lhe deixando faltar nada. Muito generosa, era ela quem fazia todas as compras da casa e combinava qualquer serviço que fosse necessário. Cuidava até das roupas e objetos de uso pessoal do companheiro. Nas viagens que faziam, ela reservava os voos, os hotéis, translados e definia a agenda, incluindo refeições e eventos adicionais. Em quase todas estas ocasiões, Roberto só ficava sabendo dos detalhes quando já estavam a bordo do meio de transporte escolhido. Carla foi a todos os eventos em que Roberto recebeu homenagens, bem como a lançamentos de seus livros e solenidades em organizações acadêmicas.

Autônomo por natureza, Roberto não estava acostumado com tanto zelo, e por vezes até se incomodava com tanta atenção e eficiência.

O que levou ao final uma relação tão boa? Provavelmente, a pandemia do coronavírus, iniciada em 2020. Empresária em Rondônia, onde viviam também seus três filhos, Marco Túlio, Leonardo e Guilherme, Carla precisava estar junto às suas terras e à rede de óticas que dirigia, na cidade de Vilhena. Enquanto isso, Roberto ficou confinado na Fazenda Santa Izabel. Um estava em São Paulo, a outra em Rondônia. Embora se visitassem todos os meses, a relação esfriou, e acabou se extinguindo. Foi uma separação difícil e sofrida para ambos, mas não havia motivos para prolongar a união. E foi assim que terminou uma fase inspiradora da vida de Roberto, marcada pelo carinho e admiração mútuos entre o casal.

* * * * * *

Desde menino, Roberto era aficionado pela leitura e pela escrita. Devorou os livros do *Tesouro da Juventude*, e depois conheceu os clássicos da literatura, introduzidos em sua vida pela mãe ou pelos mestres do Colégio Culto à Ciência. Também lia os jornais, e escrevia. Escrevia muito. Textos opinativos, como as peças incendiárias dos tempos de Esalq, artigos de opinião hoje mais moderados, e cartas, milhares delas. Em fins dos anos 1990, havia decidido consolidar suas ideias em livros. Impressas e organizadas por tema – bem do jeito que ele gostava – elas ficariam mais acessíveis e fáceis de consultar. Colocou a ideia em prática a partir do novo milênio. Em 2001, ao se despedir da ACI, publicou *A segunda onda cooperativa: uma visão compartilhada*, sobre os desafios e potenciais do cooperativismo no alvorecer do século. O livro foi publicado em quatro idiomas, português, inglês, francês e espanhol, e contina uma síntese do pensamento de Roberto sobre o cooperativismo. Em 2008, publicou *Cooperativismo: democracia e paz – Surfando na segunda onda*, com textos que sintetizavam seus aprendizados, pensamentos e ideais para o mundo do cooperativismo, destacando o indispensável papel das cooperativas na construção do binômio desenvolvimento econômico e desenvolvimento social. Em 2011, veio *Caminhando contra o vento*, cujo lançamento aconteceu durante a Agrishow. Essa obra reuniu artigos publicados em diferentes veículos na imprensa, onde Roberto comentava os assuntos do momento na agricultura e economia, sempre com um viés para encontrar soluções. Não era tarefa fácil reunir seus escritos prévios em livros. "Meu último livro lançado tem 30 meses, e de lá pra cá escrevi uns 150 artigos e crônicas", afirmou em entrevista a um portal da internet, em 2014. Era uma espécie de trabalho de Sísifo, mas ele estava decidido a cumpri-lo. Roberto defendeu:

> Esse é o meu mais novo testamento. Quero deixar registrado aquilo que eu assisti como espectador ou ator. Amanhã, se alguém quiser escrever sobre a história agrícola destes últimos 40 anos vai ler o que está escrito e ter noção dos processos que nos afetaram positiva ou negativamente.

Os textos opinativos vinham mesclados a passagens mais leves, repletas dos causos que ele amava contar. Alguns eram a mais pura verdade, mas outros vinham temperados pela sua imaginação de menino da roça.

A mesma alma de contador de histórias e amante das peripécias da vida real o havia incentivado a escrever, em 2001, o livro *Pequeno dicionário amoroso da Escola Superior de Agronomia*. O título era resultado da parceria com um colega de Esalq, Ivan Wedekin, e versava sobre episódios e delícias daqueles anos de juventude em Piracicaba. *Um tempo de ouro*, de 2015, *F-65, uma turma de ouro*, de 2005, e *Uma turma de ouro*, de 1990, versavam sobre o mesmo universo da Esalq dos anos 1960.

Sua passagem pelo Ministério da Agricultura seria representada por duas publicações-irmãs, de 2008, feitas após insistente pressão do amigo Alysson Paolinelli, que dizia: "Nenhum líder rural brasileiro escreveu tanto sobre o setor. Tudo o que aconteceu nos últimos 30 anos no campo teve sua participação, como ator ou testemunha, e você precisa publicar isso. Vai servir para os futuros estudiosos do agro". Tanto *Antes da tormenta* como *Depois da tormenta* reuniram artigos e/ou textos publicados por Roberto nos anos próximos à sua atuação como ministro. Mais uma vez, seus artigos perfaziam a história recente da agricultura brasileira, acompanhando tanto questões relativas ao setor quanto temas gerais do Brasil. Em *Antes da Rio+20*, de 2012, Roberto editou uma série de entrevistas concedidas por líderes agrícolas ao *Canal Rural*. A preocupação das conversas, e tema do livro, era apresentar visões, expectativas e reivindicações do setor agrícola no âmbito da Rio+20, conferência sobre o ambiente realizada no Rio de Janeiro.

Em 2012, a editora da Fundação Getúlio Vargas publicou *Cordel do agro*, livrinho surgido quase como uma brincadeira. Dando vazão a seu lado mais artístico e musical, Roberto colocou em verso – e à moda nordestina – os problemas e os potenciais da agricultura brasileira. Assim ele escreveu no cordel que abre o livro:

> *Olhando ao redor do mundo*
> *Já não se veem lideranças*
> *Capazes de nos dar um rumo*
> *Melhor do que dariam crianças.*
>
> *Não existem grandes chefes*
> *Como tantos tivemos antes*

*Falta gente para tudo
Principalmente comandantes.*

*Ninguém dá bola pra ONU
Em sua dura luta pela Paz
De dar regras planetárias,
Ninguém mais é capaz.*

*Este vazio de caminhos
Ameaça até a democracia
E abre espaços perigosos
Pra regimes de exceção ou anarquia.*

*Para sair deste impasse
Que nos encaminha para o mal,
É preciso montar um projeto
De interesse global.*

*Que sirva para ricos e pobres,
Que agrade todas as gentes:
Europeus, africanos, americanos,
Enfim, de todos os continentes.*

*Segurança alimentar e energética,
Eis um programa viável,
Ninguém poderá ser contra
Desde que seja sustentável.*

*Populações vão crescendo
Em todo país emergente
Onde a renda per capita sobe
Quase explosivamente.*

No entanto, uma das grandes sínteses da sua visão de mundo viria anos depois, já em 2019. O livro *Agro é paz: análises e propostas para o Brasil alimentar o mundo* trazia, já no título, uma frase proverbial de sua autoria. A publicação era resultado dos trabalhos de um grupo de especialistas e contemplava temas de macroeconomia, política agrícola, indústrias do agronegócio, defesa agropecuária, tecnologia e inovação no agro, competitividade internacional do agronegócio brasileiro, logística, segurança jurídica, sustentabilidade de sistemas de produção agrícola, gestão do agronegócio, agroenergia, cooperativismo e comunicação. Coordenado por Roberto, o trabalho compunha o que ele chamou de "Plano de Estado para que o País assuma o protagonismo no cenário internacional, contribuindo para a paz universal". Para alguns, poderia parecer uma utopia.

Roberto tem a convicção, cada vez mais firme, de que todas as soluções e remédios para as doenças que abatem o mundo, como a fome, as guerras e a desigualdade, passam pela agricultura e pelo acesso justo e igualitário às riquezas que o cultivo do solo proporciona ao ser humano. E, nesse cenário, o Brasil não poderia se conformar com um papel secundário. Roberto sintetizou, na época de lançamento da obra:

> O mundo espera que o Brasil assuma um papel cada vez mais proeminente na missão mais extraordinária que a humanidade tem de enfrentar do século 21 em diante: compatibilizar a oferta de alimentos seguros a toda a população do planeta com a preservação dos recursos naturais.

O livro era especial, também, por ser o resultado do ano em que ocupou a Cátedra Luiz de Queiroz, da USP, abrigada pela Esalq. A cátedra foi criada em 2017, voltada à discussão e realização de atividades abertas à participação de professores e estudantes de graduação e pós-graduação da instituição, e Roberto foi indicado para ser o primeiro a assumir a titularidade da cadeira. O trabalho foi coordenado por Roberto no decorrer de 2018, agora na posição de catedrático. Além de orientar os estudos que seriam publicados em *Agro é paz*, ele fez parte de uma série de articulações em prol do desenvolvimento da instituição. Na época, o diretor da Escola de Agronomia era Luiz Gustavo Nússio, seu conhecido de eventos acadêmicos há alguns anos e companheiro do Conselho de Administração da Escola desde 2015. Juntos, criaram um prêmio acadêmico com patrocínio do banco Santander, o "Novo Agro", dedicado a ir além de premiações por produtividade. No "Novo Agro", Roberto quis dar destaque às mulheres, criando uma categoria só para elas, e à inovação. Também colocaram de pé a Esalq Show, uma feira de inovação científica realizada sempre no mês de outubro, e reforçaram os vínculos da Esalq com instituições de ensino e pesquisa mundo afora. Roberto acompanhou as equipes da USP em viagens e visitas pelo exterior, auxiliando nos contatos e no processo de costurar acordos de cooperação. O exemplo do primeiro catedrático ficou marcado na Esalq.

A intensidade daqueles 12 meses de trabalho na Cátedra Luiz de Queiroz foi vivida por ele como uma bênção. Desde 2012 não presidia o Conselho Superior do Agronegócio, concentrando seus esforços na FGV. Entre 2007 e 2013, também havia presidido o grupo Lide Agronegócio, a convite do empresário João Dória Júnior. O grupo tinha a mesma orientação do conselho da Fiesp, de acesso das lideranças rurais à cidade, com a possibilidade de construir pontes com representantes de diversos segmentos da economia, entre financeiro, educação e saúde. Nos eventos da FGV e da Lide, Roberto atuava como um agente de relações públicas da agricultura entre os empresários do meio urbano, aproximando esses dois mundos. Na FGV, o MBA de Gestão de Projetos, o primeiro a ser criado pela GVAgro, foi expandido para outras unidades. O mestrado em Agroenergia tornou-se Mestrado Profissional em Agronegócio, e passou a atrair alunos de diferentes segmentos do mundo agrícola. A grade curricular abrangente e o apreço pela pesquisa e pela gestão continuaram. E as injeções de ânimo do coordenador neste e em outros programas e iniciativas educacionais nunca cessaram.

Em 2022, Roberto decidiu deixar o posto de coordenador da GVAgro. Quando chegou à instituição, 16 anos antes, o desafio era estruturar do zero um centro de estudos em agronegócio, que ajudaria a alavancar o setor em todo o Brasil. Com ensino e pesquisa andando de mãos dadas, a Fundação Getúlio Vargas seria capaz de contribuir para o crescimento dos profissionais da área em diversas frentes, das finanças à tecnologia. Olhando para trás, depois de uma década e meia de trabalho, ele via aquela missão como cumprida. Não finalizada – afinal, os desafios continuavam existindo e havia muito a ser feito –, mas as raízes da GVAgro estavam fortemente fincadas no chão, capazes de fazer aquela árvore continuar crescendo e dando frutos.

No momento da sua desvinculação do cargo, a GVAgro contava com um portfólio robusto de atividades, que iam desde a formação inovadora da pós-graduação oferecida em São Paulo até estudos nas áreas de fronteira da agricultura e da sustentabilidade, passando pelas consultorias e elaboração de índices econômicos. Tudo isso tocado por uma equipe também de excelência. Esse trabalho dividia-se em três principais frentes: ensino, pesquisa e consultoria.

No primeiro, o destaque fora a criação do Mestrado Profissional em Agronegócio, em 2008, em parceria com a Esalq e a Embrapa. No plano da pesquisa, entre diversas iniciativas, o Observatório Agricultura de Baixo Carbono, criado em 2013, e o Observatório de Bioeconomia, de 2021, eram as de maior fôlego. O Observatório Agricultura de Baixo Carbono, também chamado de Observatório ABC, foi criado para acompanhar as discussões, os desafios e as inovações sobre o tema, produzindo conhecimento e engajando a sociedade em relação à agricultura de baixo carbono. Um dos focos era a implementação do Plano Agricultura de Baixo Carbono, o Plano ABC, com ações voltadas à redução das emissões de gases de efeito estufa na produção agropecuária, nos termos da Política Nacional de Mudanças Climáticas e dos compromissos assumidos pelo Brasil na COP 15.

Para isso, todos os anos a GVAgro elaborou e divulgou relatórios e análises sobre a evolução da agricultura de baixo carbono. É o caso, por exemplo, dos estudos "Agricultura de baixa emissão de carbono: quem cumpre as decisões – Uma análise da governança do Plano ABC" e "Agricultura de baixa emissão de carbono: financiando a transição", ambos de 2013, "Criação de sistema de informação dos desembolsos do Programa ABC (parte do crédito agrícola)", de 2014, "Análise dos recursos do Programa ABC – Foco na Amazônia Legal", de 2015, "Intensificação da pecuária brasileira: seus impactos no desmatamento evitado, na produção de carne e na redução de emissões de gases de efeito estufa", de 2016, "Análise dos recursos do Programa ABC – Instituições financeiras privadas", de 2017, e "Proposta de monitoramento, relato e verificação das emissões de gases de efeito estufa da agricultura de baixa emissão de carbono", de 2020.

Em novembro de 2021, veio ao mundo o Observatório de Bioeconomia. A iniciativa unia a GVAgro e outras divisões da Fundação: Escola de Direito de São Paulo, Escola de Administração de Empresas de São Paulo e Instituto Brasileiro de Economia. O Observatório surgiu com a missão de estudar o ciclo de vida do carbono e a redução das suas emissões, fomentando o respeito à biodiversidade e aos direitos humanos. Tudo isso levando em conta financiamento produtivo, análise de riscos econômicos e ambientais, políticas públicas e regulação da economia verde. Os estudos sobre a Amazônia Legal também receberam atenção especial. Entre os primeiros estudos do Observatório, estiveram o relatório "Potencial de mitigação de gases de efeito estufa das ações de descarbonização da soja até 2030", de 2021, "Mapeamento da produção agropecuária no Bioma Amazônia", de 2021, e, em 2022, "Mercado de carbono voluntário no Brasil", "Mercado de carbono: desafios estruturais, técnicos e científico-tecnológicos", "Panorama das emissões de metano e implicações do uso de diferentes métricas", "Custos de recuperação de pastagens degradadas nos estados e biomas brasileiros" e "PIB da bioeconomia". Essas não foram as únicas produções. Além delas, o Observatório produziu e divulgou dezenas de *newsletters* e informativos periódicos, em que os seus trabalhos apareciam resumidos, e notas técnicas sobre portarias e decretos relativos à temática. Em novembro de 2022, quando comemorou seu primeiro ano de atividades, o Observatório também realizou o curso de Mensuração de Carbono no Solo.

Enquanto isso, na área de consultoria, diversos projetos foram elaborados, tanto nacional quanto internacionalmente. Na seara externa, os estudos estiveram concentrados no tema da viabilidade de produção de alimentos e biocombustíveis, voltados para a realidade de países da América Latina, como República Dominicana, Guatemala, El Salvador, Haiti, Honduras, Guatemala e Argentina, e ainda na África, em países como Senegal, Guiné-Bissau, Libéria, Moçambique e Zâmbia.

Além das conquistas cotidianas e coletivas, havia as láureas propriamente ditas, e pessoais. Em sua vida, Roberto recebeu a Medalha Paulista do Mérito Científico e Tecnológico e a Comenda da Ordem Nacional do Mérito Científico. Foi eleito Engenheiro Agrônomo do Ano pela Associação de Engenheiros Agrônomos do Estado de São Paulo (Aeasp), em 1987, e Engenheiro Agrônomo da Década, em 2004, mesmo ano em que recebeu a Medalha Luiz de Queiroz, da Esalq. Em 1998, foi tornado Doutor *Honoris Causa* pela Unesp. Isso sem contar outros inúmeros diplomas e reconhecimentos, nos cinco continentes, em razão da sua atuação como agrônomo ou referência cooperativista.

Em 2010, Roberto foi titular da Cátedra Unesco Memorial da América Latina, programa acadêmico de pesquisa e docência criado em 2006, capitaneado pelas três universidades estaduais paulistas – USP, Unicamp e Unesp – e em parceria com universidades dos países: Argentina, Bolívia, Chile, Colômbia, México, Peru e Venezuela. Indicado pela Comissão de Orientação da Cátedra por seu trabalho em prol de temas concretos da América Latina contemporânea, ele organizou no seu ano de catedrático oito seminários internacionais sobre políticas setoriais para a agricultura e o cooperativismo, agregação de valor, acordos comerciais, sustentabilidade produtiva, defesa sanitária e rastreabilidade e certificação de produtos agropecuários.

O ano de 2012 seria um dos mais memoráveis em termos de reconhecimento pelo seu trabalho de décadas ajudando a fortalecer o cooperativismo ao redor do mundo. Em junho, Roberto foi nomeado Embaixador Especial da Organização das Nações Unidas para Agricultura e Alimentação (FAO) para o cooperativismo mundial. A nomeação ocorreu na 69ª reunião do Comitê de Problemas de Produtos Básicos (CCP). Ele recebeu a láurea com emoção. Disse à plateia, repleta de rostos que havia encontrado em suas andanças pelo mundo:

> Depois de mais de 40 anos servindo ao movimento cooperativista brasileiro e internacional, como presidente da OCB, da ACI, é uma grande honra receber esta função de embaixador especial da FAO. É um ato de coragem nomear-me para esta função. Tenho 70 anos, não sei se estou capaz de exercê-la como esperado pelo diretor-geral. Porém, me comprometo hoje aqui a fazer o possível e o impossível para ser digno desta importante designação.

Em outubro, recebeu da ACI o prêmio "Pioneiros de Rochdale", em reconhecimento ao seu trabalho na defesa, na difusão e no fortalecimento do movimento cooperativista mundial. A homenagem teve um gosto especial, uma vez que o prêmio foi entregue em Manchester (Inglaterra), berço mundial do cooperativismo, e marcou o Ano Internacional das Cooperativas.

Em 2015, o Conselho Mundial das Cooperativas de Crédito lhe outorgou o prêmio "*Distinguished Service Award*", dedicado a pessoas que colocaram esforços para o fortalecimento do movimento internacional do cooperativismo de crédito. Em 2017, recebeu do jornal *O Estado de S. Paulo* e do Centro de Integração Empresa-Escola (CIEE) o título de "Prêmio Professor Emérito – Guerreiro da Educação", em reconhecimento à sua trajetória no ensino da Agronomia e Cooperativismo. Em 2019, a Conferência de Ministros de Agricultura das Américas (JIA) outorgou-lhe a "Cátedra IICA", o maior prêmio voltado para o setor.

Entre tantos prêmios, homenagens e reconhecimentos, a honraria que mais tocou o coração de Roberto foi a escolha de seu nome para patrono de uma turma de formandos em Agronomia. Perdera a conta de quantos formados ele já havia apadrinhado, e quantos discursos havia proferido e escutado nas solenidades de formatura por todo o Brasil. Naqueles momentos, tinha a certeza de estar cumprindo seu destino. Tudo que um agrônomo poderia querer da vida é que ela fosse frutífera – para si mesmo e principalmente para os outros. Roberto nunca cultivara a vaidade, mas sim o justo orgulho de tudo que realizava e que, para o futuro, seguiria motivando-o em diferentes desafios.

E havia, ainda, o maior de seus legados. Contemplando sua vida e o modo como tudo acontecera, Roberto havia chegado à conclusão de que o naturalista Charles Darwin estava coberto de razão quando propôs sua "Teoria da Evolução", porque as espécies realmente evoluem.

E a maior prova disso eram seus quatro filhos: "São todos muito melhores que os pais!". A turma seguinte, de seus netos, também fazia jus à tese de que, geração após geração, os Rodrigues cresciam.

O primogênito de Roberto e Eloísa era Paulo, nascido em 1967. Chegou ao posto de gerente geral de todas as atividades rurais da família, residindo na antiga sede da Fazenda Santa Izabel. Casou-se com Lia, irmã de uma colega de turma da Esalq e tiveram dois filhos. Mariana formou-se em Economia também na escola piracicabana, mas não se encontrou na profissão e partiu para uma segunda graduação, em Psicologia. Antonio José, assim batizado em homenagem ao bisavô, também acabou herdando o apelido de Toninho. Tal qual as três gerações que o antecederam, formou-se agrônomo esalqueano e assistente do pai na Santa Izabel. Com os filhos já adultos, Paulo casou-se em segundas núpcias com Natália, jornalista de Ribeirão Preto em quem encontrou uma companheira alegre e dedicada. E não só isso: assim como o sogro, Natália desde sempre demonstrou carinho especial pela "cachorrada" da fazenda: oito da raça Fox Paulistinha, uma Perdigueiro e uma vira-latas que por lá apareceu e lá ficou, adotado por Natália. Paulo tornou-se um líder reconhecido em todo o País em temas de gestão de propriedades rurais e conhecimento técnico em Agronomia, sendo muitas vezes convidado a assumir posições de comando em órgãos de classe, entre eles a Associação e da Cooperativa de Crédito dos Plantadores de Cana de Guariba e a ABAG de Ribeirão Preto.

A segunda era Cândida, nascida em 1969, em quem todos da família viam uma psicóloga por vocação legítima. O pai dizia que a filha combinava perfeitamente com o nome escolhido para batizá-la. Dona de marcantes olhos azuis e de uma personalidade doce e acolhedora, tudo nela remetia, de fato, à candura. Morando em São Paulo desde a época de faculdade, casou-se com o advogado Darcy Teixeira e tiveram dois filhos. Pedro formou-se em Administração de Empresas pela FGV e casou-se com Luana, jovem advogada pernambucana. Carolina, egressa da Escola Superior de Propaganda e Marketing (ESPM), tal qual o avô materno, animava qualquer roda com seu bom humor. Na família, Cândida conquistou a posição de conselheira e voz sábia. Sempre que algum Rodrigues tinha algo a resolver, ela era a pessoa a ser consultada. Com sua mansidão, todos os problemas se resolviam.

Marta, nascida em 1971, formou-se em Direito pela PUC de São Paulo. Ainda estudante, começou a estagiar no escritório de advocacia de Luís Olavo Baptista, casado com Marta Rossetti, filha do tio Sergio. Aguerrida advogada, Marta, que herdara o nome da prima, destacou-se e chegou a sócia do escritório. Admirada pela rapidez do raciocínio, casou-se com o administrador de empresas Eduardo, com quem teve as filhas Sofia e Luíza. Afeita ao estudo, Marta teve formações nos Estados Unidos, na França e na Espanha. Eduardo era, ainda, pai de Renato, filho de uma união anterior. O rapaz e sua esposa Karina foram integrados à grande família Rodrigues.

O caçula Rodrigo veio ao mundo em 1975, e também se tornou um agrônomo esalqueano, seguindo os passos do irmão mais velho, dos pais e tantos outros da família. Casado em primeiras núpcias com a colega Raquel, foi pai de Felipe. Casou-se pela segunda vez com Anike, administradora do sistema financeiro, com quem teve uma filha em dezembro de 2022. Rodrigo acumulou larga experiência em gestão rural, especializando-se em mercados agrícolas. Também se tornou apreciador de pesca submarina.

Olhando para sua descendência, Roberto sempre sentiu imenso orgulho de suas trajetórias, qualidades e garra. Seu único lamento era o tempo perdido. Por conta da sua agitada vida profissional e pública, muitas vezes perdeu eventos e marcos na vida dos filhos e netos.

O cultivo das amizades também sempre norteou a vida de Roberto. Desde 1965, ano de sua formatura na USP, ele foi responsável por manter a turma em contato. Além de organizar encontros periódicos, ele foi a "central de comunicação" da chamada F-65. Por décadas, redigiu, imprimiu e encaminhou pelo correio uma espécie de boletim com notícias sobre os colegas esalqueanos. Casamentos e nascimento de filhos, mudanças de estado ou país, conquistas acadêmicas e profissionais: tudo ia parar na publicação, e assim os amigos de turma mantinham-se bem-informados e com os laços bem conservados. A comunicação evoluiu com o avanço da tecnologia, e as cartas datilografadas deram lugar ao e-mail e, depois, às mensagens instantâneas do aplicativo de mensagens WhatsApp. De modo que, quase 60 anos após a formatura, Roberto todas as manhãs conferia, por exemplo, se havia algum colega ou familiar destes fazendo aniversário. Em caso positivo, por volta das seis da manhã já estava no grupo a felicitação vinda de Roberto, desencadeando novas mensagens de parabéns. Os amigos dos tempos do Colégio Culto à Ciência igualmente se mantinham em contato e informados pelo colega.

A gratidão pelo carinho estende-se, também, aos diversos companheiros de trabalho que Roberto teve ao longo de sua carreira e vida pública. Não teriam existido êxitos e conquistas, nem desafios bem superados, sem o suporte de inúmeras pessoas, desde a primeira cooperativa em Guariba até o Ministério da Agricultura. Da menor cidade brasileira em que esteve às maiores metrópoles do mundo em que esteve presente defendendo seu País, Roberto contou com amigos.

E seu trabalho continua. Em palestras, consultorias e artigos continua dividindo com o mundo seus conhecimentos e impressões sobre a agricultura e a vida. Uma de suas preocupações centrais continua sendo o futuro. Embora olhe para trás e veja o quanto o Brasil mudou e apareceu, Roberto sabe que ainda há muito a ser conquistado pelos produtos brasileiros. E tem fé de que, com visão de futuro e muito trabalho, nada pode nos deter.

Este livro conta a história de um homem apaixonado pela vida e pela alegria, que se considera apenas "sortudo". Alguém que saiu da terra e alcançou, por méritos próprios, palácios e honrarias no Brasil e no Exterior. Contudo, não deixou o poder cooptar sua consciência, e manteve a simplicidade e a simpatia dos seres de boa vontade. Combateu o bom combate, soube perder e ganhar.

Essa filosofia de vida foi bem resumida no artigo "Amor e Justiça", publicado na *Folha de S. Paulo* em setembro de 2008. Dentre as centenas que escreveu, este tem para Roberto um lugar especial por resumir sua forma de encarar a vida e sua resposta – dentre tantas outras possíveis – ao enigma da felicidade. Se o amor e a justiça são relativos e falham na medida em que são comandados pelo ser humano, ele mesmo vacilante, poderemos depositar nossa felicidade nesses dois ideais?

> Ora, não se pode descrer de valores só porque inevitavelmente eles se contaminaram com as sensações das pessoas. Valores são eternos; sensações são passageiras. É preciso confiar nesses dois alicerces, e mais que isso: o amor e a justiça devem ser os trilhos sobre os quais correrá o trem da vida de cada um. Nessa viagem extraordinária, sobre esses trilhos está a felicidade. Não no destino, e sim na viagem em si, sabendo que em muitas estações haverá frio, lágrimas e sofrimento. Mas esse é também o contraponto indispensável para valorizar ainda mais as estações do bem-estar.

Assim é a sua alma. Roberto Rodrigues é um homem do campo que cultiva – com ética exemplar, capacidade técnica, amor ao próximo e muita coragem – o solo da própria existência. E por isso, com absoluta generosidade, segue entregando seus bons frutos ao Brasil e ao mundo.

FIM

REFERÊNCIAS

LIVROS

AOKI, H. *Roberto, um amigo de ouro*. Curitiba: Editora CRV, 2016.

RODRIGUES, R. *Agro é paz*: análises e propostas para o Brasil alimentar o mundo. Piracicaba: ESALQ, 2019.

RODRIGUES, R. *Antes da tormenta*. São Paulo: Nova Bandeira, 2008.

RODRIGUES, R. *Cooperativismo*: democracia e paz. São Paulo: [s.n], 2008.

RODRIGUES, R. *Cordel do Agro*. São Paulo: GV Agro, 2012.

RODRIGUES, R. *Depois da tormenta*. São Paulo: [s.n], 2008.

RODRIGUES, R. *Um tempo de ouro*. São Paulo: [s.n], 2015.

ARTIGOS, TESES E DISSERTAÇÕES

BARBOSA, C. de J.; RODRIGUES, A. S. Tristeza dos citros. *Revista Brasileira de Fruticultura*, v. 36, n. 3. Jaboticabal jul./set., 2014. Disponível em: https://www.scielo.br/j/rbf/a/zLkYfkVxmrvBqhrXVq9HHDB/?lang=pt. Acesso em: 22 maio 2023.

BENINCASA, V. *Fazendas paulistas*: arquitetura rural no ciclo cafeeiro. 2008. Tese (Doutorado em Teoria e História da Arquitetura e do Urbanismo) – Escola de Engenharia de São Carlos, Universidade de São Paulo, São Carlos, 2008. DOI:10.11606/T.18.2008.tde-14032008-151048. Disponível em: https://teses.usp.br/teses/disponiveis/18/18142/tde-14032008-151048/pt-br.php. Acesso em: 22 maio 2023.

GARCIA, D. C. C.*et al.* Impactos do surto de febre aftosa de 2005 sobre as exportações de carne bovina brasileira. *Ciência Animal Brasileira/Brazilian Animal Science*, Goiânia, v. 16, n. 4, p. 525–537, 2015. Disponível em: https://revistas.ufg.br/vet/article/view/26158. Acesso em: 22 maio 2023.

MEIRA, R. B.; CAMPI, D. Do outro lado dos canaviais. Circulação de saberes e estações experimentais agrícolas, Brasil e Argentina, século XX. *Varia História*, v.

33, n. 62, p. 523-553, maio 2017. Disponível em: https://www.scielo.br/j/vh/a/P4QrHYgFSY3hjD4s35CvK5b/?lang=pt. Acesso em: 22 maio 2023.

OLIVER, G. DE S.; SZMRECSÁNY, T. A Estação Experimental de Piracicaba e a modernização tecnológica da agroindústria canavieira (1920 a 1940). *Revista Brasileira de História*, v. 23, n. 46, p. 37-60, 2003. Disponível em: https://www.scielo.br/j/rbh/a/NfnBTChWfvFbKJfsyqKK4gz/?lang=pt. Acesso em: 22 maio 2023.

PRADO, M. L. *Usinas, colônias e famílias*: trajetórias de trabalhadores em uma usina de açúcar (1960-1990). 2011. Tese (Doutorado em Ciências Humanas) – Universidade Federal de São Carlos, São Carlos, 2011. Disponível em: https://repositorio.ufscar.br/handle/ufscar/6672. Acesso em: 22 maio 2023.

RODRIGUES, M. P. H. *Patrimônio rural do município de Casa Branca*: 1830-1900. 2010. Dissertação (Mestrado em História e Fundamentos da Arquitetura e do Urbanismo) – Faculdade de Arquitetura e Urbanismo, Universidade de São Paulo, São Paulo, 2010. doi:10.11606/D.16.2010.tde-04082010-212340. Disponível em: https://teses.usp.br/teses/disponiveis/16/16133/tde-04082010-212340/pt-br.php. Acesso em: 22 maio 2023.

JORNAIS E REVISTAS

DENARDIN, V. Filho de ministro vive crise na pele. *Gazeta do Povo*, 27 mar. 2006, *on-line*. Disponível em: https://www.gazetadopovo.com.br/agronegocio/agricultura/filho-de-ministro-vive-crise-na-pele-4ex7uuv61xom613dzwszyaa96/. Acesso em: 30 mai. 2023.

DISCURSO do Ministro da Agricultura, Roberto Rodrigues, nos 30 anos da Embrapa. *Jornal da Embrapa*, 1º abr. 2003, *on-line*. Disponível em: https://www.embrapa.br/tema-integracao-lavoura-pecuaria-floresta-ilpf/busca-de-noticias/-/noticia/17937841/discurso-do-ministro-da-agricultura-roberto-rodrigues-nos--30-anos-da-embrapa. Acesso em: 30 maio 2023.

MILANI, A.; FIORI, M. Conheça as principais medidas do Plano Safra 2006-2007. *Folha de Londrina,* 16 jun. 2006, *on-line*. Disponível em: https://www.folhadelondrina.com.br/folha-rural/conheca-as-principais-medidas-do-plano-safra-2006-2007-568903.html?d=1. Acesso em: 30 maio 2023.

MINISTRO da Agricultura pede demissão e Lula aceita. *Gazeta do Povo*, 28 jun. 2006, *on-line*. Disponível em: https://www.gazetadopovo.com.br/vida-e-cidadania/

ministro-da-agricultura-pede-demissao-e-lula-aceita-a38bztt498ba20bfh9hu9ukb2/. Acesso em: 30 maio 2023.

MINISTRO Roberto Rodrigues lança programa de biodiesel. *JornalCana*, 17 out. 2005, *on-line*. Disponível em: https://jornalcana.com.br/ministro-roberto-rodrigues-lanca-programa-de-biodiesel/. Acesso em: 30 maio 2023.

MUNICÍPIO em foco: Campinas. *Jornal do Engenheiro Agrônomo*. Ano 43, n. 285, p. 14-15, set.-out. 2015.

ROBERTO Rodrigues anuncia mais duas câmaras setoriais. *Agrolink*, 14 maio 2003, *on-line*. Disponível em: https://www.agrolink.com.br/noticias/roberto-rodrigues-anuncia-mais-duas-camaras-setoriais_9626.html. Acesso em: 30 maio 2023.

RYDLEWSKI, C. O agronegócio tem medo da Marina. Eu não. *Revista Época Negócios*, 1º set. 2014, *on-line*. Disponível em: https://epocanegocios.globo.com/Informacao/Visao/noticia/2014/09/o-agronegocio-tem-medo-da-marina-eu-nao.html. Acesso em: 31 maio 2023.

O Estado de S. Paulo. São Paulo. Edições dos anos de 1985 a 2006.

Folha de S. Paulo. Edições dos anos de 1987 e 2009.

VÍDEOS

ESALQ Notícias 181/2018 – palestra com Roberto Rodrigues. *ESALQ Oficial*, YouTube, 75 min., 3 ago. 2018. Disponível em: https://www.youtube.com/watch?v=6CnRvDVv2R4. Acesso em: 22 maio 2023.

ROBERTO Rodrigues. *Roda Viva*. TV Cultura, YouTube, 38 min., 11 nov. 2014. Disponível em: https://www.youtube.com/watch?v=zeBCen0BQZk. Acesso em: 22 maio 2023.

WEBSITES

Agência Brasil. www.agenciabrasil.ebc.com.br

Agência de Notícias do IBGE. www.agenciadenoticias.ibge.gov.br

Assembleia Legislativa do Estado de São Paulo (Alesp). www.al.sp.gov.br

Câmara de Comércio Árabe Brasileira. www.ccab.org.br

Canal Rural. www.canalrural.com.br/

Diário Oficial do Estado de São Paulo. www.imprensaoficial.com.br

Empresa Brasileira de Pesquisa Agropecuária (Embrapa). www.embrapa.br

Fundação Getulio Vargas (FGV). www.portal.fgv.br

Fundação Joaquim Nabuco. www.gov.br/fundaj/pt-br

Portal G1. www.g1.globo.com

Portal UOL. www.uol.com.br

Prefeitura Municipal de Guariba. www.guariba.sp.gov.br

Universidade de São Paulo (USP-SP). www5.usp.br

FOTOS

Sofia e Antonio Rodrigues, pais de Roberto Rodrigues

Casa onde Roberto Rodrigues nasceu, na Estação Experimental de Citricultura, em Cordeirópolis.

Anita e Roberto Rodrigues, anos 1950

Com o primeiro fox paulistinha, na Fazenda Santa Izabel, anos 1950

Em 1957, aos 15 anos, na Fazenda Santa Izabel

Em 1957, aos 15 anos, na Fazenda Santa Izabel

Antonio e Roberto Rodrigues

Com a mãe, Sofia, em 1967

Com o grande amigo, Otávio de Souza

O baile dos calouros, tradição para os ingressantes na ESALQ

Roberto (o segundo à esquerda, na fila em pé à frente) com os colegas da ESALQ

Na Fazenda Santa Isabel com colegas da Esalq, anos 1960, a turma denominada "Peyton Place"

Time de futebol nos anos 1960; Roberto é o primeiro da esquerda, na fila inferior

Com amigos na janela da república Mosteiro, em Piracicaba

Com colegas da república Mosteiro

Viagem com Ivan Aidar pelo sul do Brasil e pelo Uruguai, em 1962

Roberto na foto oficial de formatura na ESALQ, turma de 1965

Roberto, Eloisa, Sofia e Antonio na cerimônia de formatura na ESALQ, em 1965

Foto oficial dos formandos de 1965, em frente ao prédio da ESALQ

Com Glauco Pinto Viegas, secretário de Agricultura de São Paulo, em 1966.

O casamento com Eloísa, em 23 de julho de 1966.

Eloísa, Roberto e os filhos (Paulo, Cândida, Marta e Rodrigo), em 1978

A família Rodrigues no começo dos anos 1980

Com a família na cerimônia de concessão do título de Cidadão Riopretano (1989)

Com o pai, visitando a lavoura

Com o pai, Antonio José Rodrigues Filho, durante o VI Congresso Brasileiro de Cooperativismo, Florianópolis (SC), de 24 a 28 de 1973. Nesse momento, Roberto já era presidente da Coplana

Na sede da Cooperativa de Produtores de Cana de Guariba, em 1974

Tomando posse na presidência da CAIC, em 1979

Paraninfo em Jaboticabal (1978)

II Seminário Nacional de Cooperativas de Crédito (meados dos anos 80)

1º Ciclo de Debates Econômicos – realizado pela Ocepar, em meados dos anos 1980.

Entrega das demandas do setor agrícola para o presidente da República, José Sarney (1986)

Roberto Rodrigues enquanto diretor executivo da Organização das Cooperativas do Estado de São Paulo (Ocesp), em (1983)

Time de futebol de salão dos professores da Faculdade de Agronomia (Unesp), Jaboticabal, 1980

Arrozal em fazenda de Minas Gerais (1985)

III Encuentro Continental de Dirigentes Cooperativos, Bogotá, Colômbia, 18 a 22 de outubro de 1985

I Encuentro Iberoamericano sobre Cooperativismo, Empleo Y Desarollo em Sevilha, Espanha (1985).

Encontro da Frente Ampla, 1986.

Como secretário geral da Frente Ampla da Agropecuária Brasileira, em fevereiro de 1986.

Seminário Brasileiro das Cooperativas de Crédito da OCB, 1984.

Iris Rezende Machado, Roberto Rodrigues, Ivo Vanderlinde, Adair Mazoti (secretário da Senacoop), Allyson Paulinelli (Coordenador da Frente Parlamentar de Agricultura) – na abertura do X Congresso Brasileiro de Cooperativismo – 1988.

Diretoria da OCB em audiência no Palácio do Planalto (22 de maio de 1986)

XI Congresso Brasileiro de Cooperativismo, de 4 a 7 de novembro de 1997, Brasília (DF)

Rio Verde, Goiás, 1997 – plantando muda de ipê amarelo

Na marcha dos agricultores em frente ao Congresso Nacional, junho de 1987

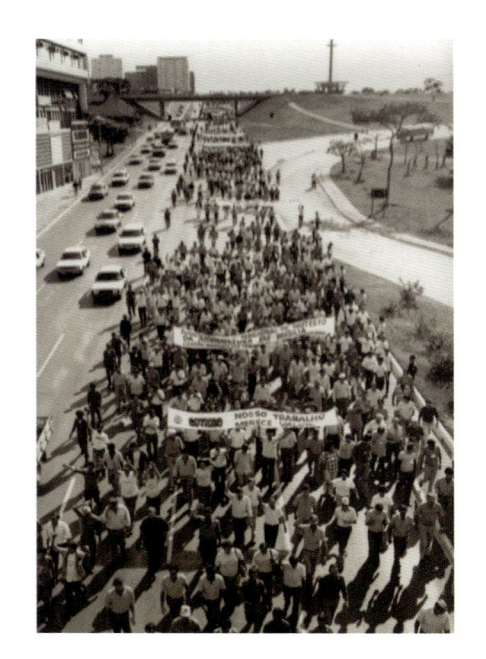

*Na marcha dos agricultores em frente ao
Congresso Nacional, junho de 1987*

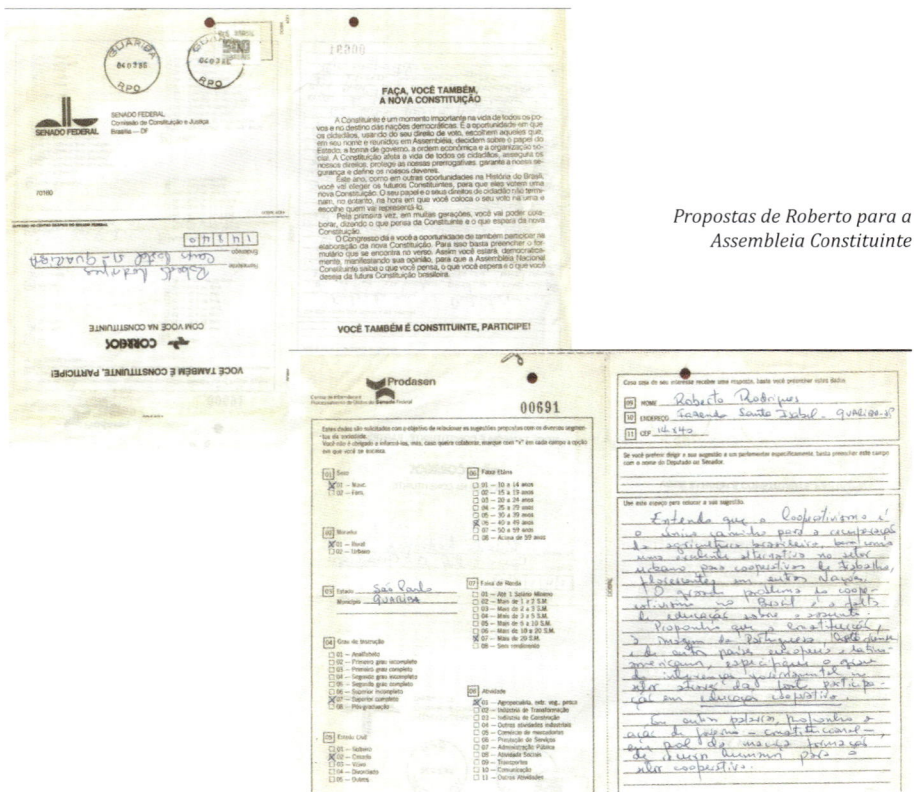

*Propostas de Roberto para a
Assembleia Constituinte*

Com os deputados Antonio Perosa, Ivo Vanderlinde e Mario Covas na Constituinte de 1988

Flavio Menezes (SRB), Allyson Paolinelli (CNA) e Roberto (OCB): trio de coordenadores da Frente Ampla, em 1988.

Reunião da Frente Ampla da Agricultura Brasileira. (da esq. p/dir.) Alisson Paolinelli, Roberto Rodrigues, Flavio Telles de Menezes e Alberto Veiga

Roberto Rodrigues entrega as emendas populares do Cooperativismo a Bernardo Cabral, relator da ANC.

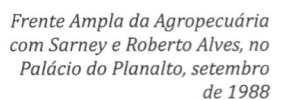

Frente Ampla da Agropecuária com Sarney e Roberto Alves, no Palácio do Planalto, setembro de 1988

Recebendo a Medalha Mérito Rio Branco, no Itamarati (20 de abril de 1988)

Abertura do X Congresso Cooperativismo, com Ivo Vanderlini, Íris Rezende, Delfim Neto e Alyson Paulinelli, entre outros – março de 1988.

Constituinte de 1987/88, ao lado de Ulysses Guimarães

Encontro Nacional de Lei Agrícola, 24 a 26 de outubro de 1989, Brasília (DF)

Visita a Belgorod, Rússia, onde recebeu o título de professor honoris causa de cooperativismo (1989)

Recebendo o título de doutor honoris causa da Unesp (1998)

Com a diretoria da OCB, em 1990

Com o presidente do Benin, país onde foi conhecer cooperativas femininas e de pescadores. Roberto era presidente da ACI, 1999.

Benin, na Cooperativa de Pesca (1999)

Reunião do Comitê Central da Aliança Cooperativa Internacional, 16 a 22 de setembro de 1990, Madri, Espanha

Primeira Assembleia Regional das Américas, organizada pela Aliança Cooperativa Internacional, de 21 a 23 de novembro de 1994, São Paulo, Brasil.

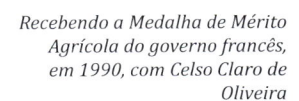

Recebendo a Medalha de Mérito Agrícola do governo francês, em 1990, com Celso Claro de Oliveira

Posse do Secretário da Agricultura Roberto Rodrigues, no Palácio do Governo, em 12 de julho de 1993. À esquerda na foto, o governador Luiz Antonio Fleury Filho

Ao lado do governador de São Paulo, Mario Covas, quando era Presidente da Sociedade Rural Brasileira, no evento FEAPAM, em Ribeirão Preto (7 de agosto de 1993)

IV Congresso Continental de Direito Cooperativo, de 5 a 7 de agosto de 1992, Brasília (DF)

Na sede da primeira cooperativa do mundo, a dos tecelões de Rochdale, Manchester, 1991.

Com alunos da UNESP na ACI, 1995 (à sua direita, Monika Bergamaschi, futura secretária de Agricultura do Estado de São Paulo.

Com o Ministro da Fazenda Pedro Malan em Conferência Internacional das Cooperativas de Crédito, em 1996.

Roberto Rodrigues na Agrishow (28 de abril de 1996)

Centro de Convenções de Genebra, Suíça, durante a Assembleia Geral da ACI. Ao centro, o Ministro da Agricultura Arlindo Porto e Roberto Rodrigues, eleito presidente da ACI, em 16 de setembro de 1997

No Parque Nacional de Uganda, depois de encalhar, 21 de abril de 1997. Visitava o país por ocasião de reunião do Conselho da ACI.

IV Cumbre Cooperativa Internacional, Colômbia, 3 de abril de 1998

Reunião do board da ACI, Tóquio, Japão, 21 de abril de 1998

Sua excelência, Kim Daejung, presidente da Coreia, no encontro com a delegação da ACI, por ocasião da 3ª Assembleia Regional e Fórum Global da ACI, ocorrido em Seul, em 29 de outubro de 1998

Nova Delhi, Índia, 1998, em uma das viagens pela ACI

Com o presidente da República do Brasil, Fernando Henrique Cardoso, recebendo a medalha da Ordem de Rio Branco, Grau de Grande Oficial, em 1998

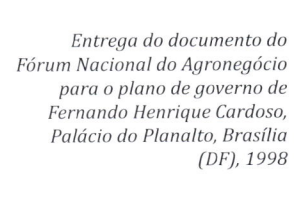

Entrega do documento do Fórum Nacional do Agronegócio para o plano de governo de Fernando Henrique Cardoso, Palácio do Planalto, Brasília (DF), 1998

Encontro entre líderes cooperativistas, parlamentares e presidente Fernando Henrique Cardoso, na segunda gestão FHC.

Com Marcelo Prado, gravando CD em 1995.

Visita a fazenda de leite no Quênia como presidente da ACI, 1999.

Plantando uma árvore no Quênia (1999)

Visita a Gana, 1999

Visita a Cooperativa de Artesãs em Abomey, no Benim, em 1999.

Cooperativa de Pescadores no Benin (2000)

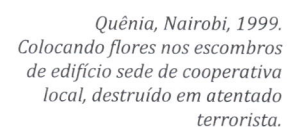

Quênia, Nairobi, 1999. Colocando flores nos escombros de edifício sede de cooperativa local, destruído em atentado terrorista.

Com o primeiro-ministro da China, em Congresso de Ministros do Cooperativismo da Ásia, em 1999

Encontro das cooperativas agrícolas da ACI, 29 de agosto de 199, Quebec, Canadá.

Reunião de diretoria da ACI, em Estocolmo, Suécia, 1999

Quando Roberto Rodrigues recebeu o prêmio Albin Johansson, da Federação de Cooperativas Suecas, pelos serviços prestados em defesa da paz e da democracia em todo o mundo, 1999. Da esq. p/ dir.: primeiro-ministro da Suécia Göran Persson, Roberto Rodrigues, Göran Axell, CEO da Kooperativa Forbundet Group, Rei Carl Gustaf XVI da Suécia e a Rainha Silvia (ao fundo)

Reunião do Conselho da ACI, em 10 de julho de 1999

Palestra no Congresso Nacional do Peru, em 1990.

Com o Papa João Paulo II, no Jubileu do Papa, no Vaticano, 2000

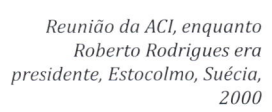

Reunião da ACI, enquanto Roberto Rodrigues era presidente, Estocolmo, Suécia, 2000

No México com os mariachis, no Congresso da ACI em 1992.

Fórum Nacional de Cooperativas do Irã, Teerã, 1º de julho de 2001

Visita dos membros do Conselho da ACI à Fazenda Santa Izabel, em Guariba, em 11 de dezembro de 2000

Lançamento do CD, com família: Eloísa, Marta, Cândida, genro e o neto Pedro.

Com a companheira Carla de Freitas, em Brasília, 2010.

Com o pai Antonio, os filhos Rodrigo e Paulo, e a neta Mariana, 1993.

Ministro Roberto Rodrigues e presidente da República Luiz Inácio Lula da Silva, durante a posse em 2 de janeiro de 2003

Posse no cargo de Ministro da Agricultura, em 2 de janeiro de 2003

Posse como Ministro da Agricultura, em 2 de janeiro de 2003

Recebendo medalha de reconhecimento pelo trabalho em prol do cooperativismo e tornando-se membro de número 1 milhão da Cooperativa de Consumo (COOP). Santo André, 2003.

Como presidente da Abag, no 2º Congresso Brasileiro de Agribusiness, de 24 a 25 de junho de 2003, Brasília (DF)

Discussão na Agrishow de 2001

Reunião da cúpula bilateral Brasil Estados Unidos em Washington, em junho de 2003

Encontro Estadual de Cooperativistas Paranaenses, em 2003

Encontro Estadual de Cooperativistas Paranaenses, em 2003

Comissão Interamericana de Biocombustíveis, ao lado do presidente da entidade, Jeb Bush, e do presidente do Banco Interamericano de Desenvolvimento (BID), Luís Alberto Moreira. Brasília, 2007.

Recebendo a Medalha Luiz de Queiroz, em Piracicaba, 2003.

Com Kofi Annan, na Conferência das Nações Unidas pelo desenvolvimento 2001

Em viagem presidencial a Moscou, 2004.

Ministro Roberto Rodrigues e o presidente dos Estados Unidos, George W. Bush, na Granja do Torto, Brasília (DF), em 6 de novembro de 2005

Com presidente Lula e ministro Wagner Rossi em evento de comemoração aos 150 anos do MAPA, 2010. Roberto foi um dos homenageados.

Com o primeiro-ministro do Japão, Shinzo Abe, em Tóquio, 5 de julho de 2007, em reunião do Win Men Group.

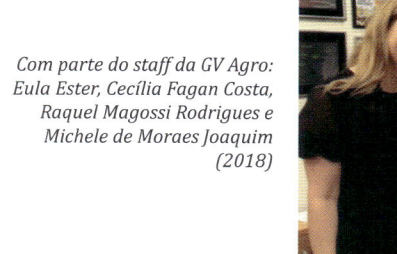

Com parte do staff da GV Agro: Eula Ester, Cecília Fagan Costa, Raquel Magossi Rodrigues e Michele de Moraes Joaquim (2018)

Campos de soja em Guariba, 2018.

Figueira centenária da fazenda Santa Izabel

Impressão e Acabamento:

EXPRESSÃO & ARTE
EDITORA E GRÁFICA
www.graficaexpressaoearte.com.br